초등 자기주도력

임가은 지음

스스로 해내는 아이의 비밀

초등 자기주도력

입학기부터 적응기까지   자기주도력 맞춤 솔루션!

일레븐

프롤로그

아이의 문제를
부모가 모두 해결해줄 수는 없다

이 질문에 함께 답해봅시다.

"6살의 아이가 8살이 되면 어떤 모습일까?"

8살이 된 아이의 모습을 상상하기란 생각보다 어렵지 않습니다. 아이의 목소리, 얼굴 등도 크게 바뀌지 않지요. 실제 6살의 아이가 8살이 되었을 때, 부모가 상상한 모습대로의 아이일 수도 있습니다. 그런데 이 질문은 어떨까요?

"8살의 아이가 20살이 되면 어떤 모습일까?"

아마 쉽사리 아이의 모습이 떠오르지 않으실 겁니다. 저 역시 마찬가지인데요. 일단 아이의 외형이 어떻게 바뀔지도 상상되지 않고, 아이가 어떤 신념을 가진 어른이 될지도 쉽게 그려지지 않습니다. 대학생 자녀를 둔 지인에게 질문한 적이 있습니다.

"왜 아이가 훌쩍 큰 모습은 떠올리기가 어려울까?"

아주 간결한 대답이 돌아왔습니다. "아이가 네 생각처럼 자라지 않을 거라서 그래."

어쩌면 부모의 불안은 여기서부터 시작되는 게 아닐까요. 최근 뇌과학계에서는 뇌를 '예측하는 뇌'라 부릅니다. 우리의 뇌가 단순히 외부 정보를 받아들이는 수동적인 기관이 아니라, 끊임없이 미래를 예상하고 대비하는 능동적인 기관이라는 뜻이지요. 어떤 단어 뒤에는 이런 이야기가 이어질 것이란 걸 생각하고, 공이 날아오면 내 팔에 맞을 수 있다는 걸 알고 미리 피하는 것도 모두 예측의 결과이지요.

그런데 육아는 어떤가요? 예측이 쉽지 않은 영역입니다. 특히 앞으로 아이가 살아갈 삶에 대해선 더더욱 예측하기 어렵습니다. '아이가 너무 늦는 게 아닐까?' '이러다 공부 습관이 안 잡히면 어떡하지?' 수많은 걱정이 마음에 하나둘 떠오르지요. 아이의 미래에 대한 불확실성 앞에서 부모는 누구나 두려움을 느낍니다. 하지만 불안감이 당연하다 해서, 불안을 동력으로 아이를 대하는 게 맞을까요? 부모는 아이를 예측하여 편해질 수 있을지 모르지만, 정작 아이는 본인에게 닥칠 한 치 앞도 예측할 수 없게 됩니다. 불안은 이제 아이의 몫이 되지요. 아이는 부모가 만족하는 삶이 아닌, 아이 스스로 만족하는 삶을 살아야 합니다. 그렇기에 부모가 아이에게 해줄 수 있는 건 모든 문제를 직접 나서서 해결해주는 게 아니라, 아이가 스스로 자신의 문제를 해결할 수 있도록 기회를 주는 겁니다. 이때 필요한 능력이 바로 '자기주도력'입니다.

자기주도력이란 자신이 모든 활동의 주체가 되는 강력한 힘입니다. 자기주도력은 아이의 학습 상황에서, 친구 관계에서, 새로운 일에 도전하며 다시 시도하는 과정 등 삶의 다양한 장면에서 필요한 역량입니다. 아이의 자기주도력은 거창한 일을 할 때 키워지는 게 아니라, 작고 사소한 일을 반복적으로 할 때 내재화되기 시작합니다. 하루의 일상 안에서 본인이 스스로 선택하고, 느끼고, 책임진 경험이 쌓일 때 길러지는 힘입니다. '오늘 입을 옷을 고르는 일, 숙제를 언제 시작할지 정하는 일, 단원 평가를 어떻게 준비할지 계획을 세워보는 일, 친구와 다투었을 때 어떤 말로 화해를 건넬지 생각해보는 일' 등 본인이 스스로 선택하는 일에서부터 아이만의 예측 능력이 자라나기 시작하지요. 부모의 눈에는 답답할 만큼 느리고, 서툴러 보일 수도 있을 겁니다. 그러나 그 과정 속에서 아이는 자신이 되고 싶은 어른의 모습에 한 뼘 더 가까워질 수 있습니다.

삶에서 놓치지 말아야 할 질문 하나가 있다면, '어떤 사람'이 되고 싶냐고 묻는 것이라 생각합니다. 이 답을 찾은 아이는 삶의 강력한 무기를 가지게 되지요. '자기주도력'은 이 물음에 대한 답을 아이만의 방식으로 찾아 나가게 하는 나침반이 될 단어입니다. 이 책이 부모에게는 방향을 그려보는 기회가 되고, 아이에게는 자신의 길을 만드는 작은 불씨가 되길 바랍니다. 부모는 아이가 답을 찾아 나가는 과정을 바로 곁에서 바라볼 수 있는 행운을 가진 특별한 사람임을 잊지 마세요.

몇 겹의 행운을 가진 당신에게,
임가은 드림.

차례

프롤로그　　　　　　　　　　　　　　　　　　　　4

· 1장 ·
스스로 해내는 학교 생활

1	혼자 노는 아이	… 15
2	규칙을 지키지 않는 아이	… 21
3	등원 전쟁 끝! 등교 전투 시작한 아이	… 28
4	인성교육 필요한 아이	… 33
5	아침밥 대신 잠 더 자는 아이	… 37
6	상담이 필요한 아이	… 43
7	책상 정리를 힘들어하는 아이	… 50
8	제멋대로 옷 입는 아이	… 56
9	모든 게 조금씩 느린 아이	… 62
10	학교폭력에 노출된 아이	… 69
11	학교에도 맘카페에도 물어보기 애매한 아이 고민	… 76

· 2장 ·
스스로 실천하는 자기주도적 습관

1	손에서 휴대폰을 놓지 못하는 아이	… 83
2	실패하는 계획표만 짜는 아이	… 91
3	1년 365일 게임만 하고 싶다는 아이	… 97
4	게임 때문에 거짓말하는 아이	… 105
5	눈 뜨자마자 불평하는 아이	… 112
6	매번 시간에 쫓기는 아이	… 119
7	잔소리해도 절대 듣지 않는 아이	… 125
8	학체력보다 학습력만 챙기는 아이	… 131
9	물건이 어디 있는지 매번 물어보는 아이	… 138
10	지지리도 안 먹는 아이	… 143
11	용돈 제대로 쓸 줄 모르는 아이	… 149
12	자신 없게 말하는 아이	… 159

· 3장 ·
스스로 키우는 공부 근력

1	겨우 한 권 읽었는데, 그다음이 막막한 아이	… 167
2	책 좋아하지 않는 아이	… 175
3	혼자서 읽지 못하는 아이	… 182
4	배경지식이 부족한 아이	… 188
5	말은 많은데 말을 못하는 아이	… 196
6	말끝마다 대박! 어휘력이 부족한 아이	… 203
7	한 문장 쓰기도 질색팔색하는 아이	… 211
8	맞춤법과 띄어쓰기 어려워하는 아이	… 217
9	수학 선행학습 때문에 불안한 아이	… 226
10	역사는 외워야 해서 관심 없는 아이	… 232
11	시험만 잘 보면 영어 끝인 줄 아는 아이	… 240
12	여행 가면 학습 루틴 무너지는 아이	… 248
13	재미없으면 공부하기 싫다는 아이	… 255
14	학원 가기 싫다는 아이	… 261

· 4장 ·
스스로 푸는 마음의 문제

1	감사할 줄 모르는 아이	… 271
2	미안하다는 말을 못 하는 아이	… 280
3	친구 물건 함부로 다루는 아이	… 286
4	공감력이 부족한 아이	… 292
5	무례한 말을 툭툭 내뱉는 아이	… 298
6	엄마가 나서서 친구 만들어줘야 하는 아이	… 305
7	불공평하다는 말을 달고 사는 아이	… 312
8	학교에서 얌전하고 집에서 폭발하는 아이	… 320
9	끈기 없는 아이	… 327
10	제대로 된 칭찬이 필요한 아이	… 334
11	친한 엄마의 아이 때문에 괴로워하는 아이	… 341
12	질투하는 아이	… 348
13	지는 걸 참지 못하는 아이	… 354

에필로그 360
찾아보기 364

1장
스스로 해내는 학교 생활

1…혼자 노는 아이

2…규칙을 지키지 않는 아이

3…등원 전쟁 끝! 등교 전투 시작한 아이

4…인성교육 필요한 아이

5…아침밥 대신 잠 더 자는 아이

6…상담이 필요한 아이

7…책상 정리를 힘들어하는 아이

8…제멋대로 옷 입는 아이

9…모든 게 조금씩 느린 아이

10…학교폭력에 노출된 아이

11…학교에도 맘카페에도 물어보기 애매한 아이 고민

1. 혼자 노는 아이

오해

혼자 노는 우리 아이는 외로울 것이다?

"오늘은 즐거웠어? 친구들이랑은 재밌게 보냈어?"
"엄마. 나 오늘도 혼자 놀았는데? 나 매일 혼자 놀아."

학교를 마치고 온 아이가 이렇게 말한다면, 어떻게 대답해야 할까요? 먼저 부모로서 마음이 철렁 내려앉습니다. "정말? 매일 혼자 논다고?" 깜짝 놀라며 반문하거나 "괜찮아. 혼자 노는 것도 필요해." 의연한 척 대답할 수도 있지요. 하지만 한편으로 정말 혼자서만 노는 건 아닌지 불안합니다. 학업만큼 중요한 게 교우 관계라는데, 어디서부터 어떻게 손대야 할지 막막하죠. 더구나 아이가 학교 가는 걸 즐거워하지 않는다면, 더욱 예민하게 반응할 수밖에 없습니다.

내가 엄마 모임에 참여하지 않아서 아이가 친구 사귈 기회를 놓친 건지, 유달리 소극적인 아이 성격 때문인지, 문제의 원인을 안팎으로 찾아보며 속을 끓입니다. 친하지 않은 엄마에게 용기 내 커피 한잔을 청하기도 하고, 아이 자신감을 키워줄 새 학원을 알아보아도 문제는 쉬이 해결되지 않습니다. 커피를 마신 엄마와는 일회성 만남으로 끝날 확률이 높고, 새 학원도 아이가 싫어할 수 있기 때문이지요. 결국 문제를 해결하려는 시도가 "어떻게 하지?"라는 또 다른 문제로 이어집니다.

아이의 교우 관계는 시간이 필요한 일입니다. 커피 한잔, 학원 하나로는 단번에 해결하기 어렵지요. 그렇기에 때로는 문제를 해결하려 애쓰기보다 그 문제를 바라보는 관점을 바꾸는 것이 먼저일 때가 있습니다.

> 진실

혼자 시간을 보낼 수 있는 아이야말로 외롭지 않은 아이다

아이가 혼자 놀았다고 할 때 부모가 할 수 있는 가장 좋은 대답은 "그랬구나." 한마디입니다. '혼자 노는 것이 좋은 일이다, 나쁜 일이다'라는 가치 판단의 말은 되도록 하지 않아야 합니다. 아이가 은연중에 '혼자 노는 게 나쁜 일'이라는 인식을 갖게 될 수 있거든요. 실제로 교실을 둘러보면 혼자 시간을 보내는 아이들이 생각보다 많습니다. 쉬는 시간에 홀로 도서관에 가거나 색종이를 접고, 그림을 그리고, 책을 읽는 등 같은 공간에 있지만 각기 다른 모습으로 시간을 보냅니다. 자신이 선택한 방법으로 시간을 능동적으로 보내는 것이죠. 이는 스스로 자신을 인식하고 실행하는 자기주도 능력과도 관계가 큽니다. 친구가 무얼 하는지 보느라 시간을 보내지 않고 자신의 선택으로 시간을 계획하는 것이니까요. 많은 부모는 교실 상황을 직접 보지 못하기에 가장 나쁜 상황을 상상하게 되고 불안해집니다. 아이의 말로만 상황을 판단하게 되지요. 그런데 아이는 본인이 겪은 감정과 상황 위주로 이야기할 뿐, 주변과 비교하여 말하지 않습니다. 부모는 아이가 던져준 작은 단서를 퍼즐 맞추듯 '이렇진 않았을까?' 하며 짐작할 뿐입니다.

아이가 친구들과 아무런 문제없이 학교생활을 하고 있다면, 그건 정말 감사한 일입니다. 그런데 아이가 혼자 시간을 보낸다고 해서 감사하지 않을 이유는 없습니다. 외로움은 혼자 있어서 생기는 것이 아니라, 혼자 있지 못해서 생기는 감정이라는 걸 부모가 먼저 인지해야 합니다. 그리고 이 사실을 아이에게도 가르쳐야 합니다. 혼자서 시간을 보내는 연습이 결국 아이의 삶에 장기적으로 도움이 되리란 것도 명심해야 합니다. 학교에서 나와 꼭 맞는 친구를 만나지 못할 수도 있지요. 그렇기에 학교란 공간이 존재하는 것입니다. 학교는 단순히 학업을 위한 곳이 아니라, 아이의 삶에 필요한 다양한 문제들을 연습하는 공간이거든요. "우리 아이가 지금 중요한 문제를 연습하고 있구나."라는 마음으로 바라봐주세요.

오히려 좋은 혼자 놀이 vs 신경 써야 하는 혼자 놀이 구별법

앞서 말했듯 우리의 불안은 아이의 학교생활을 직접 보지 못해 생깁니다. 심지어 아이가 지금 학교생활을 잘하고 있는지도 아이의 말만 듣고 유추해야 하지요. 친구와 잘 논다고 해서 문제가 없는 것도 아니고, 혼자 논다고 해서 문제가 있는 것도 아닙니다. 이럴 땐 아이의 학교생활을 객관적으로 바라보고 있는 제삼자의 눈이 필요합니다. 바로 아이의 담임 선생님입니다. 요즘에는 정기적인 학부모 상담보다 수시 상담을 선호합니다. 꼭 필요한 상담을 적시에 나눌 수 있기 때문입니다. 혼자서 논다는 아이의 말이 반복된다면 담임 선생님과 상담을 해 보는 편이 좋습니다. 아이가 '오히려 좋은 혼자 놀이'를 하는 것인지, '도와달라는 시그널'을 보내는 것인지 판단하기 위해서죠.

담임 선생님과 통화하면 대부분 친구들과 잘 놀고 있다고 말씀하실 겁니다. "네? ○○이가 혼자 논다고 했나요?"라며 놀라실 수도 있죠. 아이는 본인이 기억나는 부분만 전달하곤 합니다. 친구들과 놀았던 기억은 사라지고, 혼자 색종이를 접었던 일만 전할 수도 있지요. 왜일까요? 혼자 논 기억이 좋았을 수도 있고, 친구들이랑 즐겁게 놀았지만 재밌었다고 자각하지 못했을 수 있기 때문입니다. 아직 자신의 감정을 자세히 들여다보는 연습 중인 아이들에게 충분히 일어날 수 있는 일입니다. 담임 선생님께서 아이가 친구들과 문제없이 보내고 있다고 말씀하셨다면, '오히려 좋은 혼자 놀이'를 할 가능성이 높습니다. 그럴 땐 이렇게 질문해주세요.

"혼자 노는 것도 정말 재밌지! 어떤 걸 하면서 시간 보냈어?"

"혼자서 시간을 보내는 법을 아는 건 정말 필요한 일이야. ○○이는 이미 하고 있구나!"

혼자 시간을 보내는 건 더 멋진 나를 위해 필요한 일이라는 걸 알려주세요. 주도적으로 혼자 현명하게 시간을 보낼 줄 아는 아이를 불안의 시선이 아니라 대견한 마음으로 바라봐주세요.

그런데 담임 선생님이 봐도 아이가 잘 어울리지 못할 때가 있습니다. 아이가 도와달라는 시그널을 보내고 있을 확률이 높지요. 이때는 담임 선생님께 가정에서의 상황을 최대한 공유해야 합니다. 학교와 가정이 한 팀이 되어 아이의 변화를 관찰하는 겁니다. 아이가 교우 관계에서 어려움을 겪고 있다면 가장 힘든 사람은 바로 아이일 겁니다. 친구와 친밀해지고픈 욕구가 있을 테니까요. 그 욕구가 채워지지 않고 번번이 좌절된다면, 아이 마음에 위축된 감정이 쌓여 지치게 됩니다. 바로 이때가 부모가 도와줄 타이밍입니다.

아이가 친해지고 싶은 친구에게 먼저 다가가지 못했거나, 성향이 맞는 친구를 아직 찾지 못했을 수 있습니다. 아이가 먼저 친구에게 다가가는 것을 어려워한다면 대화의 매개체를 만들어주세요. 예를 들어 집에서 즐겨 하는 놀이를 학교로 가져가보는 겁니다. 색종이 접기, 공기놀이, 자신 있게 소개할 수 있는 보드게임도 좋습니다. 아이가 재밌게 하고 있으면 친구들이 자연스레 "이게 뭐야?" 궁금해하고, 아이는 "내가 소개해줄게."라고 답하며 대화의 물꼬가 트입니다. 아이에게 관계의 문을 여는 주체가 될 기회를 주는 것이죠. 하지만 놀잇감이나 보드게임 등을 가져가는 건 학급 규칙과 관련된 활동이므로 담임 선생님과 먼저 이야기를 나눠보세요. '소개하고 싶은 보드게임을 가져오는 날'처럼 반 이벤트를 마련하실 수도 있습니다. 이외에도 학급 내 '꿈끼 발표회'처럼 교육과정 안에 녹여 있는 행사에 적극적으로 참여해볼 수도 있습니다. 실뜨기, 마술, 줄넘기, 태권도 품새 등 아이가 자신 있는 영역 하나를 연습해서 친구들 앞에서 보여주는 것이죠. 가장 좋은 대화의 매개체는 '내가 좋아하는 것'에서부터 시작되기에, 아이가 자신의 관심사를 드러낼 기회를 놓치지 않고 활용하길 추천합니다.

만약 아이가 교실에 대한 심리적 장벽이 높다면, 새로운 공간을 찾아보는 것도 좋습니다. 예를 들어 학원에서는 학교 교실만큼 많은 아이가 있진 않습니다. 학원에서 아이와 잘 지내는 친구가 있다면, 그 친구의 엄마에게 용기 내어 연락해보세요. 이때야말로 부모의 용기가 필요한 순간입니다. 꼭 학교가 아니더라도, 학원이나 방과후교실에서 친하게 지내는 친구가 있다면 함께 시간을 보낼 수 있도록 자리를 만들어주세요. 친구와 노는 게 즐겁다는 인식이 쌓일수록, 아이는 교실에서도 힘을 낼 수 있습니다. 중요한 건 '많은 친구'가 아닌, '친구와 즐겁게 놀아본 경험'임을 기억해주세요.

2. 규칙을 지키지 않는 아이

(오해)
**규칙을 잘 지키는 아이는 순하고,
규칙을 못 지키는 아이는 순하지 않다?**

"자리에 앉으세요!" "옆자리 친구 물건 허락 없이 만지지 않아요!"

학교에 가면 지켜야 하는 규칙이 생각보다 많습니다. 특히 이제 막 학교에 입학한 아이들은 40분 수업 내내 의자에 바로 앉아 있는 것부터가 큰 도전입니다. 놀이 중심 교육과정의 유치원에서는 같은 40분 수업이어도 아이들이 자유롭게 움직이거나 탐색하는 것이 포함되어 있습니다. 그렇기에 학교의 수업시간에 40분을 내리 앉아서 집중하는 게 더욱 어렵지요. 그런데 더 큰 문제는 이것 말고도 지켜야 하는 규칙이 많다는 것입니다. 책상 정돈, 한 줄 서기, 옆 친구 건드리지 않기, 급식 예절 등 아이들은 학교에 도착한 순간부터 나오는 순간까지 공동체 생활을 조화롭게 보내기 위한 규칙들을 몸으로, 눈으로, 마음으로 익혀야 합니다.

학교 규칙을 어렵지 않게 지키는 아이도 있지만, 유독 규칙 지키기를 어려워하는 아이도 있습니다. 교사의 말에 금방 수긍하는 아이도 있고, 꼭 한 번은 되물어야 하는 아이도 있지요. 흔히 사람들은 규칙을 잘 지키는 아이를 "참 순하다"라고 말합니다. 그런데 이 판단이 과연 옳을까요? 이런 평가는 아이의 행동을 개인의 성향과 연결시킵니다. 의도하지 않았지만, 자연스럽게 아이를 탓하게 될 수도 있습니다.

"쟤는 규칙 지키는 법을 못 배운 건가?"

"성격이 부산해서 학교 적응이 유독 어렵네."

실제로 이렇게 생각하는 부모도 많습니다. 하지만 아이 개인의 성향이나 기질로만 바라보면 좋은 해결법을 찾기 어렵습니다. 아이 잘못을 지적하고 꾸짖는 일만 늘어날 뿐이죠. 아이는 규칙을 지키고 싶지 않은 것이 아닙니다. 충분히 배우지 못했기 때문에 어려워할 수도 있습니다. 어떻게 아냐고요? 규칙을 가장 잘 지키고 싶은 건 아이 자신이니까요.

> 진실

모든 아이는 규칙을 잘 지키고 싶다

'또래효능감'이라는 말을 들어보셨나요? 사전에는 없는 말이지만, 저는 또래효능감이라는 말을 자주 사용합니다. '자기효능감'은 어떠한 상황에서도 자신이 적절한 행동을 함으로써 문제를 해결할 수 있다고 믿는 신념과 기대를 가리킵니다. 이는 자기 자신에 대한 긍정적인 믿음이지요. 또래효능감은 또래 사이에서 얻는 효능감입니다. 또래에게 얻은 긍정적인 피드백이 자신에 대한 긍정적인 믿음으로 연결되는 것을 뜻하지요. 또래효능감을 얻을 수 있는 가장 적절한 장소가 어디일까요? 바로 친구들이 함께 생활하는 기관, 유치원 또는 학교입니다. 아이들이 규칙을 잘 지키고 싶어하는 이유를 저는 또래효능감에서 발견합니다.

교사의 인정만큼 아이들에게는 '또래의 인정'이 중요합니다. 아이에게 이런 말을 심심찮게 들어보셨을 겁니다. "엄마, ○○이는 축구를 진짜 잘해." "○○이는 줄넘기를 잘해." "○○이는 그림을 정말 잘 그려!" 이처럼 아이들은 학교에서 서로를 바라보며 솔직하게 평가를 주고받습니다. 그런데 유독 규칙을 안 지키는 아이가 있다면 어떨까요? 교사에게 지적받는 것을 넘어 친구 관계도 나빠지겠지요. "○○이는 수업 시간에 항상 돌아다녀. ○○이는 매일 시끄럽게 떠들고 장난쳐." 아이들은 생각보다 또래를 냉정하게 판단합니다. 자주 지적받는 아이는 또래 사이에서 환영받지 못할 확률이 높습니다. 아이 역시 자신을 긍정적으로 바라봐주는 친구가 없으니, 학교를 재미없는 곳이라고 생각하게 됩니다.

결과적으로 규칙을 지키지 않아 가장 손해인 사람은 본인입니다. 그렇기에 모든 아이에게는 규칙을 잘 지키고 싶은 마음이 내재되어 있습니다. 교사에게 칭찬받을 수 있고, 친구들 사이에서도 인정받을 수 있으니까요. 또래효능감이 높아지면, 학교생활이 더 즐거워지는 건 당연한 일이죠. 그런데 문제는, 규칙은 알아도 규칙을 지키는 방법을 제대로 몰라서 지키지 못하는 아이가 많다는 것입니다. '규칙의 우선순위 기준'이 명확하지 않아서 생기는 문제입니다.

규칙을 지키고 싶은 아이들을 위한 규칙 신호등

학교에서 지켜야 하는 규칙이 정말 많습니다. 아이는 규칙을 잘 지키고 싶어도 무엇부터 지켜야 하는지 혼란스러워 뒤죽박죽이 되곤 하지요. "나는 학교에서 열심히 하는데, 선생님한테 자꾸 지적받아."라는 말이 괜히 나오는 게 아닙니다. 규칙에도 우선순위가 존재합니다. 아이들은 아마 본인만의 기준으로 규칙을 지키려다 실수하는 경우가 많을 겁니다. 조금 덜 중요한 규칙을 지키느라, 더 중요한 규칙을 어기는 경우가 종종 있거든요.

　민수는 책상 위에 있는 물건을 정리하다 팔꿈치로 옆 친구의 옆구리를 쳤습니다. 옆에 앉아 있던 친구는 "아야! 왜 때려!"라고 큰소리로 묻겠죠. 이때 민수는 본인의 책상을 깔끔하게 정리하는 것도 중요한 규칙이니, 실수로 친구를 때린 것에 크게 의미를 두지 않습니다. 오히려 책상 정리를 멈추지 않고 이어가죠. 친구가 다친 것보다 '책상 치우다 보면 그럴 수도 있지!'라는 생각이 지배적인 경우입니다. 하지만 친구의 기분은 이미 상했습니다. 자기 할 일을 제대로 하고 있다고 생각했던 민수는 자신의 의도와 다르게 교사에게 지적받을 확률이 높지요. 민수도 친구도 모두 속상해합니다. 이와 같은 상황이 교실에서는 빈번하게 일어납니다. 규칙의 우선순위를 모르기에 벌어지는 일입니다.

아이들에겐 행동을 직관적으로 인식할 방법이 필요합니다. 마치 신호등처럼요. 신호등은 아이들 모두가 어릴 때부터 중요하게 지켜야 하는, 이미 체득한 규칙 중 하나입니다. 빨간불은 멈추는 것, 노란불은 생각하는 것, 초록불은 해도 되는 것으로 비유하여 알려주면 이해가 쉬워집니다.

아이에게 [다·함·나]로 '규칙 신호등'을 기억하게 해봅시다. 빨간불은 ['다'른 친구에게 위험한 규칙], 노란불은 ['함'께 지켜야 하는 규칙], 초록불은 ['나'에게 도움이 되는 규칙]입니다. 신호등에서 가장 긴급한 색은 빨간색이죠. 위험한 순간 바로 멈춰야 하니까요. 이처럼 신호등의 색깔로 행동의 우선순위를 알려주면 아이들은 쉽고 정확히 이해하고 규칙을 훨씬 잘 지킵니다. 규칙 신호등은 일상에서 아이가 이미 자신 있게 지킬 수 있는 습관이기에, 다른 행동으로 연결하여 적용하기도 쉽습니다. 열 번의 잔소리보다 아이의 이해를 돕는 한 번의 시각적 지침이 중요한 이유입니다.

앞서 예로 든 민수의 상황을 규칙 신호등에 대입해봅시다.

"민수야. 민수가 먼저 지켜야 하는 건 빨간불과 초록불 중 어떤 거였을까?"

"빨간불이요."

"빨간불은 뭐였지?"

"다른 친구에게 위험한 규칙이요."

"맞아. 민수가 책상 정리를 하는 것도 멋진 일이지만, 다른 사람에게 위험할 수 있다면 즉시 멈춰야 하는 거야."

이렇게 알려주는 것만으로도, 아이는 쉽게 이해할 수 있습니다. 학교에서 친구들과 조화롭게 지내기 위해 지켜야 하는 규칙 중 가장 먼저 지켜야 하는 규칙이 어떤 건지 가정에서도 규칙 신호등으로 알려주세요. 규칙이 너무 많아 아이가 어떤 규칙부터 지켜야 할지 어려워한다면 '빨간불'을 먼저 기억해야 한다는 걸 말씀해주세요. 규칙을 지키기 싫은 아이는 아무도 없다는 사실을 기억해주시고, 아이가 명확하게 행동할 수 있는 구체적인 지침을 알려주세요.

◆ **규칙 신호등**

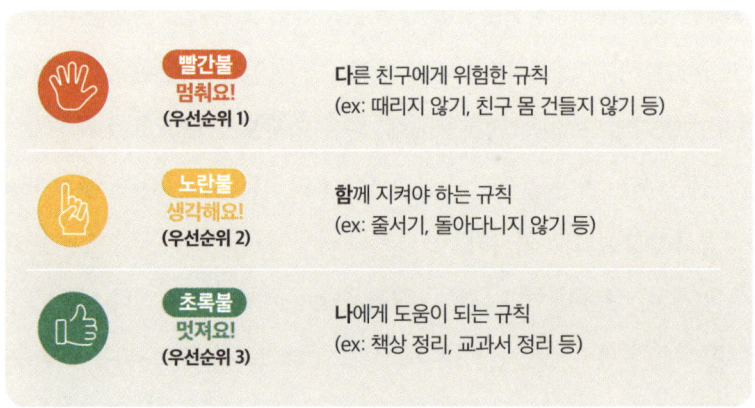

◆ **규칙 신호등: 신호별 행동 예시**

빨간불 규칙	노란불 규칙	초록불 규칙
• 친구를 밀치거나 때리지 않기 • 욕설을 하거나 소리 지르지 않기 • 물건 던지지 않기 • 의자에서 몸을 이리저리 흔들거나 움직이지 않기 • 복도에서 뛰어다니지 않기 • 가위나 연필로 장난치지 않기 • 고의로 친구 넘어뜨리지 않기 • 친구 마음을 상하게 하는 말 하지 않기 • 친구의 작품 망가뜨리지 않기 • 위험한 물건 던지지 않기 • 책상 위에 올라가지 않기	• 손 들고 말하기 • 줄 바르게 서기 • 내 차례 기다리기 • 다른 친구 물건은 허락받고 가져가기 • 교실에서 천천히 걷기 • 다른 친구 이야기를 끝까지 듣기 • 약속한 자리에 앉기 • 시간 맞춰 교실에 오기 • 물건 올바르게 사용하기 • 수업 중 큰 소리로 떠들지 않기 • 놀이시간에 장난감 함께 쓰기 • 수업시간에 잘 집중하기 • 싸우지 않고 대화로 해결하기 • 친구 의견 존중하기	• 교실 쓰레기 줍기 • 자기 물건 정리정돈 하기 • 교실 불 끄기 • 문 조용히 닫기 • 감사한 마음 표현하기 • 친구 칭찬하기 • 선생님 말씀 경청하기 • 아픈 친구 살피기 • 학용품 잘 챙겨오기 • 궁금한 것 질문하기 • 도움 청하기 • 화난 감정 침착하게 표현하기 • 잘못했을 때 진심으로 사과하기

3. 등원 전쟁 끝!
등교 전투 시작한 아이

[오해]
입학만 하고 나면 아이 스스로 잘할 것이다?

유치원에 다니는 아이가 있는 집에서는 아침마다 등원 전쟁이 일어난다고들 하지요. 그만큼 정신없고 긴급한 상황일 겁니다. 유치원에 무사히 시간 맞춰 도착하기까지 거쳐야 하는 일이 많거든요. 전쟁이 되는 영역은 크게 '입기, 씻기, 먹기' 세 가지입니다. 하나를 제대로 챙기기도 어려운 전쟁을 세 가지나 마쳐야 등원 준비가 끝나니 여간 막막한 게 아니지요. "유치원까지는 내가 도와주고, 학교에 들어가면 어련히 알아서 하겠지."라는 마음으로 지금을 버텨보지만, 막상 초등학교 입학을 하고 나니 이젠 등원 전쟁보다 더 막강한 등교 전투가 찾아옵니다.

아이가 자라면서 가는 기관만 달라졌을 뿐, 여전히 비슷한 문제로 아침을 전쟁으로 보내는 가정이 많습니다. 스스로 하는 연습이 충분히 되지 않은 아이가, 초등학교에 입학했다는 이유만으로 갑자기 혼자 할 수는 없겠지요. 습관은 반복적인 연습을 통해 체화된 행동이기에, 오늘부터라도 건강한 습관이 형성될 수 있도록 연습해야 합니다. 또한 등교 전투로 인해 아침부터 옥신각신 다투면 하루가 불만으로 시작될 수 있습니다. 잔소리 대신 "너의 하루를 응원해!" "너는 엄마 아빠의 가장 소중한 보물이야!"라는 말로 아이의 등교를 응원하고 싶은 마음은 여느 부모 모두 같겠지요. 그런데 이 말을 전하기 위해서는 부모에게 딱 1분의 여유가 필요합니다. 이 여유를 확보하기 위해서라도 반드시 '아이 스스로 등교 준비하기' 연습이 필요합니다.

진실
등교 준비만 놓쳐도 아이 태도에 비상등이 켜진다

등교는 보통 9시까지이지만, 9시에 딱 맞춰 가면 늦습니다. 1교시 수업이 9시 10분부터 시작되는 경우가 많으니 적어도 8시 40분, 늦어도 8시 50분에는 학교에 도착하길 추천합니다. 학교에 도착해서 해야 할 일이 생각보다 많거든요. 신발 벗기, 실내화 갈아 신기, 입고 온 옷 정리하기, 1교시 준비, 아침 독서 등 10분으로는 부족합니다. 최소 20분 전에는 도착해야 여유롭게 1교시를 준비하고, 친구들과 이야기를 나눌 여유도 생깁니다. 우리도 약속 시간에 바쁘게 도착하는 것보다, 조금 일찍 도착하는 게 마음이 편한 것처럼 말이죠.

신기하게 일찍 오는 아이는 매번 일찍 오고, 늦는 아이는 매번 늦습니다. 매번 늦고 싶은 게 아닐 텐데, 이미 그 시간이 본인에게 '최적의 시간'이 되어버린 거죠. 이처럼 등교 준비 연습 시기를 놓치면, 아이에게 늦게 가는 일은 습관이 됩니다. 무엇보다 큰 문제는 아이가 늦는 것에 문제의식이 없어진다는 겁니다. 솔직히 학교에 조금 늦는다고 해서 아주 큰 문제가 일어나진 않습니다. 그러나 아이는 점점 이렇게 생각하게 됩니다. "아, 늦어도 되는구나. 늦어도 큰 문제가 일어나지 않는구나." 그러면 어떤 일이 벌어질까요? 초등 6년을 지나 중고등학교를 거쳐 성인이 되어서도 늦는 것에 큰 문제를 느끼지 못하게 됩니다. 삶의 태도로 굳어버리는 거죠. 태도는 한순간에 형성되지 않습니다. 오랜 시간 동안 내가 자주 하는 행동, 내가 자주 쓰는 말 등이 모여 나를 보여주는 태도가 됩니다. 그렇기에 태도는 한 번에 바꾸기가 어렵습니다. 제시간에 등교하여 친구들과 시간을 보내는 기쁨, 학교 도서관을 둘러보는 즐거움, 미리 1교시를 준비해놓은 뿌듯함, 이런 감정이 쌓여 아이의 삶이 된다는 것을 기억해주세요.

최적의 등교 시간을 만드는 세 가지 기술

적어도 8시 40분까지 등교하기 위해서 먼저 체크해야 할 것은 무엇일까요? 첫 번째, 잠자는 시간입니다. 잠은 제3의 인격이라고 하지요. 충분히 수면하지 못하면 피로로 인해 다음 날 나에게 좋지 않은 영향을 끼칩니다. "실수했네! 틀렸네! 놓쳤네!" 같은 일이 잦아지고 이런 경험은 "나는 이런 사람이야."라는 인격으로 굳어질 수 있습니다. 그런데 충분한 수면 시간은 아이마다 달라서 아이를 오래 관찰해온 부모가 적절한 수면 시간을 짚어주어야 합니다. 8시간을 자야 하는 아이가 있고, 6시간만 자도 괜찮은 아이가 있지요. 아이가 유독 아침에 일어나기 힘들어한다면, 기상 시간을 늦추는 게 아니라 잠드는 시간을 조정해야 하는 이유입니다.

두 번째, 일어나는 시간을 루틴으로 만들어야 합니다. 아이가 조급하지 않게 준비할 수 있는 시간을 점검해보세요. 최소 1시간을 준비하는 아이라면, 그 시간에 맞춰 일어나야 합니다. 아이도 매번 늦게 일어나 허둥지둥한다면 아침이 결코 즐거울 수 없지요. 즐겁지 않은 기분은 학교로까지 이어질 확률이 높고요. 일어나는 시간을 고정된 루틴으로 만들고, 해야 할 일들을 성취하는 경험을 주세요. 아침의 기분이 하루를 결정하는 첫 시작이 됩니다.

세 번째, 아이가 등교 전 해야 할 일을 시각적 스케줄로 안내해주세요. 시각적 스케줄은 직관적으로 행동 루틴을 보여줍니다. 영유아부터 초등 시기까지 폭넓게 활용할 수 있으며, 아이 연령에 따라 간단한 그림을 첨부하거나 할 일만 적어두기도 합니다. 아이들은 하고 싶지 않아서가 아니라, 어떤 순서대로 움직여야 효율적인지 몰라서 시간을 낭비하는 경우가 많습니다. 이때 시각적 스케줄은 등교 준비에 필요한 행동을 효과적으로 알려줍니다. 유의할 점은, 부모가 일방적으로 안내하는 것이 아니라 아이와 함께 아침에 할 일을 협의해야 한다는 것입니다. 미취학-초등 저학년이라면 간단한 문구나 그림을 넣는 것이 좋습니다. 행동 목록은 아이가 생활해보며 조금씩 조정해나가면 됩니다. 이는 제시간에 등교하기 위해 필요한 최적의 시간을 알아가는 여정입니다. 이렇게 6년간 꾸준히 연습한 아이가 결국 시간을 제대로 활용하는 아이가 된다는 걸 기억해주세요.

◆ **등교 준비를 돕는 시각적 스케줄**

미취학-초등 저학년 ver	초등 중-고학년 ver
오늘도 멋진 하루를 보낼 OO를 위한 아침 할 일	오늘도 멋진 하루를 보낼 OO를 위한 아침 할 일
☐ 7시에 기상했어요!	☐ 기상
☐ 침대 정리를 마쳤어요!	☐ 침대 정리, 세수/양치, 옷 입기
☐ 세수/옷 입기를 마쳤어요!	☐ 아침 식사
☐ 아침밥을 먹었어요!	☐ 준비물 점검
☐ 준비물을 모두 챙겼어요!	☐ 아침 선택 활동(독서, 퍼즐 등)
☐ 아침 독서 책을 챙겼어요!	☐ 학교 출발
☐ 양치했어요!	☐ 친구들과 선생님에게 인사하기

4. 인성교육 필요한 아이

오해

친절한 아이는 인성이 좋은 아이다?

많은 교사가 학교생활에서 아이의 '인성'을 중요하게 생각합니다. 그렇다면 인성이 좋다는 건 어떤 의미일까요? 우리는 종종 인성이 좋은 아이를 친절한 아이라고 생각합니다. 웃어른의 말을 잘 듣고, 교사의 말에 잘 따르며, 친구들에게 정겹게 대하는 아이에게 보통 친절하고, 인성이 바르다고 평가하지요. 분명 겉으로 드러나는 이러한 태도들은 인성의 중요한 요소 중 하나입니다. 하지만 진짜 인성은, 누군가를 대하는 태도뿐 아니라 아무도 보지 않는 순간의 태도에서도 비롯됩니다. 아이의 인성을 올바르게 이끌고 싶을 때, 우리는 어떤 요소를 고려해야 할까요?

진짜 인성은 누가 보지 않는 순간부터 시작된다

'인성(人性)'은 '사람의 성품'이라는 의미입니다. 사람이 가지고 있는 본질된 그릇을 말하죠. 다시 말해 인성은 아이의 생각과 행동을 담고 있는 그릇입니다. 인성을 키우고 싶다면 아주 본질적인 것을 연습해야 한다는 뜻입니다. 겉으로만 보이는 행동이 아닌, 누군가 보지 않는 순간에도 책임감 있는 행동을 지속적으로 할 수 있는가가 중요한 것이죠.

화장실을 사용한 후 변기 물을 내리고, 휴지를 적절히 처리하며, 세면대에 물기를 튀기지 않고 정리하는 작은 행동이야말로 배려와 책임의 마음에서 나옵니다. 누군가 지켜보지 않아도 다 함께 사용하는 공간이라는 인식을 가지는 것이죠. 그래서 화장실 예절은 단순한 생활 습관이 아니라, 보이지 않는 곳에서의 배려와 책임을 연습하는 과정이기도 합니다. 이는 단순히 청결을 지키기 위한 행동을 넘어, 타인을 배려하고 공공의 가치를 소중히 여기는 마음을 보여주는 태도입니다.

학교에서도 화장실 예절이 좋지 않은 아이들이 많습니다. 화장실을 이용하고 변기 물을 제대로 내리지 않거나, 휴지를 사용하고 귀찮다고 바닥에 그냥 버리거나, 휴지를 지나치게 많이 쓰거나, 손을 씻고 세면대에 비누 거품을 그대로 두거나, 순서를 참지 못하고 다른 친구를 앞지르거나, 노크하지 않고 문을 벌컥 여는 아이도 있지요. 실제로 화장실 예절교육을 자주 시행하지만, 화장실은 누가 보지 않는 공간이니 생각보다 지키기가 쉽지 않습니다. 이처럼 보이지 않는 곳에서도 스스로를 책임지는 태도, 다음에 이용할 타인을 배려하는 마음이 진짜 인성의 영역이 됩니다.

인성교육의 첫 단추, 화장실 예절 체크리스트

인성은 타고난 것이 아니라, 경험을 통해 만들어지는 것입니다. 사람의 뇌는 생존을 위해 위험 요소에 민감하게 반응해야 하기에 본능적으로 부정적인 상황을 더 잘 기억합니다. 그렇기에 타인을 배려하거나 긍정적인 면을 바라보는 데는 더 많은 에너지와 노력이 필요합니다. 인성을 기른다는 것은 친절과 다정함을 넘어, 보이지 않는 순간에도 다른 사람을 배려하고 본인의 행동에 책임지는 힘을 키우는 일입니다. 그런 의미에서 화장실은 인성과 연결된 가장 일상적인 공간입니다. 남이 보지 않는 순간에도 다음 사람의 불편함을 생각하고 내 행동에 끝까지 책임감을 가져야 하니까요. 또한 매일 여러 번 이용하는 장소이기에, 작은 습관을 꾸준히 반복해서 연습할 수 있습니다. 반대로 말하면 매번 문제가 일어날 수 있는 공간이기에 화장실 예절은 강력한 인성교육의 시작점입니다. 아이와 다음 체크리스트를 매일 조금씩 연습해보세요. 이런 연습이 쌓여 아이의 진짜 인성이 됩니다.

◆ 인성교육의 첫 단추, 화장실 예절 Check!

☐	**똑똑, 노크하기**	안에 누가 있는지 꼭 확인해봐요.
☐	**찰칵, 잠금장치 확인**	아무나 들어올 수 없어요. 문을 꼭 잠가요!
☐	**변기 확인**	누군가 물을 내리지 않았나요? 피하지 않고 용기 내어 변기 물을 내려보아요!
☐	**변기 물 내리기**	변기 물을 잘 내렸나요? 끝까지 확인해요.(3초 이상 꾹!)
☐	**쓰레기는 쓰레기통에!**	쓰레기는 쓰레기통에 제대로 버려요. 혹시 바닥에 떨어졌다면 다시 주워서 버려요!
☐	**휴지는 쓸 만큼만**	휴지는 함께 쓰는 공공 용품이에요. 다른 사람을 위해 필요한 만큼만 사용해요.
☐	**옷매무새 다듬기**	급하다고 바로 밖으로 나가면 안 돼요. 옷매무새를 다듬고, 화장실 문을 나서기로 약속! (*옷매무새: 옷을 수습하여 입은 모양).
☐	**손을 씻을 때**	손을 깨끗이 씻고 나선 거품이 세면대에 남아 있지 않은지 살펴봐요. 손을 씻으며 세면대의 거품도 함께 흘려 보내요!
☐	**손 씻은 다음**	손에 물기가 있으니 털고 싶죠? 그럴 땐, 주변에 친구가 있는지 꼭 살펴야 해요! 물이 튈 수 있으니까요.

5. 아침밥 대신
잠 더 자는 아이

| 오해 |

잠 많은 아이, 아침 대신 10분 더 재우는 게 낫다?

"○○아! 아침밥 먹자!"

"아냐. 엄마, 나 10분만 더 잘래. 아침밥 안 먹어도 돼."

아침밥을 안 먹고 10분 더 잔다는 아이 말을 들으니 자는 아이를 굳이 깨워서 먹이는 게 맞는지, 잠을 선택한 아이를 존중해주어야 하는지 고민이 됩니다. 그래도 먹이는 게 낫다는 생각에 아이를 흔들어 깨우죠. 그런데 아이가 비몽사몽인 상태로 아침을 먹다 보니 생각보다 많이 먹지 못합니다. 엄마의 바쁜 아침을 쪼개서 차린 아침밥이 매번 싱크대로 직행하니, 아침을 힘들게 차려주는 게 맞는지 의문이 들죠. 아침밥을 굳이 챙겨야 할까요? 안 먹더라도 급식이 있으니, 급식을 더 잘 먹게 되는 건 아닐까요?

아침밥의 중요성에 관한 연구는 이미 방대합니다. 국제학술지《영양학연구》*에 따르면, 아침밥을 챙겨 먹은 아이가 전반적으로 복잡한 과제를 더 잘 수행하고, 지속적인 주의가 필요한 과제에서 더 나은 성과를 보였습니다. 특히 오전이 지날수록 아침을 거른 아이들의 주의력 저하가 뚜렷해졌다고 합니다. 그런데 단순히 학업만을 위해 아침밥을 강조하는 건 아닙니다. 아침밥은 그보다 더 중요한 아이의 마음과도 연결되어 있기 때문입니다.

> 진실

아침밥을 먹는 아이가 마음도 건강하다!

아이는 아침을 먹고 난 뒤 몇 시간 뒤에 점심을 먹을까요? 생각보다 점심 시간이 늦습니다. 1학년은 12시 30분쯤 점심을 먹기도 하지만 학교에 따라 1시가 다 되어 먹는 경우도 있습니다. 학년이 올라갈수록 점심을 먹는 시간이 더 늦어지기도 하죠. 아침밥을 먹고 가지 않으면 공복 상태로 꽤 오래 버텨야 한다는 이야기입니다. 배가 고픈 상태면 수업에 집중하고 싶어도 주의가 흐트러지죠. 그럴 때 아이들의 마음은 초조하고 불안해집니다. 생리적인 원인과 본인의 마음을 명확히 구별하지 못하는 저학년 시기는 더욱 그렇습니다. 즉, 공부하고 싶지 않은

★ 〈A systematic review of the effect of breakfast on the cognitive performance of children and adolescents〉, Alexa Hoyland, Louise Dye and Clare L. Lawton, Cambridge University Press《Nutrition Research Reviews(2009)》22, 220-243.

마음으로 오해하게 되는 거죠. 그런데 급식을 먹으면 문제가 해결될까요? 아이들이 배가 고플 때, 급식을 더 잘 먹을까요? 꼭 그렇지도 않습니다. 특히 저학년은 먹지 못하는 음식(매운 음식 등)이나 좋아하지 않는 반찬이 나오면 배가 고파도 잘 먹지 않습니다. 급식을 받자마자 몇 입 먹지도 않고 버리는 아이도 많습니다.

아이는 부실하게 먹은 급식으로, 방과 후 활동이나 학원 스케줄까지 소화해야 합니다. 이때 배고픈 아이들이 군것질을 많이 합니다. 군것질을 하니 자연스레 저녁을 적게 먹을 확률이 높아지고, 이는 건강하지 못한 식습관으로 이어질 수 있지요. 아침 한 끼가 생각보다 중요한 이유입니다. 실제로 제 아이도 아침밥을 제대로 챙겨 먹지 않은 날이 많았습니다. '먹기 싫다는 걸 굳이 먹일 필요가 있을까? 아이가 학교에서 괜찮으니까 그런 거겠지. 점심 급식도 있는데, 뭘.' 저 역시 이렇게 생각했습니다. 그런데 어느 날, 방과 후 활동을 마친 아이가 집에 오자마자 간식(젤리 종류 등)을 허겁지겁 먹으며 말했습니다. "엄마, 배가 너무너무 고파서 학교에서 정말 힘들었어. 수업에 집중하고 싶었는데 집중도 안 됐어." 다른 아이들에겐 아침밥의 중요성을 매번 강조하면서, 저야말로 제 아이를 챙기지 못했다는 것을 깨달았죠.

배가 고프면 아이들은 학교에서 집중하고 싶어도 집중하지 못하고 자신의 마음을 '의심'하기 시작합니다. "나 공부하기 싫은 건가?"라고요. 그렇기에 배움에 집중하고 싶을 때 온전하게 집중할 수 있도록 부모가 도와줄 수 있는 영역이 아침밥이라면, 그 중요성을 인지하고 챙겨줘야겠지요.

솔루션

왜 먹기 싫을까?
아침 능동성을 깨우는 한 주 식단표

물론 모든 부모는 아침밥의 중요성을 이미 알고 있습니다. 아침밥을 챙겨주기 싫어서가 아니라, 아침밥을 차려주어도 잘 먹지 않는 아이 때문에 챙겨주지 않는 경우가 많지요. 왜 이런 일이 생길까요? 보통 '엄마가 먹이고 싶은 메뉴'를 차리기 때문입니다. 이럴 때 아이의 자기 주도력을 향상시킬 식단표 함께 만들기를 추천합니다. 주말 저녁마다 아이와 먹고 싶은 메뉴로 한 주 식단표를 짜는 거죠. 식단표를 짜면 엄마도 아침에 메뉴 고민을 하지 않아도 되고, 아이 역시 본인이 아침에 먹고 싶은 메뉴로 협의했기에 훨씬 적극적으로 먹습니다. 본인의 선택과 책임이 들어갔기 때문이죠. 식당에서 직접 고심해서 주문한 메뉴는 끝까지 먹으려는 심리와 같습니다. 다음 순서로 아이와 한 주 식단표를 짜보세요.

1. 먹고 싶은 음식과 식재료에 관한 이야기 나누기

저는 일요일 저녁마다 아이들과 식단표를 짭니다. 특히 아침 메뉴는 워킹맘인 저도 만드는 데 부담스럽지 않으면서 아이들이 먹고 싶은 메뉴로 협의하여 정합니다. 이때 저녁 메뉴까지 함께 정해도 좋습니다. 요즘 제철 음식이나 과일이 무엇인지, 건강에 어떻게 도움이 되는지 등도 자연스럽게 들려줍니다. 만들어진 음식만 보던 아이는 음식의 재료에 관한 이야기를 흥미롭게 듣습니다. 처음 먹어보는 음식도 시도하고 싶다는 마음이 저절로 생기지요.

아이들이 바지락 생김새만 보고는 영 먹고 싶지 않아 해서, 식단표를 짤 때 일부러 바지락에 관한 이야기를 들려주었습니다. 바지락에는 철분이 있어 생각을 더 잘할 수 있게 도와주고, 단백질이 있어 잘 뛸 수 있는 근육도 만들어준다며 효능도 알려주었죠. '바다 안의 작은 영웅'이라는 말도 덧붙였습니다. 얼마 뒤 바지락 칼국수가 나왔을 때, 아이들은 전처럼 거부감을 느끼지 않고 적극적으로 먹어보려 했습니다. 지금 바지락은 제 딸이 최고로 애정하는 식재료가 되었고요. 이처럼 식단표를 함께 짜면 음식을 더 풍부하게 느낄 수 있는 계기를 만들 수 있습니다.

2. 잘 보이는 곳에 식단표 붙이기

한 주 식단표를 완성했다면 냉장고, 벽, 칠판 등 아이가 일어났을 때 확인할 수 있는 곳에 붙입니다. 가족 협의 과정을 통해 만든 식단표이니 아침 메뉴에 아이의 선택과 책임이 함께 들어 있습니다. 저도 식단표를 활용한 후부터 아이들이 아침을 더 적극적으로 먹는 모습을 확인했습니다. 이처럼 사람은 자기주도적으로 만든 결과에 책임과 애정을 느낍니다. 자기주도력은 거창한 게 아니라, 나의 가까운 일상에서부터 쌓아나가는 것입니다. 아주 작은 차이처럼 보이지만, 아침부터 나의 선택으로 즐거운 식사를 경험하는 것이죠.

3. 식단표 활용 시 유의 사항

식단표를 완성했다면 필요한 재료들을 한꺼번에 장 보는 걸 추천합니다. 실제로 식단표를 실천하다 보면 예기치 못한 상황으로 월요일에 먹을 음식을 화요일에 먹게 되는 경우가 생깁니다. 그래도 재료만 준비되어 있으면 일주일 식단 안에서 얼마든지 유동적으로 메뉴를 변경할 수 있습니다. 한 주에 한 번만 장을 보면 되니 식비를 줄이는 효과도 있고요. 냉장고에 식재료가 구비되어 있으니, 아이들과 함께 요리하기도 좋습니다. 일주일에 한 번 정도는 아이와 저녁식사를 준비해보세요. 저희 집에도 '돈까스 만들기' 날이 있는데요. 아이들과 빵가루, 밀가루 묻히기 역할을 나눠서 수제 돈까스를 함께 만듭니다. 식단표 짜기로 '선택'을 경험했다면, 함께 요리하기로 '책임'을 키워주세요. 아이와의 추억과 관계는 덤으로 따라옵니다.

◆ **한 주 식단표 예시**

6/9 (월)	6/10 (화)	6/11 (수)	6/12 (목)	6/13 (금)	6/14 (토)	6/15 (일)
아침	아침	아침	아침	아침	아침	아침
물만두	주먹밥	가래떡	김밥	유부초밥	피자 식빵	곰탕+계란말이
저녁	저녁	저녁	저녁	저녁	저녁	저녁
국밥	미트볼 토마토 스파게티	오리고기 채소볶음	샤브샤브	소불고기 채소볶음	양꼬치 (외식)	삼겹살

6. 상담이 필요한 아이

(오해)
바쁘실 수도 있고, 부담스러우니 전화는 최대한 피하자

"엄마, ○○가 괴롭히고 놀려." "엄마! 학교 가기 진짜 싫어."

아이에게 이런 말을 들으면 당장이라도 담임 선생님과 상담을 해야 하지 않을까 하는 마음이 자연스럽게 듭니다. 아이가 학교에서 돌아와 유독 억울해한다거나, 속상한 일을 겪었다고 할 때도 선생님과 상담하고 싶지요. 아이 이야기만 들을 수 없기에 선생님 이야기를 듣고 상황을 판단해야겠다 싶습니다. 그런데 막상 담임 선생님께 전화하려고 하니, 여러 가지 생각이 떠오릅니다.

'시간이 조금 늦었는데, 괜찮을까?'

'지금 바쁘실 수도 있는데, 받으시려나?'

'통화하려니 어색하고 민망하네. 말보다 문자가 더 편하지.'

이런 고민 탓에 전화가 아닌 문자로 연락을 청하는 경우가 많습니다. 혹시 친구에게 불편한 이야기를 문자로 전해보신 적 있으실까요? 전화로 하기에 이래저래 고민되는 내용을 문자로 쓰면, 내 의도만큼 전달이 잘된 적도 있지만, 의도와 전혀 다르게 받아들이는 친구를 만난 적도 있으실 겁니다. 왜 그럴까요? 문자엔 비언어적인 단서가 전혀 담겨 있지 않기 때문입니다. 이런 문자를 받았다고 가정해봅시다.

그래. 네 말 이해했어.^^

누군가가 보기엔 전혀 문제없어 보이지만, 감정 상태나 상황에 따라 기분 나쁘게 받아들일 수도 있습니다. 비꼬아서 말하고 있다고 생각할 수도 있기 때문이죠.

친한 친구 사이에서도 생길 수 있는 오해인데, 소중한 우리 아이가 걸린 문제라면 어떨까요? 더 감정적으로 판단할 수 있겠지요. 심지어 학교에 상담을 요청하는 경우는, 좋은 일보단 걱정되는 일인 경우가 많습니다. 문자로만 적다 보면 선생님께 전달하고 싶었던 내 말의 의도가 잘못 전달될 위험성도 있고, 나 역시 선생님의 의도를 잘못 파악할 소지가 큽니다.

(진실)
한마디 말로 풀릴 수 있는 문제도,
문자가 길어지면 오해로 번진다

저 역시 친구와 문자를 하다 사소한 문제로 다툰 적이 있습니다. 문자를 하면 할수록, 서로 감정이 격해지는 게 느껴졌죠. 이대로는 서로 오해만 쌓일 것 같아 용기 내어 먼저 전화를 걸었습니다. 울먹거리는 친구의 목소리를 듣자마자 신기하게도 성난 마음이 눈 녹듯 풀리더군요. 친구 역시 저와 같은 마음으로 고민하고 있다는 게 목소리를 통해 느껴졌기 때문이었습니다. 말 한마디로 정리될 수 있는 상황도, 문자로 길게 주고받다 보면 불필요한 오해로 번집니다. 이유가 뭘까요?

문자에는 비언어적인 단서가 없지만, 전화는 비언어적인 단서로 상대방의 의도를 파악할 수 있기 때문입니다. 문자에서 흔히 쓰는 이모티콘도 간접적 단서로 활용할 수 있지만, 오히려 그 때문에 의도를 곡해하기도 합니다. "웃지 말아야 할 상황인데 웃음 이모티콘을 보내? 비꼬는 건가?" 하고요. 이런 단서는 오히려 과잉 정보가 됩니다. 이모티콘에 담긴 뜻까지도 해석해야 하니까요. 특히 편하지 않은 사이라면, 간접적 단서에도 의미를 지나치게 부여할 확률이 높아집니다.

하지만 전화는 목소리를 통해 상대의 감정과 의도를 쉽게 이해할 수 있습니다. 문자에 담긴 과잉 정보에까지 마음을 쓸 필요가 없지요. 또 즉각적인 피드백이 가능하다는 장점이 있습니다. 아이의 상황이 걱정되거나, 억울한 일을 해결하고 싶을 때 우리는 교사의 빠른 피드백을 기다리지요. 그런데 문자로는 상대방이 지금 어떤 상황인지 알 수 없습니다. 답을 하기 어려운지, 바쁜지를 모르니 문자 답장이 늦을수록 답답하고 초조해집니다. 기다리면서 감정이 부정적으로 흐를 가능성도 높아지지요. 그에 반해 전화는 궁금한 걸 즉시 해결할 수 있고, 오해가 있다면 빠르게 물어볼 수 있죠. 이러한 이유로 상담할 때는 문자보다 전화를 선택하면 좋습니다. 그런데 애써 용기 내어 통화를 해도 속이 시원하지 않은 경우가 많습니다. 조금 더 현명하게 통화하는 방법이 있을까요?

✦솔루션✦ "통화하길 정말 잘했다!" 손뼉 치며 상담 끝내는 법

담임 선생님과 상담하고 싶을 땐 문자보다 전화가 좋다는 것은 이해하셨겠지요? 상담을 마치고 나서 "정말 통화하길 잘했다"라는 마음이 들면 금상첨화겠지요. 그러기 위해선 상담 메모지를 활용하면 좋습니다. 상담 메모지 100% 활용법을 알려드릴게요.

1. 통화 가능한 시간, 상담요청 내용 문자로 보내기

선생님과 상담을 원할 때는, 바로 전화를 드리기보단 통화 가능한 시간을 문자로 먼저 여쭤보시면 좋습니다. 서로 통화가 편한 시간을 찾는 거죠. 상담하고 싶다는 요청만 문자로 보내면 교사도 미처 대답을 준비하기 어려울 수 있거든요. "○○이 교우 관계 문제로 상담하고 싶어요. 선생님께서 상담이 가능하신 시간 알려주시면 감사하겠습니다." 이 정도로 먼저 간략하게 말씀해주시면 훨씬 더 효과적인 상담이 될 수 있습니다. 교사도 부모가 어떤 문제로 상담을 원하는지 살펴보고, 피드백을 정리할 시간이 필요하니까요. 상담 시간을 정했다면 상담 메모지를 꺼낼 차례입니다.

2. 상담 메모지 "전, 중, 후" 사용법

상담을 하기 전 아이 상담을 기록할 메모지나 공책을 준비해주세요. 메모지는 간편하여 사용하기 좋지만 보관이 어렵습니다. 사용한 메모지를 버리지 않고 빈 공책에 붙여서 아이 상담 기록을 모으셔도 좋습니다. 이런 기록이 모여 '아이의 역사'가 되거든요. 아무리 중요한 일도 기록해두지 않으면 생각나지 않습니다. 나는 아이의 역사를 함께 쌓아가는 동행자라는 사실을 기억해주세요. 기록이 쌓이면 아이의 변화가 눈에 보이고, 앞으로 나아갈 방향을 잡기도 쉬워집니다.

[상담 전] 상담 후에 "이 말을 못했네!"라고 후회하지 않으려면, 상담 전에 상담할 내용을 미리 적어보세요. 세세한 내용까지 적지 않고 제목만 간략하게 적어도 좋아요. "교우관계: 친구 ○○와의 다툼, 학교생활: 급식 문제, 학습: 요즘 수학을 어려워하고, 하기 싫다는 말을 자주 함." 이렇게 상담할 내용을 적어두면 고민되는 부분에 대한 피드백을 빠짐 없이 상세히 들을 수 있습니다.

[상담 중] 상담 중에는 교사가 건네는 피드백을 간략하게 적어두세요. 메모해두지 않으면 교사가 전달했던 피드백이 기억나지 않는 경우가 많거든요. 대화가 길어질수록 떠올리기 쉽지 않습니다. 상담 내용을 메모해두면 가정에서 보이는 아이의 모습, 학교에서 보이는 모습에 어떤 차이점이 있는지 더 명확하게 보여요.

[상담 후] 상담이 끝난 뒤에는 앞으로 적용할 점을 적어보세요. "아이와 보드게임을 시작해야겠다. 앞으로 이렇게 대화를 나눠야겠다. 조급한 마음으로 아이를 바라보고 있었으니, 나도 여유를 찾아야겠다." 등 떠오르는 방법들이 있을 겁니다. 분명 어려움이 있어서 교사와 상담을 요청했을 텐데 상담이 단순한 상담으로 끝나지 않으려면, 그 이후에 아이와 무엇을 해볼지 정리하는 시간이 꼭 있어야 합니다.

이렇게 상담 메모지를 활용하면 무엇이 좋을까요? 상담하고자 했던 목적을 더 명확하게 이룰 수 있어 말 그대로 '내 속이 시원한 상담'이 됩니다. 또한 상담을 기록해두었으니, 아이의 성장도 확인할 수 있습니다. 지난번 고민했던 문제가 나아졌는지, 다른 문제로 파생이 되었는지 점검할 수도 있지요. 걱정은 눈에 보이지 않지만, 기록은 눈에 보입니다. 눈에 보이는 문제는 나아짐을 확인할 수 있기에, 더 이상 불안하지 않습니다.

◆ **상담 메모지 활용법**

상담 메모지 (년 월 일)	
상담 전	**상담 중**
상담하고 싶은 내용	교사 피드백
상담 후	
적용해볼 점	

7. 책상 정리를 힘들어하는 아이

오해

"에이, 크면 다 할 거야." 정말일까?

"지금은 어려서 내 도움이 필요한 거야. 크면 알아서 하겠지."

아이가 어릴수록 책상 정리는 엄마의 영역이 될 확률이 높습니다. 지저분한 책상을 볼 때 마음이 가장 불편한 사람이 엄마이기 때문이죠. 한두 번 책상을 치워주다 보면, 어느 순간 자연스럽게 집안일로 굳어지기 쉽습니다. "크면 어련히 알아서 하겠지"라는 마음으로 계속 도와주다 보면, 그 일은 끝내 아이의 몫이 되지 못합니다. 초등학교에 입학해서 "아차! 이제 아이 스스로 연습해야지!"라고 생각해도 쉽지 않습니다. 그때는 잔소리가 되거든요. 엄마가 도와줬던 영역을 이제는 스스로 책임져야 한다는 사실이 아이에게도 달갑지 않습니다. 치우기 싫은 아이와 치웠으면 하는 엄마의 팽팽한 싸움이 시작됩니다.

어릴 때부터 책상 정리는 아이의 영역으로 시작해야 합니다. 교실만 살펴봐도 연습이 된 아이와 연습이 되지 않은 아이가 확연히 차이가 납니다. 책상을 정리할 때 자신의 동선에 맞춰 물건을 정리하는 아이가 있는가 하면, 책상 안에 마구잡이로 집어넣듯이 정리하는 아이가 있습니다. 정리 스타일이 다른 것뿐이라고 생각할 수도 있지만, 문제는 마구잡이로 집어넣은 뒤 원하는 물건을 찾지 못하는 경우가 많다는 것입니다. "물건이 없어졌어요. 잃어버렸어요. 어디 있는지 못 찾겠어요." 이렇게 말하는 아이의 책상이나 사물함을 살펴보면, 한곳에 몰아넣은 경우가 대부분입니다. 이런 문제는 아이가 고학년이 돼서도 쉽게 해결되지 않습니다. 막연히 나이가 든다고 잘할 수 있는 영역이 아닌 거죠. 오히려 어릴 때부터 연습하고 익숙해져야 잘할 수 있는 '내 일'입니다.

> 진실

사소한 영역도 오래 연습해야 진짜 '내 것'이 된다

어릴 때부터 책상 정리 습관을 기르는 것은 단순히 물건을 깔끔하게 두는 것 이상의 가치가 있습니다. 미국 UCLA의 연구팀이 정리정돈과 관련된 습관을 조사하여 흥미로운 결과를 발표했습니다.[★] 어린 시절 자신의 공간을 스스로 정돈하고 관리하는 아이들은 성인이 되었을 때

★ 《Life at Home in the 21st Century》, Center on Everyday Lives of Families, UCLA, 2012.

일상과 업무에서 스트레스를 덜 받는 경향을 보였다는 겁니다. 이유가 무엇일까요? 정리정돈을 통해 자연스럽게 형성된 '시각적 정보 관리 능력'이 복잡한 업무에서도 유리하게 작용하기 때문이었습니다. 시각적 정보 관리 능력이란, 눈으로 볼 수 있는 정보를 활용하여 문제를 해결하는 능력을 말합니다. 정리정돈을 잘하기 위해서는 물건의 위치와 공간이라는 시각적 정보를 통해 물건을 배치하고 구성하는 능력이 필요합니다. 단순히 책상 위의 잡동사니를 치우는 것을 넘어, 나의 공간을 효율적으로 배치한다는 의미이죠. 책상 정리가 사소해 보이지만 사소하지 않은 이유입니다.

나에게 맞는 정리 방식이 생기기까지는 생각보다 많은 시행착오가 필요합니다. 그렇기에 정리는 어릴 때부터 자주 연습할 수 있어야 합니다. 책상 정리를 부모의 영역으로 들고 오는 것이 아니라, 아이의 영역이 될 수 있도록 기회를 주는 것이죠. 그런데 이때 부모의 기준으로 책상 정리를 판단해선 안 됩니다. 저와 남편의 일화를 들려드릴게요. 휴일에 제가 아이 둘을 데리고 외출했던 날입니다. 아이들을 데리고 나가 있는 동안 남편이 집안일을 했죠. 그런데 돌아와 보니 집이 그대로인 겁니다. 본인은 분명 치웠다고 말하는데, 제 눈엔 치운 흔적이 없는 거예요. 무엇이 문제였을까요? 서로의 기준이 달랐기 때문입니다. 책상 정리정돈도 마찬가지입니다. 어른끼리의 정리정돈 기준도 이처럼 다른데, 아이와 엄마의 정리 기준은 당연히 다를 수 있지요. 서로 기준이 다르다 보면, 함께 노력하고 있지만 결국 다툼이 되기도 합니다. 그렇기에 아이에게 책상 정리를 할 때 규칙과 기준을 큰 틀에서 제시해주시고, 세부적인 정리 방식은 아이가 자유롭게 결정해나갈 수 있도록 도와주는 것이 중요합니다.

아이의 자기주도력을 높이는 실전 정리법

정리가 어려운 이유는 '무엇을' '어디에' 둬야 할지 모르기 때문입니다. 이 두 가지만 정해주어도 큰 틀을 제시해주는 것과 같습니다. 정리 스타일은 아이마다 다를 수 있고, 아이가 선택할 수 있는 영역입니다. 직접 책상을 정돈하고 배치하면 시각적 정보 관리 능력도 자연스럽게 자라납니다. 그런데 아이에게 기준을 정해주지 않은 채 정리를 시작하라고 하니, 아이도 막막한 나머지 한곳에 무작정 밀어 넣는 것이죠. 그래서 어떤 물건(무엇을)을 어떤 장소(어디에)에 정리할지 알려주는 게 먼저입니다. 그래야 아이도 부담 없이 시작할 수 있거든요. 다음 세 가지 규칙을 소개합니다.

1. 정리 구역 라벨링

아이가 자주 쓰는 필기구(연필, 지우개, 색연필, 사인펜, 자, 가위, 풀 등)는 반드시 지정된 구역에 두어야 합니다. 부모는 라벨링이라는 정리 틀만 제공하고, 어느 필기구를 어디에 놓을지는 아이가 직접 결정하게 해주세요. 예를 들어, 문제집도 과목별로 라벨링을 해서 카테고리를 분류해두면 찾고 정리하기가 쉽습니다. 다양한 분야의 문제집이 있다면, 문제집 카테고리를 어떻게 묶을지 아이가 정하는 것도 방법이에요. 실제로 사용하는 사람은 아이니까요.

2. 같은 위치에 두는 연습

책상 정리정돈이 어려운 가장 큰 이유는 '제자리'가 없기 때문입니다. 필요할 때마다 어디에 있는지 찾아야 하니까요. 아이에게 물건을 쓰고 난 뒤 정해진 장소에 둬야 한다는 것을 알려주세요. 보통 문제집을 풀고 나면 문제집과 필기구를 정리하지 않고 그대로 일어나기도 하지요. 이때 한 활동이 끝나면 제자리에 물건을 둔 뒤, 다음 활동으로 이어질 수 있도록 해주세요.

3. 쓰레기는 바로 버리기

지우개 가루, 간식 비닐 등 아이가 책상 위에서 만든 쓰레기가 있다면 활동이 끝난 뒤에 정리하도록 알려주세요. 쓰레기를 제때 버리지 않고 책상 한 귀퉁이에 모아두거나, 서랍장에 그대로 넣어두는 아이가 있습니다. 실제로 남은 우유를 버리지 않아 사물함에서 썩은 우유가 나오기도 하지요. 이처럼 쓰레기를 바로 버리는 것은 내가 한 행동에 책임을 진다는 뜻이기도 합니다. 내 공간을 깨끗하게 만드는 것은, 나의 선택이자 책임이라는 것을 가정에서부터 연습해야 합니다.

이처럼 정리의 기준은 부모가 제시하고, 정리의 방식은 아이가 선택할 수 있도록 이끌어주세요. 잔소리 대신 아이의 정리 습관을 만들 수 있게 돕는 행동 조력자가 되는 것이죠. 아이 스스로 생각하여 자신만의 정리법을 찾아가는 경험은, 훗날 시간 관리와 학습 계획 같은 더 큰 자기관리 능력으로 자연스럽게 확장될 겁니다.

8. 제멋대로 옷 입는 아이

오해

**저렇게 입고 가면
놀림받지 않을까?**

"하준아! 이제 가을이야. 반팔 입고 가면 감기 걸린다니까!" "그 옷만 몇 번째야? 다른 옷도 좀 입자."

아침부터 옷으로 실랑이하는 가정이 꽤 많습니다. 자아 개념이 점점 더 명확하게 확립되는 6~7세부터 실랑이가 시작되는데, 이 시기는 애교에 가깝습니다. 초등학교에 들어가면 아이들은 자신이 입고 싶은 옷을 더 고집스럽게 주장하거든요. 아이가 어렸을 때는 엄마가 입히고 싶은 옷들을 마음껏 입혀도 큰 거부감이 없지만 점점 또래의 시선을 신경 쓰게 되고, 본인의 취향도 생기면서 '입고 싶은 옷'에 대한 개념도 함께 자라납니다.

종종 엄마가 입히고 싶은 옷과 아이가 입고 싶은 옷 사이에 충돌이 일어납니다. 부모는 크게 바라는 게 없습니다. 그저 멀끔하게, 단정하게만 입고 갔으면 하는 소망이지요. 아이가 걸치면 포근할 것 같아서 사둔 외투, 아이가 좋아하는 무늬가 그려진 원피스, 아이에게 유독 잘 어울리는 색이 들어간 티셔츠 등 부모가 고른 옷이 아이가 고른 옷보다 디자인적으로나, 실용적인 측면으로나 분명 더 나을 겁니다. 하지만 아이의 생각은 부모의 생각과 다릅니다.

저 역시 첫째 아이가 감각이 예민하기에 소재와 디자인을 꼼꼼하게 따진 후 인터넷 최저가로 검색해서 옷을 구매했습니다. 그런데 여름 내내 아이가 그 옷들을 거들떠보지도 않았습니다. 태권도장 로고가 박힌 만 원짜리 파란색과 흰색 티셔츠만 돌아가며 입더라고요. 하루도 빠짐없이 매일 태권도 티셔츠만 입고 가는 아이를 바라보며 "저렇게 입고 가면 친구들이 저 옷밖에 없다고 생각하지 않을까?" 걱정도 했습니다. 이런 고민, 저만 한 건 아니겠지요?

> 진실

내가 입어서 좋은 옷이
가장 좋은 옷이다

한 번쯤 비슷한 경험이 있으시지요. 매번 같은 옷만 입고 학교에 가는 아이, 액세서리(반지, 팔찌 등)를 지나치게 하는 아이, 캐릭터 옷만 고집하는 아이 등 가정마다 옷 실랑이를 했던 역사가 쌓여 계실 겁니다. 저 역시 아이들과 옷 실랑이를 자주 해보니 깨달은 점이 하나 있습니다. '공부하기 싫다는 아이 공부시키기'도 어렵지만, '이 옷 입겠다는 아이를 다른 옷 입히기'도 정말 어렵다는 사실을요. 두 사례가 다른 것 같지만, 꽤나 닮은 지점이 있습니다.

바로 아이에게 '선택권'을 주었냐는 점입니다. 공부하기 싫다는 아이에게 문제집이나 학습 시간 조절 영역을 선택하게 해주듯, 옷 실랑이를 할 때도 아이가 주도적으로 선택할 수 있게 해야 합니다. 그리고 스스로에게 꼭 물어보세요. '이 옷은 내가 보기에 좋아서 입히고 싶은 걸까? 아이가 입고 싶은 걸까?'라고요. 내 기준을 아이에게 강요하고 있지는 않았는지를 살펴봐야 합니다. 아이에게 '이 옷'을 입어야 하는 이유를 설득하다 보면 나조차 설득이 안 되는 경우가 많거든요.

"요즘 이 옷이 유행이래! 엄마가 시간 맞춰서 힘들게 산 거야!"

"디자인이 예쁘잖아. 너한테 정말 잘 어울려!"

"그냥 입어!"

생각해보면 아이가 꼭 입어야 하는 옷은 없습니다. 다만 아이가 입으면 예쁠 것 같다는 부모의 마음만 있을 뿐이죠. 비싼 브랜드, 예쁜 디자인 등은 아이에게 좋은 옷의 기준이 아닙니다. 아이에게 좋은 옷이란, 본인의 마음에 들고 입었을 때 편한 옷입니다. 그래서 저는 오히려 아이 옷 사는 돈을 아껴, 엄마 옷을 사라고 말씀드리곤 합니다.

자기주도력으로 개성도 찾고 T.P.O도 지키기

아이에게 옷 선택을 전적으로 맡기기엔 아무래도 불안하지요. 그럴 때 아이의 선택은 존중하되, 부모가 꼭 체크할 요소만 챙겨도 좋습니다. 바로 T.P.O입니다. T.P.O란 Time(때, 시간), Place(장소), Occasion(상황)을 뜻합니다. 적절한 때, 장소, 상황에 맞게 옷차림을 선택해야 한다고 학교에서도 배웁니다. 아이에게 T.P.O를 지키는 법을 알려주고, 자기주도력을 발휘하여 스스로의 개성에 맞게 옷을 선택할 수 있도록 도와주세요.

1. 때(T) 체크하기

아이가 스스로 계절과 날씨를 체크할 수 있도록 도와주세요. 옷 실랑이를 하는 이유 중 하나가 계절감에 맞지 않는 옷을 입으려는 아이 때문이죠. 특히 추워지는 날씨에 반팔을 고집하면 곤란합니다. 활동할 땐 덥다고 느껴도, 교실에 가만히 앉아 있으면 금세 추워지니 감기 등 질병에 걸릴 위험이 높아지죠. 이는 본인의 건강을 위한 일이니, 적절한 때(T)를 체크해야 하는 중요성을 알려주세요.

2. 장소(P) 체크하기

오늘 학교에만 있는지, 끝나고 친구와 놀이터에서 놀기로 했는지, 학원을 이동할 때 밖에서 오래 머무는지 등을 생각해봐야 합니다. 두

텁게 입어야 할지, 가볍게 입어도 좋을지, 자켓을 챙겨가야 할지를요. 아이들은 생각보다 자켓 입는 걸 싫어합니다. 활동할 때 불편하기 때문이죠. "자켓 챙겨야 돼!"라는 말보다, "오늘 놀이터에서 ○○이와 놀기로 했잖아. 자켓을 챙겨가야 오래 놀지." 이렇게 전달해보세요. 이유가 명확하니, 아이는 단순히 입기 싫다는 말로 거절하지 않습니다. 학교에서 나눠주는 주간학습안내나 알림장을 아이가 직접 살펴볼 수 있도록 해주세요. 운동장 수업, 야외 수업이 있다면 원피스 대신 편한 활동복을 입고 가야겠죠?

3. 상황(O) 체크하기

학교 행사가 있거나 나에게 중요한 날(친구 생일 파티, 발표회 등)에 입어야 하는 옷차림이 있습니다. 아이가 이런 날을 체크할 수 있도록 체크리스트를 함께 살펴봐주세요. 특히 주간학습안내 및 알림장을 함께 살펴보며, 오늘 수업에 필요한 소지품(물통, 모자 등)이 있는지도 직접 챙길 수 있도록 독려해주세요. 이처럼 꼭 유념해야 하는 T.P.O 가이드만 아이에게 제시하고, 나머지는 선택권은 아이에게 맡겨주시면 됩니다. 옷 실랑이가 현저히 줄어들 거예요.

4. 옷 구매는 꼭 아이와 함께!

혹시 아이가 입을 옷을 엄마만 보고 구매하고 있지는 않나요? 아이의 옷 선택권을 존중한다는 뜻은, 구매도 아이와 함께한다는 의미입니다. 사놓고 입지 않는 옷이 쌓이는 것보다, 처음부터 아이의 마음에 드는 옷을 사서 오래 입는 것이 더 현명한 소비이기도 하지요. 저는 온라인으로 보는 것보다 아이와 직접 오프라인 매장에 가서 만져보고 입어보는 걸 추천합니다. 디자인이 마음에 들더라도, 옷의 촉감이 아이가 생각한 것과 다를 수 있거든요. 옷을 함께 고르며 몰랐던 아이의 취향도 알게 됩니다. 첫째와 옷 쇼핑을 함께 한 날이었어요. 평상시 검은색 옷을 선호해서 제가 검정 계열의 옷들을 추천하니, "엄마. 나는 까맣기만 한 옷은 별로야. 나는 검정 옷에 내가 좋아하는 작은 포인트가 있어야 해." 하더라고요. 본인이 좋아하는 색깔이나 그림이 섞여 있어야 한다는 뜻이었습니다. 그때 또 깨달았죠. '내가 백 번 골라봐야 소용없구나!'라는 사실을요. 부모의 역할은 생각보다 간단합니다. T.P.O 체크리스트로 꼭 살펴봐야 하는 가이드만 제시하고, 나머지는 아이의 선택을 믿는 겁니다.

◆ **우리 아이 T.P.O 체크리스트**

T.P.O	체크리스트
시간(T)	☐ 어떤 계절이죠? ☐ 오늘 날씨는 어떤가요? ☐ 비나 눈이 오나요?
장소(P)	☐ 오늘 어디에 가나요? (학교, 학원, 친구 집 등) ☐ 야외 수업이 있나요? ☐ 밖에서 오래 머무나요?
상황(O)	☐ 학교 행사가 있나요? ☐ 나에게 중요한 날인가요? ☐ 활동에 필요한 소지품이 있나요?

9. 모든 게 조금씩 느린 아이

(오해)

**낙인찍힐까 주저하는 마음,
언젠가 말할 기회가 있겠지?**

아이가 자랄수록 깊어지는 고민이 있습니다. 손톱 밑에 박힌 작은 가시처럼 하루 종일 나를 신경 쓰이게 하는 그런 고민이죠. 바로 우리 아이가 다른 아이보다 조금 느리다는 사실입니다. 아이의 느림은 다양한 모습으로 나타날 수 있습니다. 학습, 행동, 수행 시간 등 직간접적으로 피부에 와닿지요. 아이가 어렸을 땐 뿌연 안개처럼 명확하지 않다가, 학령기에 접어들면서 우리 아이가 다른 아이들보다 느리다는 사실을 조금씩 알아갑니다. 아이의 느림을 진단명으로 확인하시는 분도 계실 테고, 아직은 조금 더 지켜보자는 마음으로 병원 문턱을 넘지 않으시는 분도 계실 겁니다. 어떤 형태이든 부모가 선택한 그 방법이 맞습니다. 다만, 입학 전에 아이의 느림을 담임교사에게 말씀드릴지 고민하는 분들이 많습니다.

"선생님께 괜히 말해서 아이를 낙인찍는 게 아닐까?"

"선생님이 우리 아이에게 선입견을 품게 되는 건 아닐까?"

"아이의 특성 때문에 받아야 할 기회를 받지 못하는 게 아닐까?"

저도 첫째가 6살까지 여느 아이들보다 불안감이 높고 느린 특성들이 드러났기에 충분히 이해할 수 있습니다. 언젠가 말할 기회가 있을 거라며, 마음의 준비를 좀 더 하고 전달해야겠다고 생각하실 수 있지요. 하지만 3월에 아이를 만난 담임교사는 이미 아이의 특별함을 눈치챌 수 있습니다. 그런데 먼저 도움의 신호를 보내지 않은 아이에게 교사가 선뜻 나서 도움을 주기도 어렵습니다. 과한 개입이 될 수도 있기 때문이죠. 그러다 보면 아이가 적절하게 받아야 할 지원의 시기를 놓치게 될 수도 있습니다.

(진실)
아이의 하루는 우리의 하루와 다르다

꼭 기억하셔야 할 문장이 있습니다. '아이의 하루는 우리의 하루와 다르다'는 사실입니다. 유-초등 시기의 아이들은 세상을 이해하고 탐구하는 데 많은 시간을 씁니다. 이를 통해 머릿속에 자신만의 경험 상점인 스키마를 구성해나가죠. 스키마란 심리학자 장 피아제가 정립한 이론으로 '세상을 이해하고 상황을 처리하는 인식의 틀'을 뜻합니다. 아이가 하루 동안 어떤 경험을 하느냐에 따라 아이의 스키마가 달라지고, 문제를 해결하는 방식이 결정된다는 이야기죠. 느린 아이라면, 아마도 자신의 의지와 상관없이 학교에서 어려운 순간들을 자주 맞이할 겁니다. 빨리 문제를 해결하고 싶은데 손의 속도가 따라주지 않거나, 문제를 정확하게 풀고 싶은데 문제가 이해되지 않거나, 수업에 집중하고 싶은데 하고 싶은 다른 일들이 자꾸 생각나는 등 불편한 상황을요. 그로 인해 아이의 경험 상점이 어쩌면 좌절감으로 채워질 수도 있습니다.

　교사가 아이의 특성을 면밀하게 파악하고, 아이의 마음 안에도 퐁당 들어갔다 나올 수 있다면 얼마나 좋을까요? 25명, 많으면 30명 가까운 아이들이 있는 교실 안에서, 교사가 학생을 하나하나 제대로 파악하기에는 현실적으로 어려움이 많습니다. 아이가 스스로 불편함을 표현하지 않으면 무엇이 불편한지 알기 어렵고, 여러 아이를 가르쳐야 하는 상황에서 한 아이의 특성을 면밀하게 관찰할 수 있는 시간이 생각보다 많이 주어지지 않습니다. 교사의 의도와 다르게, 아이는 교실 안에서 숱한 좌절을 경험할 수도 있다는 뜻이지요. 이렇게 교실 안에서 반복적으로 겪는 좌절은, 단순한 일시적 불편함으로 끝나지 않을 수 있습니다. 실제로 미국의 질병통제예방센터(CDC)가 미국 내 통합관리 의료협회인 카이저 퍼머넌트와 진행한 연구에 따르면, 아동기에 반복적인 스트레스나 좌절을 겪은 아이는 성인이 된 후 신체적, 정신적 건강 문제에 노출될 가능성이 높다고 합니다. 이 연구에서 정의한 '아동기 역경 경험(ACE)'은 극단적인 트라우마뿐 아니라, 반복적인 좌절감과 무력감도 포함합니다. 아동기에 역경을 많이 경험한 사람일수록 성인기에 우울증, 불안 등을 겪을 위험성이 높아진다는 뜻이죠. 이런 연구 결과만 보더라도, 아이의 하루는 우리의 하루와 다르다는 사실을 알 수 있습니다. 더없이 귀중한 시간이지요. 그렇기에 저는 아이의 느림을 오픈하는 걸 두려워하지 말라고 권하고 싶습니다. 잃는 것보다 얻는 게 훨씬 많기 때문이죠. 아이의 하루를 어떻게 채울 수 있을지 고민하고 지원할 수 있는 선생님이란 팀을 얻게 되거든요.*

**느린 아이 걱정,
선생님과 공유하는 방법**

누군가는 우리 아이의 느림만을 주목할 수 있습니다. 하지만 그건 아이가 가진 하나의 특성일 뿐, 그것과 비교할 수 없는 아이만의 빛나는 장점이 셀 수 없이 많지요. 이 사실을 가장 잘 알고 있는 사람은 바로 부모입니다. 우리 아이만의 빛나는 좋은 점, 넘치는 다정함 등은 오직 부모만 자세히 알고 있죠. 요즘은 '셀프 브랜딩' 시대라고 하지요? 아이의 강점을 '스스로 직접 알리는 것을' 두려워하지 마세요. 아이의 느림은 느림 그 자체로, 아이의 특별함은 특별함 그 자체로, 담임 선생님께 전달해봅시다.

* 〈아동기 역경경험과 성인기 우울의 관계에 대한 연구〉, 손수민·김준범,《한국사회복지》제62호, 2023,〈불운한 아동기 경험이 신체 및 정신 건강에 미치는 영향〉, 김은희·이인혜,《한국심리학회지》제27호, 2022.
〈Adverse Childhood Experiences and Adult Mental Health Outcomes〉, JAMA Psychiatry, 2024.

1. 학기 초, 아이의 특성을 담은 편지를 적어서 보내주세요

전화나 방문 상담보다 더 좋은 방법은 편지입니다. 전화나 방문 상담도 좋은 방법이지만, 시간상 미처 이야기를 다 전하고 오지 못할 수도 있지요. 그렇기에 우리 아이의 느림을 처음 오픈하는 방법으로 가장 추천하는 건 편지입니다. 글로 적는 건 내 생각을 거름망에 넣어두었다 나오는 것과 같습니다. 말을 바로 뱉을 때보다, 글로 적은 어휘가 정말 내 마음을 대변하는지 한 번 더 생각하게 되기도 하고요. 그렇기에 내 마음을 오해 없이, 딱 맞게 표현할 방법으로는 편지가 제격입니다.

2. 편지에 어떤 내용을 담아야 할까요?

아이에 대한 정확한 정보가 담겨야 합니다. 아이가 학교에서 적절한 도움을 받기 위해 꼭 필요한 내용이죠. 아이의 느림만을 오픈하시고 정확한 정보를 알려주시지 않는 분들이 종종 계십니다. 부모의 가장 큰 바람은 아이의 '건강하고 즐거운 학교생활'이지요. 그 바람을 방향성으로 잡고, 아이에 대한 정보를 적어주세요.

예를 들어 아이가 현재 복용하고 있는 약, 복용한 기간, 복용한 약에 따른 부작용, 병원 진료 및 상담 내용, 아이의 특성, 아이가 힘들거나 불편해하는 상황, 아이의 강점, 아이가 좋아하는 것, 아이의 식습관(급식지도에 필요), 부모가 가치 있게 생각하는 육아관, 가정에서 노력하는 부분, 학교에서 함께 관찰했으면 하는 부분, 연락 방법 및 가능한 시간 등을 함께 적어주시면 아주 좋습니다.

혹시 우리 아이가 느린학습자가 아닌지 궁금하신 분들도 계시겠죠? 병원에 가기는 부담스럽고 전문가 상담은 받고 싶어 고민되신다면, 국가기초학력지원센터에서 개발한 1~6학년 느린학습자 선별 체크리스트를 활용해보세요. 이 검사는 아이를 3개월 이상 관찰한 사람이 실시하길 권장합니다. 부모, 교사가 함께 점검표를 체크하면, 보다 신뢰 가는 결과를 얻을 수 있을 거예요.

◆ **국가기초학력지원센터 1~6학년 느린학습자 선별 체크리스트**

평가자 *아이를 3개월 이상 관찰한 사람이 실시		검사일	년 월 일
이름			

점수	원점수: 점		
집단 판정	경계선 지능 위험군 ☐	경계선 지능 탐색군 ☐	일반군 ☐
1학년	64점 이상	58점 이상~64점 미만	58점 미만
2학년	62점 이상	53점 이상~62점 미만	53점 미만
3학년	59점 이상	53점 이상~59점 미만	53점 미만
4학년	60점 이상	54점 이상~60점 미만	54점 미만
5학년	56점 이상	51점 이상~56점 미만	51점 미만
6학년	60점 이상	52점 이상~60점 미만	52점 미만

※ 다음의 문항을 잘 읽으시고, 대상 학생에 해당되는 것에 ∨표 해주세요.

문 항	그렇지 않다 1	조금 그렇다 2	그렇다 3	매우 그렇다 4
언어				
1. 단순한 질문에는 대답하지만, 생각해야 하는 질문에는 논리적으로 표현하지 못한다.				
2. 상대방이 말한 의도를 제대로 파악하지 못한다.				
3. 말을 할 때 적절한 단어를 떠올리지 못해 머뭇거린다.				
4. 구체적으로 지시하지 않으면 엉뚱한 행동을 한다.				
5. 또래보다 어휘력이 부족하다.				
기억력				
6. 오늘 배운 내용을 다음 날 물어보면 기억하지 못한다.				
7. 여러 번 반복해도 잘 기억하지 못한다.				
8. 방금 알려주었는데 돌아서면 잊어버린다.				
9. 연속적인 순서를 기억하지 못한다.				
10. 수업시간에 손을 들지만 물어보면 대답을 잊어버린다.				
11. 순서가 있는 활동에서 자신의 차례를 잊어버린다.				
지각				
12. 비슷한 글자나 숫자를 읽을 때 자주 혼동한다.				
13. 상하좌우 등 방향을 혼동한다.				
14. 비슷하게 발음되는 단어들을 듣고 구별하는 데 어려움이 있다.				
15. 간단한 그림이나 도형을 보고 그대로 따라 그리기 어려워한다.				
집중				
16. 과제를 할 때 주의가 산만해진다.				
17. 과제를 할 때 주의집중 시간이 짧다.				
18. 교사의 안내나 지시에 집중하지 못하고 관련 없는 행동을 한다.				
19. 수업시간에 과제에 집중하지 못하고 멍하니 앉아 있다.				
20. 주의집중을 필요로 하는 활동에서 또래보다 쉽게 지친다.				
처리속도				
21. 또래보다 학습속도가 느리다.				
22. 정해진 시간 내에 과제를 마치지 못한다.				
23. 칠판이나 책에 쓰여 있는 단어나 문장을 노트에 옮겨 적는 데 오래 걸린다.				
총점 (원점수)				점

10. 학교폭력에 노출된 아이

> 오해

신고만 하면, 학교폭력은 해결된다?

학교폭력에 대한 불안과 사회적 인식이 높아지면서, 신고와 처벌만이 곧 학교폭력의 답이라는 분위기가 형성되고 있습니다. 실제로 학부모 상담에서 "가해자 쪽에서 연락이 안 오길래, 그냥 바로 위원회 열어달라고 했어요." "우리 아이가 상처받은 만큼, 똑같이 되돌려주고 싶어요." 같은 이야기를 자주 듣습니다.

　가해자 처벌을 강하게 원하는 주된 이유 중 하나는 우리 아이가 그 친구를 학교에서 지속해서 마주쳐야 하기 때문이지요. 하지만 학부모의 기대와는 달리 초등학교에서는 학급 교체나 전학 같은 처분은 쉽게 나오지 않습니다. 이는 학교폭력의 기준과 사안 처리 과정이 명확히 안내되지 않은 현실을 방증하기도 합니다. 2024년 학교폭력 실태조사 결과를 보면, 초등학교에서 학교폭력 피해가 가장 빈번한 곳은 '교실 안(70.9%)'입니다.* 즉 학교폭력은 특별한 상황이 아니라, 아이의 평범한 일상에서 벌어지고 있다는 것이죠. 이런 맥락에서 학생 간의 갈등이나 다툼이 생기면 학부모는 "혹시 이거 학교폭력 아닐까?" 하는 불안이 생기기 쉽습니다. 이 불안은 "매일 교실에 가는데, 아이가 힘들면 어쩌지?"라는 걱정으로 번지고 이 걱정은 '즉시 신고'라는 행동으로 이어지기도 하지요.

학교폭력 신고가 접수되는 순간 학교는 즉시 '사안 처리 절차'에 착수해야 합니다. 조사가 시작되면 자연스럽게 가해자와 피해자를 분류해야 하며, 관계의 회복보다는 조치와 기록 중심의 대응이 우선되기 쉽습니다. 부모는 "이제 됐다! 순리대로 흘러가겠지." 생각하지만, 정작 아이는 다른 반응을 할 수도 있습니다.

"나 신고 안 할걸 그랬어. 지금이 더 힘들어."

"친구들이랑 사이가 더 안 좋아졌어. ○○가 나를 피해."

왜 그럴까요? 학교폭력은 행위 그 자체만이 아니라, 피해자가 피해를 느끼는지가 핵심 기준이기 때문입니다. 즉, 어떤 말과 행동이 폭력인지 아닌지를 가해자가 아니라 피해자의 감정에 기반해 판단한다는 뜻이지요. 학교폭력은 아이의 말과 감정이 핵심 기반이 되는 일입니다. 그런데 초등 시기의 아이들은 아직 자신의 감정을 제대로 표현하고 명확히 해석하기가 어렵지요. 처음엔 기분이 나빴지만, 시간이 지나니 괜찮아지기도 합니다. 또 한 사건만 두고 보기엔 앞뒤 사건을 판단하기 어렵기도 하고요. 신고하고 싶다고 말해놓고, 이제는 싫다고 손바닥 뒤집듯 바꾸기도 합니다. 이미 신고를 진행한 학부모 입장에서는 당황스러울 뿐입니다. 그렇기에 학교폭력 신고 전 중요한 기준을 떠올려야 합니다. 학교폭력 신고로 인해 부모가 바라는 것이 '징계'인지, 우리 아이가 마음 편하게 학교에 갈 수 있는 '회복'인지를 말입니다.

> 진실

관계와 마음은 신고만으로 해결되지 않는다

학교폭력은 다양한 방식으로 발생합니다. 2024년 교육부 실태조사에 따르면, 초등학생 피해 유형 중 가장 많은 것은 언어 폭력(39.4%)이었습니다. 그다음이 집단 따돌림(15.5%), 신체 폭력(15.5%)이었지요.[*] 이처럼 우리가 가장 먼저 떠올리는 신체적 폭력보다 정서적 폭력이 절반 이상을 차지합니다. 초등 저학년의 경우 장난과 폭력, 놀림과 따돌림의 경계를 명확히 이해하기 어렵습니다. 하지만 신고가 접수되면 학교는 즉시 사안 조사에 들어가고, 사안이 중대하다면 심의위원회까지 요청해야 합니다. 사안의 중대성은 아이가 느끼는 감정이나 학부모의 요청으로 결정되곤 합니다. 그런데 언어 폭력이 가장 많이 일어나는 공간이 어디였지요? 바로 교실 안이지요. 이 말이 의미하는 바가 있습니다. 그 장면을 함께 목격한 또 다른 친구들도 많다는 뜻입니다. 가해자와 피해자의 관계만이 끝이 아니라, 교실 안에 있는 친구 관계와도 필연적으로 연결된다는 것이죠. 그래서 어떤 아이는 학교폭력 심의

★ 2024 한국청소년상담복지개발원 학교폭력 실태조사 결과.

이후 "쟤네가 나만 보면 수군거려요." "잘 놀던 친구들도 갑자기 저랑 말을 안 해요."라며 고민을 털어놓기도 합니다.

학교폭력에 대한 조치가 내려졌다고 해서, 아이의 친구 관계가 자연스레 회복되는 것은 아닙니다. 실제로 2024년 한 해 동안 ○○지역 학교폭력대책심의위원회에서 346건의 가해자 조치, 235건의 피해자 보호 조치가 내려졌습니다. 학교는 최선을 다해 다양한 사안들을 행정적으로 처리하고 있지만, 가장 중요한 아이들의 '관계 회복'은 여전히 해결이 어려운 실정입니다. 가해 학생과 피해 학생 모두 관계를 다시 잇는 법을 배우지 못한 채, 처벌만이 남았기 때문입니다.

학교폭력을 신고한 학부모의 마음은 오직 한 가지입니다. "내 아이를 지키고 싶다." 신고가 곧 아이의 보호라는 등식으로 연결된 것이죠. 하지만 현실에서는 신고가 아이의 보호라는 등식으로 연결되지 않는 경우가 많습니다. 위에서 이야기한 아이의 고민처럼, 신고는 문제의 해결이 아닌 또 다른 문제의 시작이 될 수도 있기 때문입니다. 학교폭력 신고 창구가 다양하고 쉬워지면서, 학교폭력 신고 이후의 일을 생각하기는 어려워졌습니다. 한 번의 판단이 친구 관계 전체를 바꿔버릴 수 있는 민감한 시기인 만큼, 아이의 관계와 마음을 지키는 신중한 접근이 필요합니다. 어떻게 해야 우리 아이의 관계도, 마음도 함께 지킬 수 있을까요?

 ## 학교폭력에 대응하는 현명한 방법

1. 관계로 해결할 수 있는 사안인지 담임교사와 먼저 상의해보자

학교폭력 사안 중 일부는 학교장 자체 해결제로도 충분히 다룰 수 있습니다. 갈등의 양상이 심하지 않고 당사자 간 사과와 화해의 여지가 있다면, 무조건 신고와 처벌로 가는 대신 관계 회복 중심의 접근이 가능하지요. 이때 담임 선생님은 한 사건만을 보고 판단하는 게 아니라, 평상시 아이들의 학교생활을 종합적으로 판단하여 설명해줄 수 있는 사람입니다. 아이들에게 가장 필요한 조치를 안내해줄 수도 있고요. 처벌에 초점을 맞추는 것이 아니라, 관계를 다시 잇는 방법을 함께 고민해볼 수 있습니다. 각자의 마음을 말로 전하기 어렵다면 편지를 적어서, 상대방에게 읽어주는 시간을 마련할 수도 있습니다. 그러니 담임교사와 꼭 먼저 상의해보길 권합니다.

2. 아이에게 가장 필요한 건 처벌이 아닌 부모의 말이다

2025년부터 경기도 교육청은 기존의 가해자-피해자 중심 조치 방식에서 벗어나, 아이들이 함께 성장할 수 있는 회복적 정의 기반 프로그램들을 확대하고 있습니다. 경기형 화해 중재 프로그램, 관계 성장 프로그램, 분쟁조정에 등을 예로 들 수 있지요.* 이런 방식이 중요해진 이유는 무엇일까요? 학교폭력의 핵심은 사과하고 용서하는 형식적인 절차가 아닌, 서로를 다시 바라보는 경험이 중요하기 때문입니다.

시시때때로 일어나는 불편한 갈등 상황을 아이들이 어떻게 풀어나가야 하는지를 배우는 게 중요한 것이지요. 처벌과 분리만으로는 해결할 수 없는 게 사람 간의 관계니까요. 이 과정에서 매우 중요한 역할을 하는 게 부모의 언어입니다.

"그 아이는 마땅히 벌을 받아야 해!"

"그 애랑 무슨 일이 있어도 다시는 놀지 마. 교실에서 피해 다녀!"

이런 말보다는, 아이에게 다음과 같은 말을 꼭 전해주세요.

"네가 더 이상 그 친구와 예전처럼 지내고 싶지 않아도 괜찮아. 하지만 그 친구랑 다시 놀고 싶다는 마음이 드는 것도 이상한 게 아니야. 이번 일을 통해 서로를 더 잘 알게 되었을 수도 있어. 재밌게 놀 수 있는 기회가 생기면, 언제든 같이 놀아도 돼."

"사람은 누구나 실수해. 그리고 실수를 통해서 배워. 만약 친구의 모습이 변했다면, 친구도 이번에 실수를 통해 배웠다는 걸 용기 있게 알아주자."

★ 경기형 화해중재 프로그램: 갈등이 발생한 당사자들이 서로의 입장을 듣고, 상처의 책임에 대해 이야기하며, 서로가 납득 가능한 합의에 도달할 수 있도록 돕는 과정.
관계성장 프로그램: 감정 인식, 공감 훈련, 관계 유지 기술을 아이들이 실습하며 익히는 사전 예방적 개입 프로그램.
분쟁조정제: 학급 내 갈등이 확산되기 전 제3자의 조정을 통해, 사안이 과잉 심화되기 전에 중재할 수 있는 제도.

3. '방어자'가 될 수 있다는 선택지 알려주기

학교폭력은 비단 가해자와 피해자만의 일이 아닙니다. 교실 안에서의 언어폭력이 학교폭력의 가장 큰 비중을 차지하는 것처럼 많은 친구가 얽혀 있지요. 실제 2024년 학교폭력 실태조사 자료에 따르면, 폭력을 목격했지만 개입하지 못한 학생 비율은 33.8%에 달합니다. 아이들이 '보고도 아무것도 하지 않은 방관자'로 남기 쉽지만, 어른의 다정한 안내가 있다면 '방어자'로 설 수 있는 기회로 만들 수 있습니다. 방어자인 친구들은 교실 안에서 일어나는 학교폭력을 관계 회복으로 바꿀 수 있는 큰 역할을 합니다. "괜찮아?"라고 먼저 말을 걸거나, "같이 놀자."라고 말하며 따돌림 상황을 끊어내거나, 믿을 수 있는 어른인 담임 선생님이나 부모님께 말하는 것만으로도 교실의 분위기를 바꿀 수 있습니다. 이러한 행동을 위해 필요한 건 용기가 아닌, 연습입니다. 아이들에게 방관자가 아닌, 방어자가 될 수 있는 선택지가 있다는 걸 알려주세요.

학교폭력은 일어나서는 안 되지만, 누구에게나 일어날 수 있는 일입니다. 신고가 필요한 일이라면 반드시 해야 하는 게 맞지요. 하지만 신고 과정에서 처벌보다는 아이의 마음과 감정에 초점을 맞춰주세요. 아이는 이 경험을 통해 스스로 친구와 연결되는 다리를 놓는 법을 배우기 때문입니다. 아이의 마음을 지키고 싶다는 마음에 서둘러 신고하기보다는, 그 이후의 관계까지 생각해주는 것이 부모가 할 수 있는 더 커다란 보호입니다.

11. 학교에도 맘카페에도
물어보기 애매한 아이 고민

> 오해

지인 찬스, 인터넷 검색이면
내 고민이 해결될까?

"이렇게 사소한 것까지 선생님께 물어보긴 좀 그런데."

아이를 학교에 보내다 보면 교사에게 일일이 묻기엔 애매한 질문들이 있습니다. 입학 전에 한글을 떼지 못했는데 수업 시간에 따라가는 데 어려움은 없는지, 성격이 급한 아이라 학교생활이 괜찮을지, 정리정돈이 미숙한데 어떻게 연습시켜야 할지, 지금 아이에게 휴대폰을 사줘도 되는지 등은 궁금하지만 매번 연락해서 묻기엔 애매하지요. 왜 애매할까요? 부모의 판단이 들어가는 문제들이라 그렇습니다. 최종 판단은 결국 부모의 몫이지만, 조금이라도 더 나은 판단을 위해서 조언을 듣고 싶은 마음에 궁금증이 생겨나는 것이지요. 그때 가장 쉽게 할 수 있는 방법이 또래를 키우고 있는 지인에게 물어보거나, 인터넷 검색을 하는 겁니다.

그런데 이런 경험 있지 않으신가요? 지인에게 물어보거나 인터넷 검색을 하고 난 뒤 마음이 더 갈팡질팡하며 불안해진 경험요. 입학 전 한글을 떼지 못했다는 말에, "놔두면 다 할 거야."라는 말보다 "어쩌려고 그래? 그러다 큰일 난다!"라는 주변의 말이 더 잘 들립니다. 휴대폰 문제도 마찬가지입니다. "휴대폰 사준 걸 살면서 제일 후회해."라는 지인의 말이나, "휴대폰 사주면 학습 시간이 절반으로 뚝 떨어진다."라는 맘카페 글을 보고, 우리 집 가정 상황을 고려하여 선택했던 휴대폰 구매 계획도 손바닥 뒤집히듯 바뀌곤 합니다. 지인 찬스와 인터넷 검색이 고민 해결을 위한 참고의 역할이 될 순 있지만, 최종 결정지가 되어선 안 됩니다. 어떤 상황도 우리 아이, 우리 가정 환경과 똑같을 순 없기 때문이죠.

(진실)
신뢰할 만한 정보로 기준 정하기

주변의 말이나 인터넷에 들리는 풍문을 나와 다른 생각을 가진 타인의 의견 정도로 받아들이기 위해선, 내 기준이 명확히 세워져 있어야 합니다. 생각보다 쉬운 일이 아니죠. 기준을 세우기 위해서는 나만의 '육아 소신'이 필요합니다. 육아 소신은 아이에 대한 면밀한 관찰, 아이에게 해낼 힘이 있다는 믿음, 그리고 꾸준한 부모 공부를 통해 생겨납니다. 아이에 대한 면밀한 관찰은 아이의 속도를 가늠할 수 있는 척도이고, 아이는 해낼 힘이 있다는 믿음은 아이에게 맞는 방법이 무엇일지 찾아내는 나침반이 됩니다. 부모의 꾸준한 공부야말로 앞의 두 가지를 견고하게 받치는 대들보가 되어주죠.

제가 추천하는 두 가지 공부법이 있습니다. 첫 번째로는 전문가가 집필한 관련 도서 읽기, 두 번째로는 믿을 수 있는 자료를 제공하는 곳에서 정보 검색하기 입니다. 책을 참고하는 게 가장 좋은 방법이긴 하지만, 생각보다 시간이 많이 필요하다는 단점이 있습니다. 우리 집 사례에 딱 맞춰 적용하기도 어렵고요. 그래서 좀 더 손쉬운 인터넷 검색을 택하곤 하지요. 인터넷 검색 자체가 나쁘다는 건 결코 아닙니다. 명확하지 않은 정보가 사실처럼 받아들이는 것을 주의해야 할 뿐이죠. 그렇기에 이왕 검색하여 얻을 정보라면, 신뢰 가는 정보를 제공하는 사이트에서 원하는 자료를 얻는 것을 추천합니다.

여태 몰라서 이용하지 못하던 것들 제대로 이용하기

신뢰 가는 정보를 도대체 어디서 찾아야 할지 궁금하시죠. 많은 분들이 몰라서 이용하지 못했을 뿐, 찾아보면 국가와 교육부에서 운영하는 교육 사이트가 존재합니다. 대표적인 두 곳을 소개합니다. 넘쳐나는 정보들 속에서 제대로 된 정보를 선별하여 읽는 능력인 '디지털 리터

러시'가 강조되고 있는 요즘이지요. 저는 이 능력이야말로 요즘 아이를 키우는 부모에게 가장 필요한 능력이라 생각합니다. 우리에게 필요한 건 더 많은 정보가 아니라, 더 나은 정보에 접근하는 힘이라는 사실을 잊지 마세요.

	국가기초학력지원센터 (k-basics.org)	함께학교 (togetherschool.go.kr)
추천 이유	국가에서 제공하는 기초학력과 관련된 다양한 교육 정보와 교육 자료를 무료로 살펴볼 수 있는 곳. 학교급(초·중·고), 과목(국어·수학·영어·사회·과학·학습 준비도·교과 융합)별로 필요한 정보를 찾기 좋음. 특히, 문해력과 수리력에 관련되어 학생 수준별 교육 자료가 제공됨.	교육부에서 만든 디지털 교육 소통 플랫폼. 학부모로서 학교에 궁금한 점, 아이 고민 상담을 할 수 있는 [답!답해요] 탭으로 자유롭게 질문할 수 있음. 현직 교사 운영단에서 답변을 해주어 무거운 마음을 한결 덜 수 있음. 무료로 운영되는 [전문가 상담] 탭에서는 마음 건강, 법률, 자녀교육 카테고리에서 아이 고민을 전문가에게 바로 상담받을 수 있음.
활용 방법	자녀의 학교급을 선택하고, 관심 있는 과목을 선택하여, 자녀에게 적용 가능. 무료로 문해력, 수리력, 읽기 이해 등에 관한 다양한 진단 검사를 받아볼 수 있음. 아이의 수준을 객관적으로 파악하여 불안감을 낮추고, 필요한 도움이 무엇인지 방향을 정할 수 있음.	[함께톡톡]에서 필요한 정보를 얻거나 교사와 전문가 상담을 통해 고민을 해결할 수 있고, [정보 나눔]에서 아이에게 필요한 맞춤형 자료를 찾아볼 수 있음. [영상 나눔]에서 다양한 전문가의 영역별 코칭을 들을 수 있으며, [학부모 즐겨찾기]에서 교육에 필요한 전문 사이트 정보를 알 수 있음. 그밖에 학부모로서 아이에게 필요한 정책을 직접 제안할 수도 있음.

2장
스스로 실천하는 자기주도적 습관

1…손에서 휴대폰을 놓지 못하는 아이
2…실패하는 계획표만 짜는 아이
3…1년 365일 게임만 하고 싶다는 아이
4…게임 때문에 거짓말하는 아이
5…눈 뜨자마자 불평하는 아이
6…매번 시간에 쫓기는 아이
7…잔소리해도 절대 듣지 않는 아이
8…학체력보다 학습력만 챙기는 아이
9…물건이 어디 있는지 매번 물어보는 아이
10…지지리도 안 먹는 아이
11…용돈 제대로 쓸 줄 모르는 아이
12…자신 없게 말하는 아이

1. 손에서 휴대폰을 놓지 못하는 아이

> 오해

아이 휴대폰을 안 하게 하는 효과적인 방법이 있다?

종종 제 휴대폰 사용 시간을 확인하곤 깜짝 놀랍니다. 하루에 7시간 이상 사용한 날에는 휴대폰 중독이 아닌가 생각하게 되더군요. 물론 휴대폰으로 다양한 업무를 하지만, 생각보다 긴 시간을 붙잡고 있는 게 사실입니다. 아이보다 자제력이 발달한 어른도 이렇게 휴대폰을 놓지 못하는데, 처음으로 휴대폰을 만지게 된 아이는 어떨까요? 친구에게 문자를 보내고, 사진을 찍고, 스티커를 붙이며 노는 것만으로도 이미 휴대폰의 재미에 푹 빠지게 되지요. 그런데 휴대폰으로 좋아하는 영상도 볼 수 있고 심지어 관심 가는 영상이 계속 추천된다면, 그걸 누르지 않을 수 있는 아이가 있을까요?

저 역시 아이에게 휴대폰을 최대한 늦게 사주려는 부모 중 하나였습니다. 그런데 초등학교에 입학 후 생각이 달라지더군요. 아이 혼자 하교하고 이동해야 하는 상황에서 연락이 되지 않으니 저도 아이도 불편했습니다. 시간이 엇갈려 땀을 뻘뻘 흘리며 바깥에서 아이를 찾아 헤매는 일도 있었죠. 휴대폰을 사준 뒤로는 다양한 걱정이 해소되었고, 사주지 않는 게 꼭 능사가 아니라는 생각이 들었습니다. 그런데 문자와 통화만 사용하던 아이에게 인터넷이 연결되는 순간, 또 다른 고민이 생깁니다. 아이가 틈새 시간마다 휴대폰을 갖고 놀고 싶어하니까요. 다른 친구가 하는 모습을 보고, 자기는 왜 안되냐는 질문을 던지기도 합니다. 휴대폰 관리 어플 등을 알아봐도 그대로 적용하기란 쉽지 않습니다. 아이에게 휴대폰을 못하게 하는 방법은 많지만, 우리 아이에게 맞는 방법이 아닐 수 있기 때문이지요. 그리고 무엇보다 휴대폰 사용에 있어, 꼭 점검하고 넘어가야 할 문제가 남았습니다.

> 진실

엄마는 하면서 나는 왜 안 되냐는 질문부터 없애야 한다

"아이는 부모를 보며 자란다. 특히 매일 생활 속에서 보는 부모의 모습이야말로 아이에게 가장 큰 영향력을 미친다." **-도로시로놀테**

휴대폰 사용을 조절하는 외부적인 방법(휴대폰 관리 어플 등)을 써봐도 생각보다 효과가 없었다면, 먼저 점검해야 할 게 있습니다. 바로 부모의 휴대폰 사용 시간입니다. 도로시 박사의 말처럼, 부모가 일상생활에서 보여주는 휴대폰 사용 습관이 아이에게 그대로 전달될 확률이 높습니다. 아이 휴대폰 사용 시간을 조절할 효과적인 방법을 아무리 시도해도, 부모의 휴대폰 사용 시간이 함께 줄어들지 않으면 소용이 없습니다. 아이에게 휴대폰을 하지 말라고 하면서, 정작 부모가 틈새 시간에 휴대폰을 사용하고 있다면 말의 신뢰가 떨어지니까요. 저 역시 아이에게 "엄마는 하면서 왜 나는 하면 안 돼?"라는 말을 듣고 난 뒤로, 휴대폰 사용 시간을 7시간에서 3시간으로 줄이려고 노력했습니다.

나는 아이와의 시간을 어떻게 활용하고 있는지 다음 체크리스트를 통해 확인해보세요. 아이와 함께 있는 동안 휴대폰을 최대한 사용하지 않기 위해 노력하지만, 생각보다 휴대폰을 자주 사용하고 있다는 걸 확인할 수 있습니다. 저 역시 아이와 대화하며 걷는 도중에 메시지 알람이 울리면, 바로 확인하고 싶다는 충동이 듭니다. 중요한 연락이 아님에도 메시지를 확인하고 나면 답장하고 싶고, 답장을 쓰다 보면 대화에 빠져 그 순간 아이가 옆에 있다는 걸 깜빡 잊기도 하지요. 뒤늦게 아이가 저를 보고 있다는 사실을 알아차리고 "아차!" 했던 순간이 한두 번이 아닙니다. 이런 모습을 지속적으로 보여준다면 아이에게 효과적인 휴대폰 조절 방법을 아무리 적용하려고 해도 소용이 없겠다 싶더군요. 엄마가 틈새 시간을 어떻게 보내고 있는지 생생하게 보여주며 "휴대폰 하면 재밌구나."라는 인식을 아이에게 은연중에 심어주고 있는 셈이었습니다. 엄마가 직접 보여주는 행동과 엄마의 입에서 나오는 말 사이에 괴리감이 클수록, 아이는 자연스레 그 말을 신뢰하지 않게 됩니다. 신뢰하지 않으면 듣고 싶어지지 않지요. 그렇기에 아이의 휴대폰 사용을 줄이는 효과적인 방법을 찾는 것보다 더 먼저 실천해야 할 사항은, 부모도 휴대폰 사용을 줄이는 겁니다. 꼭 봐야겠다면, 아이가 보지 않는 화장실에 들어가서 휴대폰을 확인하는 한이 있더라도 말이죠.

◆ 휴대폰 사용 점검 체크리스트

항목	해당
방금 온 메시지를 확인하지 않으면 불안하다.	☐
하루에 휴대폰을 4시간 이상 사용한다.	☐
특정 어플(예:SNS, 유튜브)에 일 2시간 이상을 소비한다.	☐
가족 식사 중에도 휴대폰을 자주 확인한다.	☐
특정 상황(예: 이동, 아이 학원 대기)에서 휴대폰이 없으면 불안하다.	☐
아이가 말을 걸 때 휴대폰을 사용한 적이 있다.	☐
"휴대폰 그만 보고 나랑 놀아줘."라는 말을 들어봤다.	☐
아이와 대화중에도 휴대폰 알림을 확인하거나 응답한다.	☐
가족과 함께 시간을 보낼 때도 휴대폰을 쥐고 있다.	☐

☑ **3개 이하 체크**: 휴대폰 사용 균형을 적절히 맞추고 있음.
☑ **4~6개 체크**: 가족 시간에 휴대폰 사용이 다소 많음.
☑ **7개 이상 체크**: 가족과의 시간이 휴대폰으로 방해받고 있는 상황.

우리 가족 다 함께 지키는 휴대폰 3계명

휴대폰 사용은 아이 개인의 문제가 아닌 가족의 문제로 가져와야 합니다. 부모와 아이가 함께 가족 공동체가 되어서 노력할 때, 효과가 가장 강력하게 나타나기 때문이죠. 그러기 위해선 휴대폰 사용에 관한 가족 규칙이 필요합니다.

1계명: 식사 중에는 휴대폰 사용하지 않기

"한 테이블에 둘러앉은 가족은 서로의 삶 속으로 들어가는 가장 자연스러운 방법을 찾는다."《가족 식사의 힘》을 쓴 미리엄 와인스타인의 말입니다. 저녁 식사 시간은 가족의 다양한 이야기를 꺼내놓을 수 있는 대화의 장이죠. 하루 동안 있었던 소소한 일, 감사한 일, 속상한 일, 고민되는 일 등을 터놓을 수 있는 시간입니다. 하루에 단 30분의 식사 시간이라도, 이때 나눈 이야기가 아이의 마음 안에 들어가 든든한 양분이 됩니다. 그렇기에 식사 중에는 가족 모두 휴대폰을 사용하지 않는다는 규칙을 만들고 지켜야 합니다. 가족 식사 시간에 서로에게 집중하는 것보다 중요한 건 없다는 가족 문화를 만드는 겁니다.

2계명: 휴대폰 호텔 만들기

거실에 '휴대폰 호텔'을 만들어보세요. 부모도 아이도 외출하고 돌아왔을 때 휴대폰을 넣어두는 가족 공용 공간이죠. 휴대폰을 휴식하게 하는 보관함을 가족이 합의한 공간에 두면 됩니다. 충전기도 개별 방에 두는 것이 아닌 거실에 둡니다. 휴대폰을 방으로 가져가는 작은 핑계도 만들지 않는 의지이지요. 특히 잠들기 전에는 휴대폰을 방에 들고 가지 않는 걸 규칙으로 만들어야 합니다. 잠들기 전 휴대폰을 하는 것만큼 달콤한 시간도 없지만, 그만큼 수면을 방해하는 적도 없으니까요. 처음 시작할 땐 아이도 부모도 생각보다 힘듭니다. 휴대폰을 자꾸 확인하고 싶은 욕구가 들거든요. 이럴 때일수록 휴대폰 대신 할 수 있는 재밌는 일을 함께 찾아보세요. 아이와 맛있는 와플을 먹으러 가거나 가볍게 할 수 있는 가족 운동, 보드게임, 함께 책 읽기 등 생각보다 아이와 할 수 있는 재밌는 활동이 많습니다. 틈새마다 활용할 수 있는 우리 가족만의 시그니처 활동을 만들어보세요. 외출을 마치고 돌아온 뒤에는 이렇게 말씀해주시고요. "휴대폰은 휴대폰 호텔에서 쉬게 하자."

3계명: 대화 중 휴대폰을 사용해야 한다면 양해 구하기

가족이 함께 있을 때 부모가 일 때문에 휴대폰을 꼭 사용해야 하는 경우가 있습니다. 아이가 있지만 통화나 문자를 오래 써야 할 때도 있죠. 이럴 땐 아이에게 상황을 설명해주세요. 만약 아이와 대화하고 있을 때 휴대폰을 사용해야 하는 경우가 생기면 양해를 구하는 겁니다. "하준아. 엄마가 지금 통화를 해야 하는 상황인데 잠깐만 기다려줄 수 있을까?" "중요한 일이라서 지금 문자를 보내야 해. 엄마가 잠깐 집중해도 될까?" 아이에게 양해를 구하는 것과 구하지 않는 건 큰 차이가 있습니다. 양해를 구하는 행동 안에는 아이에 대한 존중이 담겨 있기 때문이죠. 아이와 대화를 나누는 것, 아이와 시간을 보내는 것이 더 큰 우선순위라는 걸 알려주는 일이에요.

가정에서의 휴대폰 사용은 가족 규칙으로 해결할 수 있지만, 휴대폰을 외부로 가지고 나가는 경우엔 조절이 어려운 경우가 생깁니다. 만약 외부 어플을 통해 아이 휴대폰 사용을 조절해야 한다면, 이 말도 꼭 함께 전해주세요.

"휴대폰 조절은 어른도 어려운 일이라, 어린이에겐 꼭 도움이 필요한 일이야. 휴대폰을 조절하는 일은, 마음 건강과도 연결되어 있거든. 엄마와 하준이는 한 팀이니까, 우리 같이 노력해보자."

휴대폰 3계명과 같은 노력 없이, 위와 같은 대화 없이 아이에게 휴대폰 제약만을 먼저 제시한다면 아이 마음은 불만으로 가득 찹니다. 이는 부모가 예상치 못한 다른 문제로 튕겨서 다시 돌아온다는 걸 잊지 말아주세요.

◆ 휴대폰 사용 조절 추천 어플 리스트

외부적인 도움이 필요할 경우 사용하면 좋은 어플		
이름	주요 기능	한 줄 추천
패밀리링크 (안드로이드, 일부 아이폰) (*보호자 아이폰 → 자녀 안드로이드 가능)	자녀 위치 추적, 앱 사용 현황, 실시간 모니터링 가능, 어플 다운로드 승인 차단, 유료 콘텐츠 구매 시 결제 차단 기능 탑재, 스크린 타임 설정 가능.	초등~중학생 자녀의 기초 스마트폰 사용 습관 잡기에 적절.
모바일펜스 (안드로이드)	자녀가 이용한 웹사이트 목록, 통화, 문자 실시간 모니터링 가능, 보행 중 스마트폰 이용 차단, 위치 추적, 결제 기능 차단, 특정 번호 수신 차단, AI 접근 통제 기능.	통화/문자 관리까지 필요한 경우 추천.
스크린타임 (아이폰)	부모 스마트폰과 연결할 경우 언제나 통제 가능, 어플 스토어 이용 시 부모 계정에 알림 메시지 전송, 요일별/일정별로 시간 설정 가능, 패스코드 우회(부모가 설정한 암호를 무단으로 우회하거나 변경하려 할 때) 알림.	아이폰 사용자가 가정에서 간단하게 관리하고 싶을 때 추천.
넌 얼마나 쓰니 (안드로이드)	목표 사용 시간 설정, 특정 시간을 지정 후 잠금 설정 가능, 사용자 비교 페이지를 통해 동일 연령대와 성별을 가진 이들과 비교 분석하여 자신의 스마트폰 사용량 점검 가능, 스마트폰 사용량을 전날과 비교하여 분석해주는 데일리 리포트 기능 탑재.	스마트폰 사용 습관 점검과 자기조절력을 향상하고 싶은 고학년에게 추천.
엑스키퍼 (안드로이드, PC)	모바일과 PC 종합관리 플랫폼, 자녀 별로 사용 관리 가능, 위치 추적, 결제 차단, 유해 어플 및 추가지정 어플 설치 차단, 동영상 차단 관리를 통해 자동 재생 차단, 일간/주간 리포트 제공, 실시간 모니터링 가능.	스마트폰과 PC 모두 통합 관리하고 싶을 때 추천.

2. 실패하는 계획표만 짜는 아이

오해
매일매일 지키는 계획표가
성공한다?

"어제는 그렇게 잘했으면서, 오늘은 무슨 일이야?"

분명 어제까지만 해도 아이가 계획표를 잘 지켰는데, 오늘은 유독 힘들어합니다. 이유를 도통 알 수가 없습니다. "어제 했으면 오늘도 할 수 있는 거 아니야?"라는 마음으로 아이를 다그치니, 되려 서로를 상처 입히기만 합니다.

"오늘은 왜 그래? 어제는 잘했잖아."

"다 너한테 필요해서 하는 일이야."

"원래 공부하는 건 힘든 거야."

힘든 아이의 마음을 북돋아주려고 했던 격려는 잔소리가 됩니다. 잔소리인 이유가 뭘까요? 아이가 듣기 싫어하기 때문입니다. 아이 공부 습관을 잡아주기 위해 연습하고 있는 가정이라면 다양한 형태의 계획표를 사용해본 경험이 있으실 겁니다. 생각보다 지키기 쉽지 않죠. 엄마도, 아이도 스트레스만 쌓이다 결국 그만두는 일도 벌어지곤 합니다.

습관을 만들기 위해 하루하루 제대로 해내야 한다는 생각의 출처는 보통 부모인 경우가 많습니다. '오늘 해야 하는 일'에 지나치게 집중하다 보면 놓치게 되는 것이 있지요. 아이가 내일도 이 일을 해야 한다는 사실입니다. 그렇기에 계획표는 매일매일 제대로 해내야 하는 계획표보다 조금 느슨해도 '내일도 하고 싶은 계획표'가 낫습니다. 아이를 붙잡고 매번 실랑이하며 하루 계획표를 겨우 마치고 있다면, 그 계획표는 습관이 되기 어렵습니다. 아이의 행동이 내일로 이어질 수 없을 테니까요.

(진실)
아이에게도 숨 쉴 구멍이 필요하다

계획표가 실패하는 요인으로 두 가지를 꼽을 수 있습니다. 첫 번째는 계획표가 아이의 수준보다 높은 경우, 두 번째는 계획표가 부모의 기대로 채워져 있는 경우입니다. 아이의 수준보다 높은 계획표란 어떤 걸까요? 학습량과 학습 난이도로 나눌 수 있습니다. 가정마다 아이의 수준과 환경은 다릅니다. 그렇기에 남들이 좋다고 하는 기준에 아이를 맞출 필요가 전혀 없는데도 우리는 외부의 기준으로 아이를 판단하지요.

적정 학습량과 난이도는 아이를 조금만 관찰해도 알 수 있습니다. 아이가 다니는 학원, 방과 후 스케줄, 체력 등을 고려하여 아이가 매일 풀 수 있는 양에 대해 함께 이야기를 나눠보세요. 무작정 문제집 3장, 문제집 5장 등을 기준으로 정해선 안 됩니다. 학습 난이도 역시 마찬가지입니다. 문제집을 여러 권 푸는 것보다 아이 수준에 맞는 문제집 한 권을 끝까지 제대로 푸는 게 더 중요합니다. 한 권을 끝까지 제대로 풀고 난 경험이, 자발적으로 다음 단계로 넘어가고 싶은 동기를 만들어주기 때문입니다. 우리 아이의 수준이 어느 정도인지 파악하는 데에 도움을 받고 싶으시다면, 3장 9챕터(☞ 본문 231쪽)에 자세히 적어두었습니다.

부모의 기대로 채워진 계획표는 무엇일까요? 아이와 내용에 대한 충분한 논의 없이 이뤄진 계획표를 말합니다. 아이에게 가르치고 싶은 것으로만 채워진 계획표는 아이가 자기주도력을 발휘하기 어렵습니다. 그렇기에 계획의 '행위자'가 누구인지를 기억해야 합니다. 부모는 아이가 건강하게 습관을 형성할 수 있도록 도와주는 협력자이지, 행위자가 아닙니다. 아무리 좋은 약도 아이가 먹어야 효과가 있는 것처럼, 습관 역시 마찬가지입니다. 아무리 좋은 방식으로 프로그램이 짜여 있다고 하더라도, 아이가 직접 실행하지 않으면 아무 소용이 없지요.

그렇다면 어떤 방식으로 계획표를 짜면 좋을까요? 좋은 계획표에는 엄마가 가르치고 싶은 것과 아이가 하고 싶은 것을 이어주는 다리가 존재합니다. 그 다리가 바로 3:7 비율입니다.

스스로 하고 싶은 계획표의 비밀, 3:7 법칙

우리 인생에는 예기치 못한 일들이 자주 찾아오죠. 그 문제들을 해결하기 위해선 인내가 필요합니다. 아이들은 어떻게 인내를 경험하고 배울 수 있을까요? 어릴 때부터 매일 하는 공부가 바로 인내를 경험하고 배울 기회입니다. 공부는 반드시 시간이 걸리는 일이며, 시간을 들인다면 어떤 방향으로든 나만의 가치를 찾을 수밖에 없습니다. 나의 마음과 에너지, 노력을 쓰는 일이니까요. 하지만 인내 때문에 마냥 공부하기를 강요할 수는 없지요. 아이 스스로 하고 싶은 마음이 들 수 있도록 부모가 안내해주어야 합니다.

아이가 내일도 하고 싶은 계획표는 무엇이 다를까요? 아이가 하고 싶은 것이 반드시 들어가 있습니다. 계획표를 실행하는 행위자는 아이죠. 아이가 오늘뿐 아니라 내일도 하고 싶은 계획표가 되려면, 아이에게 좋은 요소가 담겨야 합니다. 3:7 비율로 계획표를 작성하는 방법은 간단합니다. 아이와 저녁 식사 또는 맛있는 간식을 먹으며 함께 이야기를 나눠보는 겁니다. 10개의 계획표 항목 안에 아이가 매일 하고 싶은 것 3개와 아이의 건강한 삶을 위해 해야 하는 7개를 넣어보세요. 계획표는 주마다 아이와 조정해가시면 됩니다.

아이가 하고 싶은 것 [3]

'아이가 하고 싶은 것'엔 아이가 자발적으로 배우고 싶어 하는 학원이나 방과후교실을 넣어도 무방합니다. 태권도, 축구, 미술, 요리 교실 등 아이의 흥미와 맞닿은 활동이죠. 이것 외에도 아이가 매일 하고 싶어 하는 활동도 함께 이야기 나눠보세요. 아이의 자기주도력을 자연스럽게 끌어낼 수 있습니다. 다만 게임이나 컴퓨터 등은 제외해야 합니다. 게임은 계획표를 유지할 하나의 동기로 활용해야 하지, 계획표 안에 넣는 건 안 됩니다. 아이가 하고 싶은 3가지를 먼저 적고, 그 뒤로 해야 할 7가지를 적습니다. 아이는 계획표를 체크하며 "내가 좋아하는 걸 이만큼 했구나."라는 마음이 듭니다. 보통 계획표를 짜다 보면 "내가 하고 싶은 건 하나도 못 해!"라며 불만이 생기기 일쑤죠. 이런 작은 포인트를 챙겨 아이가 내일도 하고 싶은 계획표를 만들어보세요. 비록 표현하지 못해도, 아이는 이런 과정을 통해 부모가 전하는 존중과 지지를 느낍니다.

아이가 해야 하는 것 [7]

'아이가 해야 하는 것'에는 생활 습관과 학습 습관이 함께 들어가야 합니다. 자기주도력은 학습만으로 채워지지 않기 때문이지요. 생활 습관을 바르게 형성하는 것은 내 삶을 책임지는 일이기도 하고, 학습 습관보다 성취감을 쉽고 반복적으로 얻을 수 있다는 장점도 있습니다. 계획표를 지속할 힘은 "나도 할 수 있구나."라는 작은 자신감입니다. 이 자신감이 매일 조금씩 쌓여야 합니다. 그렇기에 학습 습관으로만 계획표를 채우는 것보다, 아이에게 현재 필요한 생활 습관을 함께 넣어주세요. 구체적일수록 좋습니다. '가방 정리'보다는 '학용품 점검,

준비물 챙기기, 알림장 확인' 같은 세세한 표현이 좋습니다. 학습 역시 구체적으로 어떤 문제집을 선택할 것인지 몇 장을 풀 것인지 적어보세요. 아래 계획표를 체크리스트로 적용하는 방법은 2장 3챕터(☞ 본문 103~104쪽)를 참고하세요.

◆ **3:7 법칙 일주일 계획표 예시**

OO이 하고 싶은 것	[학원]	태권도(월요일·수요일·금요일), 수영(수요일), 바둑(목요일), 축구(월요일), 체스(토요일)
	[방과 후 수업]	바이올린(화요일), 역사(목요일), 체스(금요일)
	[자유놀이]	줄넘기, 공기, 보드게임, 가족 체스 및 바둑, 자전거 등(월~금요일)
OO이가 해야 하는 것	아침 이불 정리	
	알림장 확인 및 학용품 점검	
	[영어] 따라 말하기 2권 + 집중 듣기 2권	
	[수학]	(월요일·수요일: 문장제 2장) / (화요일·목요일: 연산 2장) / (금요일: 보드게임) / (토요일: 점검 데이)
	[한자]	(월요일·수요일: 하루 한 장 한자 1장) / (화요일·목요일·금요일: 사자소학 1장)
	[국어]	(월요일·수요일: 훈민정음 2장) / (화요일·목요일: 나의 생각 글쓰기 2장) / (금요일: 가족 동시 필사) / (일요일: 책 발표 데이)
	[독서] 30분 독서와 3줄 독서록	

3. 1년 365일
게임만 하고 싶다는 아이

> 오해

게임 때문에 폭력성이 높아질 수 있으니
금지해야 한다?

"엄마, 별의 커비는 친구들이 다 하는 게임이야. 나도 제발 한 번만!"

"나만 브롤스타즈가 뭔지 몰라. 나도 하고 싶다고!"

"어떤 친구는 닌텐도를 10시간 했대. 나는 왜 안 돼?"

빠르면 유치원, 늦어도 초등학교 2학년쯤 되면 이런 질문을 받게 됩니다. 나이마다 아이들 사이에서 유행하는 게임이 있거든요. 특히 닌텐도, 마인크래프트, 브롤스타즈, 무한의 계단, 로블록스는 초등학교에서 유행하는 게임입니다. 검색해봤더니 유익한 점은 하나도 없고 안 좋은 점만 보입니다. 심지어 브롤스타즈는 상대방을 총으로 쏘고 폭탄을 던져서 죽이는 게임입니다. 이런 게임을 하면 아이의 폭력성이 높아질 것 같고, 한번 빠지면 헤어 나오지 못할 것 같아 불안하죠.

지금도 공부를 좋아하지 않는데, 더 안 좋아하게 되면 어쩌나 싶고요. TV와 뉴스에서 심심찮게 보이는 '도파민 중독'이 우리 아이 이야기가 될까 두렵습니다. 좋은 책만 봐도 부족한 시간에 게임까지 한다니요. 그렇다고 다른 친구들은 전부 한다는데, 우리 아이만 못하게 해도 되나 싶기도 하죠. 심지어 아이가 자기만 대화에 못 낀다고 말하면 부모도 마음 잡기가 어려워집니다.

하지만 가장 큰 단점은 아이와 부모 사이가 점점 나빠진다는 겁니다. 게임이 뭔지 궁금하고 해보고 싶어 하는 아이에게 안 되는 이유를 말할 때마다 아이가 짜증을 내죠. 심지어 억울하고 분해 하며 눈물을 흘리기도 합니다. 내 마음을 하나도 모른다는 아이 말에 답답해 죽겠다는 분들이 한두 분이 아닙니다. 게임은 정말 손도 못 대게 하는 것만이 정답일까요?

진실
게임은 아이의 가장 강력한 학습 동기가 된다!

반에서 게임을 하지 않는 아이도 분명히 존재합니다. 당연히 부모는 우리 아이가 그런 친구와 함께 놀면 되겠다고 생각합니다. 게임을 모르면 친구들과 대화하기 어렵다는 아이에게, "게임 하지 않는 친구와 놀면 되잖아."라는 대답은 아이에게 아무런 도움이 되지 않습니다. 아이가 같이 놀고 싶은 친구는 '게임을 하는 친구'거든요. 이는 아이가 놀고 싶은 친구를 부모가 정해주는 것과 마찬가집니다. 아이는 무척 답답하겠지요? 물론 걱정이 될 수는 있지만, 게임을 하고 싶은 아이의 감정이 억눌릴수록 그 감정은 단단히 압축된 용수철처럼 언제 어디로 튀어 나갈지 알 수 없는 상태가 됩니다. 그럴 때일수록 게임을 접하면 건잡을 수 없이 빠지게 되지요.

그래서 저는 게임을 아이의 학습 동기로 활용하시길 권합니다. 잘 활용하기만 하면 자기주도력의 불쏘시개가 될 수도 있기 때문이죠. 에드워드 데시의 자기결정론을 살펴보면, 인간은 본인의 동기로 움직일 때 가장 강력한 의지를 가진다고 합니다. 게임을 하고 싶은 마음을 건강한 동기로 만들어, 자기주도적으로 행동할 수 있는 의지로 발전시키면 됩니다. 게임을 하고 싶은 아이의 마음을 인정할 때 부모와 아이의 관계는 꼬인 매듭이 풀리듯 한 단계 나아갈 수 있습니다. 게임을 수용하는 것이 결국 아이의 관심사를 수용하는 것이고, 이는 아이를 존중한다는 뜻이기 때문이지요. 그렇다면 게임을 어떻게 아이의 동기로 만들 수 있을까요?

게임을 학습 동기로 만드는 방법

아이에게 게임을 용인하라는 말은 아이 혼자 게임을 하도록 놔두라는 말과는 다릅니다. 아이에게 휴대폰이나 태블릿을 흔쾌히 쥐여주라는 말도 당연히 아닙니다. 게임을 아이의 자기주도력을 키워줄 불쏘시개로 활용할 수 있는 방법 네 가지를 안내합니다.

1. 게임을 가족 문화로 만들기

게임으로 인해 생기는 문제는 모두 아이가 '혼자' 할 때 일어납니다. 게임 중독, 현질(현금 구매) 같은 일들은 아이가 혼자 PC 기계를 작동하고 있을 때 더 자주 일어나지요. 아이가 게임에 관심이 생겼다면, 이를 가족의 일로 확대시켜주세요. 즉, 게임을 가족 문화로 자리 잡게 하는 것이죠. 아이에게 이런 메시지도 전해줄 수 있습니다. "네가 좋아하는 게 궁금해. 네가 관심 있는 것에 우리도 관심이 있어."

가족이 게임을 함께하면 '공통의 관심사'가 생기고, '공통의 말할 주제'가 생깁니다. 아이가 하는 게임이 위험해 보여도 막상 해보면 별것 아닌 경우가 많습니다. 부모도 모르니까 불안한 겁니다. 그러니 아이가 관심이 생긴 게임이 있다면, 가족이 함께 즐기는 문화를 만들어보세요.

식탁에서 "어떤 게임을 먼저 해보면 좋을까?"로 대화를 시작하고, "언제 게임을 하면 좋을까?"로 나아가고, "어떻게 하면 게임을 할 수 있을까?"로 마무리하면 좋습니다. 실제로 저는 아이가 하루에 해야 하는 일을 계획표로 정합니다. 완료한 날엔 체크리스트에 동그라미를 그리죠. 동그라미 다섯 개가 모이면 주말 중 하루 1시간 게임을 할 수 있도록 합니다. 이처럼 게임을 아이가 해야 하는 일의 동기로 활용하는 것이죠.

2. 게임을 반드시 할 수 있는 날 만들기

그런데 제가 사용하는 체크리스트에는 비밀이 있습니다. 바로 아이들의 동기가 꺾이지 않는 장치를 마련해준 것인데요. 주말에 게임 하고 싶은 아이의 마음을 보장해주는 방법입니다. 주중에 아이의 컨디션이나 다양한 상황 때문에 계획표를 못 하는 날이 분명 있습니다. 이때 체크리스트에 X 표시를 하면, 아이는 다음 날 계획표를 지키고 싶은 의욕이 사라지게 됩니다. 게임을 못 하게 될 확률이 높아지기 때문이죠. 그래서 저는 계획표에 있는 내용을 하나라도 완수하면, □ 표시를 할 수 있게 만들었습니다. □가 두 개 모이면 ○가 되지요. 이렇게 되면 할 일을 다 못하는 날이 이틀이 되더라도, 주말에 하루는 무조건 게임을 할 수 있게 됩니다.

그러면 아이는 할 일에 대한 심리적 장벽이 낮아지고, 해보고 싶은 마음이 듭니다. 본인이 체크리스트를 성실하게 완주하여 주말에 가족과 함께 즐겁게 게임을 해보는 경험도 쌓입니다. 이처럼 게임으로 인해 아이가 의지가 생기고, 가족 간의 대화도 늘어나 관계가 돈독해질 수도 있습니다.

3. 게임과 관련된 교재 구매하기

게임을 게임으로만 두지 말고, 게임과 관련된 책과 교재를 찾아보세요. 보통 인기 있는 게임은 학습서, 책, 교재로 다양하게 출판됩니다. 마인크래프트, 별의 커비, 브롤스타즈 등과 같은 게임을 검색하면 다양한 교재가 나오지요. 줄글 책을 읽기 힘들어하는 아이들도 관심 있는 게임 책은 읽어보려고 노력합니다. 어떤 텍스트든 읽다 보면 분명 얻는 게 있습니다. 실제로 게임에서 사용되는 용어에 한자어가 많이 포함되어 있기도 합니다. 폭발, 탄환, 폭주 등과 같은 어휘를 함께 알아가는 기회가 되기도 하지요. 아이가 자발적으로 느끼는 관심을 귀중한 기회로 여겨주세요. 게임을 아이가 적대시해야 하는 상대가 아니라, 아이가 가지는 하나의 관심으로 바라봐주세요. 아이의 흥미는 모든 학습의 열쇠로 작용할 수 있습니다. 게임을 통해 아이의 자기주도적 학습 기회가 더욱 확장될 수 있다는 사실을 기억해주시기 바랍니다.

4. 예스데이, 게임 시간을 무조건 보장하는 날

아이가 생각보다 게임 시간이 부족하다고 느낄 수도 있습니다. 시험을 마음만큼 못 볼 수도 있고, 계획표를 못하는 날이 생길 수도 있지요. 그래서 '아무런 조건 없이 게임할 수 있는 날'이 필요합니다. 아이의 욕구가 넉넉하게 충족되는 날을 제공하는 것이죠. 이 아이디어는 중학생 자녀를 키우는 지인이 가정에서 '흥청망청의 날'을 운영한다는 말을 인상 깊게 듣고, 저의 가정 상황에 맞춰 적용해본 것입니다.

저희 집은 1년에 딱 두 번, 여름방학과 겨울방학에 예스데이 쿠폰을 쓸 수 있습니다. 예스데이 쿠폰이란, 아침 9시부터 저녁 8시까지 내가 원하는 건 무엇이든 제약 없이 할 수 있는 날입니다. 물론 제시간에 밥 먹고, 씻고, 정리하는 등의 기본적인 규칙은 지켜야 합니다. 예스데이 쿠폰은 아이뿐만이 아니라 부모도 사용할 수 있습니다. 이날은 그 누구의 방해도 받지 않고, 내가 하고 싶은 것을 마음껏 할 수 있는 날입니다. 아이에겐 이런 '쉼의 틈새'가 필요합니다. 꼭 무언가를 하지 않아도 얻을 수 있는 보너스 같은 날이 있어야, 평상시 더 힘을 낼 수 있지요. 진정한 자기주도력은 휴식을 적절히 수용할 때, 더욱 효과적이라는 사실을 잊지 말아주세요.

◆ **매일매일 해낼 힘을 가진 빛나는 ○○의 체크리스트 예시(간단 ver)**

매일매일 해낼 힘을 가진 빛나는 _____

● : 오늘 할 일을 다 했어요!   ■ : 다 못했지만, 그래도 했어요!
[우리의 약속] 주말 게임은 ●를 5개를 모으면 할 수 있어요! (단, ■=◐, ■+■=●)

체크표	6/3(월)	6/4(화)	6/5(수)	6/6(목)	6/7(금)	6/8(토)	6/9(일)
하준							
하윤							

체크표	6/10(월)	6/11(화)	6/12(수)	6/13(목)	6/14(금)	6/15(토)	6/16(일)
하준							
하윤							

체크표	6/17(월)	6/18(화)	6/19(수)	6/20(목)	6/21(금)	6/22(토)	6/23(일)
하준							
하윤							

체크표	6/24(월)	6/25(화)	6/26(수)	6/27(목)	6/28(금)	6/29(토)	6/30(일)
하준							
하윤							

◆ 매일매일 해낼 힘을 가진 빛나는 ○○의 체크리스트 예시(세부 ver)

매일매일 해낼 힘을 가진 빛나는 ＿＿＿＿＿＿

[●5개=게임 1시간, ■2개=●1개]

월	화	수	목	금	토	일
☐ 태권도(학원)	☐ 바이올린 (방과후)	☐ 태권도(학원)	☐ 바둑(학원)	☐ 태권도(학원)	☐ 이불 정리	☐ 이불 정리
☐ 축구(학원)	☐ 자유 놀이	☐ 수영(학원)	☐ 자유 놀이	☐ 체스(방과후)	☐ 30분 독서 3줄 독서록	☐ 30분 독서 3줄 독서록
☐ 자유 놀이	☐ 자유 놀이	☐ 자유 놀이	☐ 자유 놀이	☐ 자유 놀이	☐ 점검 DAY	☐ 책 발표 DAY
☐ 이불 정리	☐ 이불 정리	☐ 이불 정리	☐ 이불 정리	☐ 이불 정리		
☐ 알림장 및 학용품 점검	☐ 알림장 및 학용품 점검	☐ 알림장 및 학용품 점검	☐ 알림장 및 학용품 점검	☐ 알림장 및 학용품 점검		
☐ 영어 듣기 2권 및 영어 말하기 2권	☐ 영어 듣기 2권 및 영어 말하기 2권	☐ 영어 듣기 2권 및 영어 말하기 2권	☐ 영어 듣기 2권 및 영어 말하기 2권	☐ 영어 듣기 2권 및 영어 말하기 2권		
☐ 문장제 2장	☐ 연산 2장	☐ 문장제 2장	☐ 연산 2장	☐ 수학 보드 게임		
☐ 하루 한 장 한자 1장	☐ 사자소학 1장	☐ 하루 한 장 한자 1장	☐ 사자소학 1장	☐ 사자소학 1장		
☐ 훈민정음 2장	☐ 나의 생각 글쓰기 2장	☐ 훈민정음 2장	☐ 나의 생각 글쓰기 2장	☐ 가족 동시 필사		
☐ 30분 독서 3줄 독서록	☐ 30분 독서 3줄 독서록	☐ 30분 독서 3줄 독서록	☐ 30분 독서 3줄 독서록	☐ 30분 독서 3줄 독서록		
하루 점검	하루 점검	하루 점검	하루 점검	하루 점검	하루 점검	하루 점검

[하루하루 멋져지는 ○○○의 다짐 한 줄]

_____

[하루하루 사랑이 커지는 엄마의 응원 한 줄]

_____

4. 게임 때문에 거짓말하는 아이

> 오해

게임 때문에 아이가 이상해졌다?

"너 한 번만 더 몰래 게임 하면 게임기 부숴버릴 줄 알아!"

혹시 이런 말을 이미 해보셨나요? 아니면 우리 아이는 그럴 일이 없다고 생각하시나요? 아이를 키우며 부모가 함께 성장하는 이유는, 그 어떤 것도 장담할 수 없기 때문인 것 같습니다. 저 역시 후자의 입장이었으니까요. 한 지인이 몰래 게임하다 들킨 아이에게 "한 번만 더 걸리면 게임기를 부숴버린다"고 으름장을 놨다는 이야기를 할 때만 해도 제게 같은 일이 일어날 줄은 몰랐습니다. 많은 분들이 저처럼 '에이, 우리 아이는 아닐 거야'라고 생각하실 겁니다. 그런데 게임은 정말 재밌고 중독성이 강합니다. 특히 조절력이 약한 아이들은 쉽게 게임의 늪에 빠지고, 본인 의지로 멈추는 게 힘듭니다.

그럼 아예 게임을 못 하게 막아야 하지 않을까요? 그것도 어렵습니다. 아이들 사이에서 게임은 힘이 참 셉니다. 대화를 연결해주는 매개체가 되고, 공부를 더 잘하고 싶은 동기가 되기도 하지요. 친구가 말하는 게임이 궁금하고, 해보고 싶은데 그저 막기만 한다면 오히려 욕구가 잘못된 방향으로 표출되기도 합니다. 친구가 하는 게임을 넋 놓고 쳐다본다거나, 엄마 몰래 할 수 있는 방법을 기어코 찾지요. 이러한 이유로 많은 분들이 게임을 허용해주고 계시지요. 그런데 아이가 게임 때문에 거짓말이 점점 는다면, 속이 타들어가지요. 게임을 했는데 안 했다고 하는 아이, 몰래 할 방법을 궁리하는 아이, 게임 시간을 속이는 아이를 볼 때마다 게임이 원수처럼 느껴질지도 모릅니다. 게임 때문에 아이가 이상해졌다고요. 그런데 이때가 바로 아이의 자기주도력을 자극하여, 조절할 기회를 줄 수 있는 순간이라는 사실을 잊지 마세요.

> 진실

좋아하는 것으로 배우는 책임이 마음에 더 오래 남는다

제 아이는 가족 공용 태블릿으로 게임을 합니다. 비밀번호가 가족 모두에게 공유되어 있지요. 공용 태블릿의 역할은 게임뿐만이 아니라, 영어 영상과 영어 음원을 들을 때도 활용하곤 했는데요. 아이가 저에게 두 번 정도, 영어 음원을 듣는 척하면서 몰래 게임 화면을 켜는 걸 들켰습니다. 두 번까지는 가벼운 경고와 함께 "엄마는 너를 믿는다."라는 말을 남겼죠. 문제는 어느 날 주말에 일어났습니다. 저는 안방에서 자고 있었는데, 어디선가 희미하게 '뽕뽕' 하는 효과음이 들리더군요. 엄마의 촉은 언제나 정확하지요. 슬그머니 몸을 일으켜 거실로 나갔더니, 아이가 충전기가 연결된 태블릿을 가장 어두운 화면으로 해둔 채 게임을 하고 있었습니다. 몰래 하는 본인의 마음도 불편했는지, 언제든 도망갈 태세인 엉거주춤한 자세로 게임을 하고 있더군요. 나지막한 목소리로 아이를 불렀습니다. "하준아." 아이가 저를 발견하자마자 소스라치게 놀라며 곧바로 답했습니다. "엄마, 미안해. 내가 만약 한 번만 더 몰래 게임 하면 이제 이 게임 다시는 안 해도 돼."

아이에게 솔직하게 게임을 몇 분 정도 한 것 같냐고 물었더니 본인 느낌에는 30분쯤 했다더군요. 앱 사용 시간을 확인하니 무려 3시간이나 한 게 아니겠어요. 이 순간 아이에게 알려줘야 하는 건, 부끄러움이나 수치심이 아닙니다. 타박한다고 문제가 해결되지 않습니다. 오히려 이 기회를 통해 아이에게 어떤 가치를 알려줄지를 정해야 합니다. 가족 식탁에 모두 둘러앉아 이야기했습니다.

"하준아. 30분을 한 것 같지만, 확인해보니 3시간이나 게임을 했어. 시간이 쏜살같이 흘러 놀랐지? 시간이 어떻게 흐르는지 모를 정도로, 게임은 쉽게 중독될 위험이 있어. 지금 하준이는 엄마와의 약속보다 게임을 더 중요하게 생각한 거야. 게임을 하더라도 우리에게 무엇이 중요한지 알고, 조절할 수 있는 연습이 필요해."

아이에게 다시는 게임을 몰래 하지 않겠다는 다짐을 받는 것보다 중요한 건, 이 기회를 통해 아이에게 본인의 행동을 책임지는 법을 알려주는 것입니다. '1년 365일, 게임만 하고 싶다는 우리 아이'(☞본문 97쪽)편에서 아이와 함께 만든 게임 규칙이 있었지요. 해야 할 일을 마쳐야만 주말에 게임할 수 있다는 가족 규칙이요. 아이가 약속되지 않은 3시간을 이미 써버렸기 때문에, 해야 할 일들을 시간으로 모아 3시간을 갚기로 했습니다. 아이는 약 3주간 3시간을 갚아 나갔습니다. 1주, 2주, 3주가 지나고 약속했던 3시간을 모두 갚자 아이는 뛸듯이 기뻐하며 "드디어 끝났다!" 하고 소리 질렀습니다. 그때 저도 아이에게 말해주었죠.

"하준아. 책임진다는 건 쉬운 일이 아니야. 하준이가 약속을 지키기 위해서 애쓴 거 잘 알아. 엄마는 하준이가 정말 자랑스럽다."

아이는 이 말을 듣고 나서 눈물을 펑펑 흘렸습니다.

솔루션

하고 싶은 마음과 책임지는 마음의 균형을 잡는 법

행동을 조절하는 건 마음을 조절하는 일과 연결되어 있습니다. 스스로 불편함을 느껴야 하지요. 살 빼고 싶다고 말만 해서는 살이 빠지지 않습니다. 행동으로 연결되기 위해선 마음을 움직일 동기가 필요합니다. 살 빼고 싶다고 습관처럼 말해도 여전히 초콜릿을 먹고 싶은 이중적인 마음이 듭니다. 그러던 어느 날, 친구 결혼식에서 찍힌 내 사진을 보고 다이어트를 시작했다는 사람들이 있습니다. '이건 진짜 아니구나!'라는 불편한 마음이 든 거죠.

아이도 마찬가지입니다. 게임을 조절하고 싶은 마음과 게임을 조절하는 행동이 곧바로 연결되지 않습니다. 아직 마음이 준비되지 않았기 때문이죠. 아이와 게임으로 인해 겪는 다양한 갈등 상황은, 마음을 움직일 중요한 계기가 됩니다. 그렇기에 그저 화를 내는 것에서 그치면 안 됩니다. 제 아이 역시 3주간 불편했을 겁니다. 실제로 "몰래 안 했으면 벌써 게임 했을 텐데! 모은 시간이 아까워. 정말 후회돼!" 같은 말도 자주 했습니다. 그런데 아이에게 책임만을 강요하면, 곧 터질 풍선에 바람만 넣는 격이 될 수 있습니다. 하고 싶은 마음도 인정해줘야 합니다. 하고 싶은 마음과 책임지는 마음의 균형을 잡는 법을 알려드릴게요.

1. 몰래 게임할 수 있는 환경이 아이를 거짓말로 이끈다

제가 했던 실수 중 하나는 아이가 놀래 게임 할 수 있는 환경을 만들었다는 겁니다. 비밀번호에 쉽게 접근할 수 있도록 했으니까요. 공용 태블릿의 비밀번호를 가족 모두 알고 있었기 때문에, 아이에게는 언제든 게임을 할 수 있다는 유혹이 있었겠지요. 태블릿의 비밀번호를 저와 남편만 아는 번호로 바꾸고, 태블릿의 위치도 아이 손이 닿지 않는 곳으로 옮겼습니다. 가정 밖에서 일어나는 일까지 모두 조절할 순 없겠지만, 가정 내에서는 부모가 얼마든지 사전에 환경을 만들 수 있습니다. 몰래 게임 하기 쉬운 환경은 아닌지 살펴볼 필요가 있지요.

2. 게임이 더 하고 싶다면 합법적으로 더 할 수 있게 만들자

아이가 몰래 게임하는 이유가 뭘까요? 아마도 시간이 부족하기 때문이겠죠. 이 부분 또한 아이와 대화를 통해 적정 시간을 정했습니다. 하지만 무작정 2시간, 3시간으로 늘려줄 순 없는 노릇이라, 시간을 늘릴 수 있는 합법적인 기준을 마련했습니다. 바로 학교 시험이었는데요. 초등학교에선 받아쓰기, 단원평가, 수행평가 등과 같은 시험을 봅니다. [받아쓰기 100점을 받으면 30분 추가, 90점을 받으면 25분 추가, 80점을 받으면 15분 추가]와 같은 항목을 만들었습니다. 단원평가와 받아쓰기 모두 100점을 받은 주에는 게임이 1시간이나 추가가 됐죠. 본인이 준비하고 노력한 만큼 시간을 벌 수 있으니, 아이는 학교 시험을 기다리게 됐습니다. 시험을 '좋아하는 걸 할 수 있는 하나의 기회'로 인식한 것입니다. 시험만 생각하면 부정적인 감정이 솟는 아이가 많은데, 게임을 통해 시험에 대한 긍정적인 정서가 함께 쌓인 셈이죠. 또한, 자매 혹은 형제가 있는 가정이라면 첫째가 노력해서 얻은 시간이 둘째, 셋째 동생에게도 함께 적용되는 규칙을 만들어보세요. 동생의 경우도 마찬가지고요. 그러면 자연스럽게 서로를 응원하는 분위기가 형성됩니다.

3. 기록하지 않으면 기준이 모호해진다

규칙은 부모가 정하고 통보한다고 지켜지는 게 아닙니다. 언제나 행동하는 주체는 아이지요. 아이와 게임 시간을 합법적으로 추가하는 법, 해야 할 일의 기준, 해야 할 일을 마친 뒤 게임할 수 있는 시간 등을 충분히 협의해서 정하셔야 합니다. 그리고 이것들을 반드시 하나의 기록으로 남겨두어야 합니다. 일종의 규칙 계약서지요. 한 장으로 정리된 계약서에 가족 모두 서명을 하고, 잘 보이는 곳에 걸어둡니다. "그때 어떻게 하기로 했더라?" 같은 말이 나오지 않는 가장 확실한 방법입니다.

강연장에서 만나는 많은 분들이 아이의 게임 문제를 걱정하십니다. 그런데 문제는 문제로 바라볼 때만 문제가 됩니다. 아이와 일어난 갈등을 '기회'로 여겨주세요. 모든 상황에선 배울 점이 있고, 더 나아질 면이 존재합니다. 저 역시 아이와의 게임 사건을 통해, 아이가 책임감을 배우는 귀중한 경험을 했습니다.

5. 눈 뜨자마자 불평하는 아이

> 오해

눈 떠서 가장 먼저 하는 행동, 굳이 체크해야 할까?

"더 자고 싶은데, 왜 깨웠어!"

하루는 눈 뜨는 순간부터 시작됩니다. 그렇기에 아침에 일어나 눈을 뜨고 가장 먼저 하는 행동은 우리 몸에 오늘 하루를 어떻게 시작할지에 대한 신호를 보내줍니다. 불평으로 시작하는 하루는 어떨까요? 당연히 좋은 기분으로 이어지기 힘듭니다. 눈 떠서 가장 먼저 하는 행동의 중요성을 인식하지 않으면 생각보다 비생산적인 일이나 불만으로 채워진 말로 아침을 흘려보내기 쉽습니다.

저 역시 아침에 일어나자마자 휴대폰을 붙잡고 있다가 순식간에 아침이 지나가버린 적이 많습니다. 알람을 확인하고, 밀린 대화들을 한 번 훑어보고, 무심코 SNS에 들어가면 시간 가는 줄을 모르지요. 그걸 인식한 순간부터 아침에는 알람만 확인하고, 바로 거실 휴대폰 호텔에 넣어두는 연습을 하고 있습니다. 이처럼 아침에 일어나자마자 가장 먼저 하는 행동이 무엇이냐에 따라, 다음 행동이 자연스럽게 이어지곤 합니다.

아이도 마찬가지입니다. 아침에 일어나서 가장 먼저 하는 행동이 다음 행동으로 이어질 가능성이 높지요. 일어나자마자 휴대폰을 확인하는 아이, 더 자고 싶어 이불을 움켜쥐는 아이, 왜 벌써 깨우느냐고 짜증을 내는 아이 등 저마다 다양한 모습으로 일어나겠지요. 아침 시간은 등교 준비로 인해 바쁩니다. 휴대폰, TV, 장난감, 다시 잠들기 등 즉각적인 만족을 주는 활동으로 하루를 시작하다 보면, 꼭 필요한 일을 아이 스스로 선택하기가 더 어려워집니다. 이는 부모가 부득이하게 잔소리해야 하는 상황을 만들고, 아이를 재촉하게 만들기도 하지요. "아침이 왜 이렇게 바쁘고 정신없을까? 왜 ○○한테 매번 잔소리해야 될까?" 하는 고민이 든다면, 아이가 아침에 일어나자마자 가장 먼저 하는 첫 행동이 무엇인지 점검해야 할 때입니다.

> 진실

아이의 사소한 행동이, 아이의 내일을 만든다!

그렇다면 아이가 아침에 일어나서 가장 먼저 해야 하는 일이 무엇일까요? 미국 해군 장군 윌리엄 맥레이븐은 "아침에 이불을 정리하는 작은 습관이 하루의 첫 성취감을 만들어낸다. 이는 하루를 긍정적으로 시작하게 하고, 더 큰 도전에 맞설 자신감을 준다."라는 연설을 한 것으로 유명합니다. 하루를 이불 정리로 시작하는 것이, 단순한 정리 이상의 의미를 지니는 이유는 무엇일까요? 아이가 자신의 생활공간을 스스로 관리하고 책임진다는 뜻이기 때문입니다. 이런 행동은 뇌의 보상 체계를 활성화하여 "나는 오늘도 잘 해낼 수 있어."라는 만족감을 줍니다. 작은 성취감으로 시작되는 하루가, 다른 일들에 대한 긍정적인 태도를 형성하는 연결 고리 역할을 하게 되는 것이죠.

《아주 작은 습관의 힘》의 저자 제임스 클리어 역시 유사한 사례를 소개합니다. 자녀에게 이불 개기를 습관화시킨 부모는 아이가 이 작은 행동 하나로 책임감과 자존감을 키울 수 있었다고 강조했습니다. 이는 어른의 세계에서도 마찬가지지요. 함께 여행을 갔을 때, 이불을 개는 사람과 이불을 개지 않는 사람으로 나뉩니다. 말로 뱉진 않지만, 속으로는 어떤 사람인지 모두 느끼지요. 이처럼 이불 개기는 사소해 보이는 습관이지만, 아이가 어떤 사람으로 자라날지를 보여주는 작은 척도이기도 합니다. '내가 머물렀던 공간을 책임지는 일'로 하루를 시작하는 것은, 아이에게 매일 "나는 스스로 해낼 힘이 있어."라는 마음을 심어주거든요. 그런데 이불 정리를 부모의 일로 여기는 집이 많습니다. 부모가 한두 번 손을 움직이면 끝날 일이니, 아이에게 굳이 맡길 생각을 하지 못하는 것이죠. 하지만 이불 정리처럼 사소한 습관이야말로 가정이 아닌 곳에서는 직접 익힐 기회를 만나기 어렵습니다. 부모가 해주는 게 당연한 일이 되다 보면 아이는 아침에 일어나서 몸만 스르르 빠져나오는 게 일상이 됩니다. 제 아이들 역시 6살부터 스스로 이불을 정리하도록 했습니다. 시작 방법은 무척 간단하니 가볍게 시도해보세요.

아이의 하루를 바꾸는 아침 습관 시작법

아이와 이불 개기를 시작하기 전에 먼저 해야 하는 일이 있습니다. 이불 정리를 왜 해야 하는지를 알려주어야 하지요. 아이가 이불 개는 걸 단순히 정리라고 생각하면, 귀찮은 일이라 여길 수 있습니다. 이불 정리는 오롯이 '나를 위한 일'임을 말해주세요.

"이불을 개는 건 잠든 자리를 정리하고, 하루를 멋지게 시작한다는 뜻이야!"

"이불을 개면 하루의 첫 번째 성공을 이룬 거야! ○○이는 오늘도 성공하면서 시작했네!"

"이불을 개는 건 침대가 멋진 옷을 입는 거야. 멋진 옷을 입으면 기분이 좋은 것처럼, 내 방을 더 멋지게 꾸며주는 건 기분이 좋은 일이야."

"이불을 개는 건 작은 행동이지만, 내 하루를 특별하게 만들어주는 일이야. 내가 잠든 곳을 책임졌다는 의미니까."

이처럼 아이에게 이불을 개는 건 내가 잠든 자리를 책임지는 행동 중 하나이고, 작은 성공으로 하루를 시작할 수 있는 기회라는 것을 알려주세요. 아이에게도 행동의 목표가 중요합니다. 이불을 정리하는 게 어떤 의미인지를 아는 아이는, 그 행동을 이어갈 힘을 얻게 됩니다.

1. 무엇이든 작은 스텝부터 시작하기

미취학 시기부터 이불 정리 습관을 잡아갈 수 있습니다. 부모가 기회를 주지 않아서 못했을 뿐, 기회를 주면 곧잘 해내는 게 아이들입니다. 그런데 중요한 건 작은 스텝부터 시작하는 겁니다. 처음부터 이불 정리를 완벽하게 해내긴 당연히 힘듭니다. 이불 정리의 중요성에 대해 이야기 나눴다면, 이불 정리하는 방법부터 차근히 알려주셔야 합니다. 이불을 평평하게 펴는 법, 이불 끝을 정리하는 법 등을 아이와 하나씩 해나가시면 됩니다. 이불을 손으로 평평하게 펴는 것을 일주일 동안 함께 연습했다면, 이불 끝을 정리하는 법을 다음 스텝으로 나아가는 것이죠. 이처럼 이불 개기에 필요한 단계를 어떻게 나눌 것인지 생각하고, 작은 스텝부터 나아가면 됩니다. 아이도 부담스럽지 않아야 지속할 수 있거든요.

2. 3:7 계획표에 '이불 정리' 항목 넣기

이불 개는 것을 습관으로 만들기 위해 하루 계획표(☞본문 96쪽) 안에 이불 정리 항목을 넣어주세요. 이불 정리 후 아이가 스스로 체크할 수 있도록요. 이렇게 계획표에 체크함으로써 아이는 성취감을 눈으로 직접 확인할 수 있게 됩니다. "아! 내가 오늘도 해냈네!"라는 마음을 심어주지요. 이불 정리는 습관이 되면 1분 안에 마칠 수 있는 간단한 행동입니다. 하루 계획표에서 이불 정리는 아이에게 '숨 쉴 구멍'이 될 수 있어요. 작은 성취를 바로 쌓을 수 있는 영역이니까요.

3. 이불 개기가 재밌어지는 한 끗 마법 놀이

처음부터 이불 개기를 좋아하는 아이는 단연코 없을 겁니다. 그럴 땐 놀이만큼 좋은 접근 방법이 없지요. 네 가지 놀이 방법을 소개합니다.

나에게 좋은 일인 걸 알지만, 하기 싫어하는 아이의 마음은 어쩌면 당연합니다. 좋은 음식을 먹고 매일 운동해야 건강해진다는 걸 알지만, 어른인 우리도 매번 실천하지 못하는 것처럼요. 그럴 땐 아이와 이불 개는 게 즐거워질 수 있는 놀이를 병행해보세요. 효과가 꽤 좋을 겁

	이불 개기가 재밌어지는 한 끗 마법 놀이
이불 시합	부모와 누가 더 빨리 이불을 개는지 시합
	"오늘 엄마랑 ○○랑 이불 정리 시합해볼까? 누가 더 빨리 정리하고 오는지 보자!"
이불 퍼즐	이불 정리를 퍼즐과 연관시키는 놀이
	"이불 정리하는 건 퍼즐 맞추는 거랑 똑같아! 오늘은 어떻게 퍼즐을 맞춰볼까? ○○의 방법을 보여줘!"
이불 챌린지	시간에 맞춰 이불을 정리하는 놀이 (능숙해질수록 시간을 점점 줄여나가기)
	"1분 안에 이불을 정리하는 거야. 도전해볼래?"
이불 노래	아이가 좋아하는 노래에 맞춰 이불 정리하기
	"오늘은 어떤 노래 들으면서 이불 정리해볼래? 신청곡 받을게!"

니다. 이렇게까지 해야 하나 싶으시죠? 원래 몸에 좋은 약이 쓴 법입니다. 아이에게 좋은 습관일수록, 시간과 품이 많이 드는 건 당연한 일일 겁니다.

6. 매번 시간에 쫓기는 아이

> 오해

매번 조급하게 서두르는 아이는 성격이 문제다?

"5분 남았어!"

"좀 빨리 서두르자. 늦겠다, 늦겠어!"

"늦으면 차 놓친다니까! 빨리 와!"

아침 등교 시간 외에도 외출 전, 학원 차를 타기 전 등 일상생활에서 매번 조급하게 서두르는 아이가 있습니다. 덩달아 엄마의 마음까지 초조해지지요. 아이를 재촉하듯 보내고 나면 온몸에 진이 빠집니다. 아이가 유독 게으른 건지, 책임감이 없는 건지 종종 약속 시간을 지키지 못해 늦는 모습에 걱정이 앞섭니다. 이럴 때마다 아이에게서 원인을 찾으면, 마음이 답답해져 옵니다. 정말로 아이 성격의 문제일까요?

습관은 자주 반복하는 행동을 뜻합니다. 매번 조급하게 서두르는 행동이 쌓이다 보면 어느새 습관으로 굳어지죠. 한번 습관으로 굳어진 행동은 고치기가 어렵습니다. 이미 뇌가 그 행동을 나에게 편안한 행동으로 인식했기 때문입니다. 할 일을 시간 맞춰 끝내지 못하는 건 아이에게도 유쾌한 경험은 아닙니다. 그런데 이 문제를 아이가 원해서 한 일이라고 생각하면, 아이에게 화가 나겠지요. 심지어 아이를 탓하게 되기도 합니다. 생각의 경로를 "아이는 분명 제시간에 맞춰 끝내고 싶을 텐데, 왜 매번 이렇게 서두르게 될까?"라고 조금만 바꿔도 아이를 위한 다양한 방법이 떠오릅니다. 아이 개인의 문제로만 생각하면 아이를 재촉하거나 다그치는 것밖에 할 수 없지만, 아이를 둘러싼 환경을 바라보면 아이를 위해 무엇을 지원해주면 좋을지 생각하게 됩니다.

> 진실

안 하고 싶은 아이는 없다. 못 하는 아이만 있을 뿐!

아이들에 대해 제가 가진 굳건한 믿음이 있습니다. "모든 아이는 스스로 하고 싶은 마음이 있고, 해낼 힘이 있다." 매번 시간에 쫓기는 아이도 마찬가지입니다. 아이는 제때 해내고 싶고, 해낼 힘이 있지만 아직 방법을 모르는 것뿐입니다. 이 사실을 믿고 아이를 바라보면 모든 것이 달라집니다. 아이는 부모의 마음을 여과 없이 느끼거든요. "엄마는 어차피 내가 늦는다고 생각해. 엄마는 내가 서두르지 않는다고 생각해. 나도 늦고 싶지 않은데, 그 마음은 믿어주지 않아." 이렇게 느끼는 아이는, 설령 늦는 게 문제라고 생각할지라도 제때 하고 싶은 마음이 들지 않습니다.

반면에 미숙할지라도, 매번 늦되게 준비하는 모습을 보일지라도, 내 마음은 그게 아니라는 걸 믿어주는 부모가 있다면 아이는 조금이라도 달라지고 싶습니다. 함께 좋은 방법을 찾아보고 싶은 마음이 듭니다.

아이가 매번 늦을 때는 보통 두 가지 이유가 있습니다. 첫째, 늦으면 안 되는 이유를 충분히 알지 못한다. 둘째, 시간을 분배하는 연습이 충분치 않다. 둘 다 자기주도력과 연관이 있지만 첫 번째는 동기의 영역이고, 두 번째는 행동의 영역입니다. 시간을 잘 지킨다는 건 이처럼 왜 지켜야 하는지 인식하고, 어떻게 지켜야 할지 행동해야 이어질 수 있는 일입니다. 마음과 행동이 발맞춰야 하는 일이기에 생각보다 쉽지 않습니다. 아이에게 빨리하라는 말 대신, 실제 변화를 이끌 수 있는 '마음과 행동' 두 가지 영역을 지원해보는 건 어떨까요? 환경을 조금만 바꾸면 가능합니다.

제때 준비를 마치게 하는 환경 만들기

그렇다면, 마음과 행동이 발맞춰 나갈 수 있는 간단한 방법이 뭘까요? 매일 해야 하는 일이니 부담스럽지 않고 어렵지 않아야 실천할 수 있습니다.

[마음] 왜 약속 시간에 맞춰 준비해야 할까?

아이가 약속 시간을 지켜야 하는 이유를 알고 있나요? 지켜야 한다는 사실만 알고 있을 뿐, 왜 지켜야 하는지 이유를 알고 있는 아이는 드뭅니다. 단순히 지켜야 하는 '규칙'으로만 인식하고 있으면 행동하고 싶은 마음의 동기가 약해집니다. 매번 아이가 시간에 맞춰 조급하게 서두르고 있다면, 아이와 함께 정해진 약속 시간에 가야 하는 이유에 대해서 이야기를 나누어보길 권합니다. 아래에서 대화 예시를 보여드릴게요.

아이의 마음을 깨우는 대화	
질문	대답 예시
학교를 제시간에 등교해야 하는 이유가 뭘까?	학교는 혼자만 배우는 곳이 아니라 친구들과 함께 배우는 곳이야. 학교에서 선생님과 친구들이 ○○와 함께 배우기 위해 기다리고 있잖아. 그래서 학교에 늦는 건 나만의 일이 아닌 거야. 다른 친구가 늦어도, ○○이가 기다려주는 것과 같은 거야.
학원 버스를 제시간에 맞춰 타야 하는 이유는 뭘까?	버스를 타는 사람들을 생각해볼까? 버스를 운전해주는 기사님, 다른 장소에서 기다리고 있는 친구들이 있지? 내가 제시간에 타지 않으면 기사님과 다른 친구들이 기다릴 거야. 기사님은 "○○이가 왜 안 오지?" 걱정하시고, 다른 친구들은 "왜 버스가 안 오지?"라고 걱정할 수 있겠지?
○○이는 어떤 사람이 되고 싶어?	약속 시간을 지키는 건 다른 사람을 배려하는 일이기도 하지만, 나를 위한 일이야. 내가 어떤 사람인지 행동을 통해 만들어가는 거거든. 약속 시간을 지키면 스스로에게 '나는 멋진 사람이야.'라고 말해주는 것과 같아. ○○이는 나에게 어떤 사람이 되고 싶어?

[행동] 타이머 활용하기

시간을 지키고 싶은 마음의 동기가 있어도 시간 배분을 적절하게 하지 못해 늦어지는 경우도 많습니다. 이는 시간을 배분하는 연습이 충분히 되지 않았기 때문인데요. 이럴 땐, 시간을 시각적으로 확인할 수 있는 타이머를 활용해보세요. 2단계 스텝으로 활용하는 방법이 있습니다.

스텝 1. 필요한 시간 맞추기

아이에게 필요한 준비 시간이 40분이라면, 필요한 시간만큼 타이머를 맞춰보세요. 작은 타이머와 큰 타이머 중 하나를 이용하길 추천합니다. 작은 타이머는 아이가 장소마다 휴대하며 확인하기 좋고, 큰 타이머는 거실 또는 벽에 걸어두어 시간을 함께 확인할 수 있어 좋습니다.

스텝 2. 타이머 5분 앞당겨 활용하기

필요한 시간을 타이머로 확인했음에도 아이가 제시간에 준비를 마치지 못할 때가 있습니다. 이럴 때 아이가 '노력해도 나는 안 되는구나.'라고 생각할 수도 있습니다. 시간을 지키는 것도 성공 경험이 쌓여야 습관으로 지속될 수 있습니다. 아이가 노력해도 줄곧 서두르게 된다면, 타이머를 필요한 시간보다 5분 앞당겨보세요. 아이는 5분 앞당긴 시간에 맞춰 준비를 마치려고 노력할 테고, 혹시 시간이 필요하더라도 여분의 5분이 있기에 마무리할 수 있습니다. 생각보다 5분의 시간이 길고 큽니다. 준비를 마친 뒤 남은 5분의 여유가 아이에게 큰 성취감을 줄 수 있습니다.

    이처럼 아이가 약속 시간에 맞춰 준비할 수 있게 든든한 지원군이 되어주세요. 부모의 지지를 받은 아이는, 한 번 더 해보고 싶어집니다.

큰 타이머 (파이 타이머)	작은 타이머 (데스크 타이머)
거실 또는 벽에 부착	장소별 활용

7. 잔소리해도
절대 듣지 않는 아이

오해

**스스로 하는 아이는
엄마의 잔소리 없이도 해낸다?**

부모가 가장 하기 싫은 일 중 하나는 '잔소리' 아닐까요? 하는 우리도 썩 내키지 않고, 듣는 아이도 기분 좋지 않은 잔소리는 왜 하게 될까요? 아이가 해야 할 일을 스스로 하지 않기 때문이겠죠. 그렇다면 아이가 해야 하는 일은 무엇일까요?

생각보다 하루 종일 아이가 해결해야 하는 일이 많습니다. 오전에는 간단한 세면부터 옷 입기, 등교 준비 점검, 식사, 등교를 해야 하고 오후에는 하교를 하고 방과후교실을 가거나 학원으로 이동합니다. 집으로 돌아와 가방 정리도 해야 하지요. 저녁에는 학교와 학원의 숙제를 하고, 입었던 옷을 정리하고, 목욕하고, 내일 할 일도 준비해야 하지요. 매일 하는 기본적인 일만 정리했는데도 꽤 많지요? 이 목록에서 항목이 늘기도, 줄기도 할 테지만 문제는 아이가 이 일들을 혼자 해내야 한다는 걸 모르고 있을 확률이 높다는 겁니다. 부모와 아이의 생각이 다른 거죠. 둘 사이의 생각에 충돌이 일어나면, 부모는 그때마다 '잔소리'를 하게 됩니다. "(이 정도면 혼자서도 할 수 있을 텐데) 왜 아직 안 하니?"

학부모 강연장을 나가면 '혼자서 해내는 아이'에 환상을 가진 분들을 종종 만납니다. 잔소리 없이도 해야 할 일을 척척 해내는 아이를 꿈꾸시지요. 하지만 아이가 매일 해내야 하는 일이 꽤 많고, 그것을 자동화된 습관으로 만들기 위해서는 적어도 아이가 청소년 시기는 되어야 가능합니다. 그때까지는 부모와 함께 많은 연습을 반복할 뿐이지요. 그때까지 스스로 하는 아이에게도 잔소리는 필연적인 과정이라는 사실을 꼭 기억하셔야 합니다.

(진실)
하라고 할 때 하면, 스스로 잘하는 아이다

"그럼 어떤 아이가 스스로 하는 아이인가요?"라고 물으신다면, 저는 이렇게 답하겠습니다. "하라고 할 때 하면, 스스로 잘하는 아이입니다." 미취학 시기와 초등 시기에 부모의 독려나 다정한 유도 없이 아이 스스로 하기만을 기대하기는 어렵습니다. 부모가 잔소리를 한마디도 하지 않고, 아이가 해야 할 일을 척척 해낸다는 건 그야말로 동화 같은 일입니다. 그렇기에 우리에겐 생각의 전환이 필요합니다. 부모가 마냥 기다릴 게 아니라, 어떤 말로 아이 안에 내재된 자기주도력을 깨워줄지 생각해야 합니다.

우선 잔소리와 행동 유도를 구분해야 합니다. 잔소리는 '필요 이상으로 듣기 싫게 꾸짖거나 참견'하는 것으로 감정에 초점이 맞춰져 있고, 행동 유도는 '강요에 의하지 않고 유연하게 개입함으로써 선택을 유도'하는 것으로 행동에 초점이 맞춰져 있습니다. 일명, 넛지(nudge)라고도 하죠. 팔꿈치로 옆구리를 쿡 찔러서 슬며시 알려주는 겁니다.

아이들도 행동 유도는 잔소리로 인식하지 않습니다. 아이에 대한 기대나 감정이 배제되고, 해야 하는 행동에만 초점이 맞춰져 있으니까요. 부모만큼 아이와 오랜 시간 함께 있는 존재도 없지요. 부모만큼 아이를 사랑하는 존재도 세상에 없고요. 그렇기에 아이의 행동을 끌어주는 말은 부모만이 할 수 있습니다. 하루에 10번을 반복한다고 하더라도 괜찮습니다. 아이는 부모의 이야기를 들으며 자신이 해야 할 일을 차곡차곡 연습하게 되니까요.

자기주도력을 키워주는
스스로 행동 계약서

부모의 아무런 말 없이 아이 혼자 스스로 잘하게 되는 건 매우 어렵습니다. 행동 유도의 말이 반드시 필요하지요. 그런데 행동 유도의 말만

◆ **Check! 잔소리 VS 행동 유도**

	잔소리	행동 유도
뜻	필요 이상으로 듣기 싫게 꾸짖거나 참견함	강요하지 않고 유연하게 개입하여 선택을 유도함
특징	감정에 초점	행동에 초점
대화 예시	엄마가 하라고 몇 번을 말해? 몇 분이 지났는데도 그대로야? 말하는 엄마도 정말 힘들어. 제때 하면 이런 일도 없잖아!	지금 어떤 걸 해야 할 차례지? 끝내는 데 몇 분이 필요해? ○○이가 스스로 할 거라 믿어. 미리 해두면 어떤 점이 좋을까?

한다고 아이가 스스로 행동하게 될까요? 여기서 놓치면 안 되는 중요한 사항이 있습니다. 바로 아이의 '동의'가 필요하다는 것입니다. 앞에서 말씀드린 것처럼 아이가 스스로 해냈으면 하는 것과 아이가 스스로 하고 싶은 것에 차이가 있을 수 있지요. 우선 이 지점부터 함께 확인해야 합니다. 아이와 부모, 서로의 협의가 충분치 않을 때 그 말은 '잔소리'가 될 확률이 높아지거든요. 아래 세 가지 순서대로 아이와 함께 대화 나눠볼까요?

1. 스스로 할 수 있는 일의 목록 작성하기

부모 입장에서 아이가 혼자서 할 수 있다고 생각하는 일들이 있으시지요. 그 일들을 곧바로 기대하기 전에 아이에게 스스로 할 수 있는 게 어떤 건지 물어보세요. 아이가 혼자서 할 수 있다고 말하는 건 어떤 사소한 것이든 좋습니다. 자기주도력을 발휘하여 '할 수 있겠다'라고 스스로 생각하고, 본인의 말로 뱉어내는 과정이 아주 중요합니다.

2. 스스로 해야 하는 일의 목록 작성하기

아이가 스스로 할 수 있는 것 이외에도 꼭 해야 하는 일들이 있을 겁니다. 예를 들면 하루 체크리스트 점검이나 숙제 등이죠. 아이와 함께 앞서 말씀드린 '3:7 계획표'(☞본문 96쪽)를 작성해보세요. 부모가 느끼기에 아이가 스스로 했으면 하는 목록도 자연스레 전달하는 시간입니다. 아이가 왜 이 일들을 꼭 해야하는지는 부모만이 알지요. '하면 좋으니까, 남들이 하니까'로는 아이를 설득하기 어렵습니다. 아이를 설득할 명백한 부모의 신념이 없다면, 그건 아이가 꼭 해야 하는 일이 아닐지도 모릅니다. 이렇게 목록을 정리하다 보면 부모의 욕심도 조금은 걸러낼 수 있습니다.

3. 행동 계약서 작성하기

첫 번째와 두 번째 과정을 통해 아이가 스스로 할 수 있는 것과 해야 하는 일의 목록이 얼추 만들어졌을 겁니다. 아이와 함께 대화를 나눴기에 '존중'과 '동의'가 충분히 들어간 목록이지요. 그 내용들을 A4 용지 한 장에 잘 정리하여, 행동 계약서를 완성하고 날짜와 서명을 받아주세요. 부모, 아이의 서명이 함께 들어가야 합니다. 마지막으로 행동 계약서를 아이가 잘 볼 수 있는 장소에 붙여주세요. 이 목록에 있는 내용을 아이에게 '행동 유도'하면 됩니다. 대화 예시는 앞의 [Check! 잔소리 VS 행동 유도] 표를 확인해주세요.

Tip: 행동 계약서를 작성했지만, 아이가 유독 힘들어하는 날엔? 아이에게 현재 컨디션에서 스스로 할 수 있는 부분과 도와주었으면 하는 부분을 물어보세요. 힘든 상황에 '하나도 못하겠다'라는 마음 대신, '이 상황에서 내가 할 수 있는 최선은 무엇이지?'라는 생각으로 이어질 수 있습니다.

◆ **행동계약서, 이렇게 작성해 보세요**

우리의 약속

이름: 작성일: 년   월   일

① **OO가 스스로 할 수 있는 일**
내가 혼자서 할 수 있는 일은요:

② **OO가 스스로 해야 하는 일**
내가 지키기로 한 일은요:

③ **약속을 지켰을 때, 이걸 하고 싶어요!**
☐ 놀이동산 가기
☐ 가족 보드게임 2시간
☐ 좋아하는 간식 먹기
☐ 기타: _____

④ **약속 기간**
____년 __월 __일 ~ ____년 __월 __일

⑤ **우리의 다짐**
부모 서명:
아이 서명:

8. 학체력보다 학습력만 챙기는 아이

(오해)
학습력에 가장 중요한 건 공부 양이다?

학습과 학습력은 같은 말일까요? 두 단어는 같아 보이지만 자세히 살펴보면 엄밀히 다른 말입니다. 학습(Learning)은 특정 내용을 배우고 익히는 구체적인 활동을 뜻합니다. 예를 들어 '덧셈을 배웠다'는 특정한 학습의 결과이지요. 반면 학습력(Learning Ability)은 학습을 해내는 능력을 말합니다. 예를 들어 '덧셈을 배우는 속도와 능력'을 말하죠. 학습력이 토지라면 학습은 그 위에 심어진 씨앗입니다. 토지가 단단하고 비옥할수록 피어나는 열매가 달라집니다.

학습력이라는 토지를 단단하게 다지는 방법이 무엇일까요? 대부분 '공부량'을 늘리는 것이라 생각합니다. 하지만 이는 토지에 오직 물만 부어주는 격입니다. 씨앗마다 필요한 물의 양이 있지요. 물을 흠뻑 머금을 준비가 된 씨앗은 많은 양의 물도 거뜬히 흡수하지만, 자신의 역량보다 더 많은 물을 마신 씨앗은 시들고 맙니다. 그렇다면 물의 양을 조절하는 힘은 어디서 얻을 수 있을까요? 바로 '햇빛'입니다. 햇빛을 통해 물의 양을 이겨낼 수 있습니다. 그리고 이런 햇빛의 역할을 해주는 게 바로 체력입니다. 즉, 체력이야말로 단단한 토지를 만드는 필수 조건인 셈이지요. 학습력에 중요한 건 콸콸 쏟아붓는 공부량이 아닌, 햇빛처럼 학습을 지속할 수 있게 만드는 잠재적인 능력, 체력입니다.

(진실)
시간을 내서라도 해야 하는 학체력 기르기!

학습력의 한자를 살펴보면, 힘 력(力)이란 단어가 들어갑니다. 여기서 말하는 힘은 아이의 체력이 될 수 있지요. 저는 그래서 학습력이라 읽고, 학체력이라 쓰고 싶습니다. 학부모 상담을 하다 보면, "아이가 수업 시간에 따라가지 못해요. 자꾸 딴청 피워요. 집중하지 못해요."라는 고민과 함께 아이의 인지적 부분을 많이 걱정하십니다. 아이의 주의집중력에 문제가 있는지, 아이가 해당 학습을 유독 느리게 따라가는 것인지 등에 대해서 학원을 더 늘려야 하는지, 선행을 해야 하는지, 보충해주어야 할 것이 무엇인지 궁금해하시죠. 그런데 대화를 통해 아이의 하루를 자세히 들여다보면, 배워야 하는 것으로 빼곡하게 채워져 있는 경우가 많습니다. 당연히 그 안에 운동 시간은 없고요. 심지어 할 일을 끝내느라 취침 시간이 무한정 늦어지기도 합니다.

그럴 때 저는 되묻습니다. "아이가 걷기 싫어하나요? 아이가 조금만 뛰어도 힘들다고 표현하나요? 아침에 일어나면 유독 피곤해 하나요?" 등을요. 처음엔 왜 그런 걸 묻냐는 눈빛으로 저를 쳐다보시지만, 실제로 아이가 걷기 싫어하고 조금만 뛰어도 피곤하다는 대답이 많습니다. 그럴 때마다 저는 아이의 체력을 키워야 한다고 말씀드립니다. 조금 더 일찍 자고, 학습량을 줄이고, 그 시간에 줄넘기 또는 가족 산책을 권합니다. 실제로 학교에서 짜증이 잦고, 유독 집중하지 못하고, 학습을 힘들어하는 친구가 체력을 키웠더니 태도가 눈에 띄게 좋아졌습니다.

이처럼 아이가 학습에 집중하고 싶을 때, 마음껏 집중할 수 있는 토지를 만들어주기 위해선 '학체력'이 무엇보다 중요합니다. 하루에 시간을 내서라도 반드시 해야 하는 건 학습량을 늘리는 게 아닌 아이의 베이스캠프, 학체력을 만들어주는 일입니다.

하루 10분, 지치지 않는 학체력 기르는 법

익혀두면 아이 학교생활에 도움이 되고, 아이의 체력도 동시에 올릴 수 있는 운동이 있습니다. 바로 줄넘기인데요. 줄넘기는 장점이 참 많습니다. 휴대성이 좋아 어디든 들고 다닐 수 있고, 공간의 제약을 크게 받지 않아 좁은 곳에서도 할 수 있고요. 줄을 넘기 위해서는 손과 발의 협응력이 필요하기에, 몸의 인지력까지 높일 수 있습니다. 또 비용적인 부담도 적습니다. 줄넘기는 학교 수행평가 과목이라 학교에서는 쉬는 시간이나 점심시간 등에 자유 줄넘기를 권장하며 줄넘기를 평생 운동으로 추천하기도 합니다.

이처럼 줄넘기는 아이에게 체력을 키우는 것 외에도 즐거운 학교생활을 위한 하나의 도구가 될 수 있습니다. 《하루 한 권 뇌과학》의 저자 이쿠다 사토시 또한 체력과 학습의 중요성을 말했습니다. "근방추에서 뇌를 향해 보내는 정보의 세기는 근육의 굵기에 비례한다. 근육에서 가장 굵은 것은 대퇴근이므로, 걷기나 달리기 등 대퇴근을 움직이는 운동이 뇌 작용을 더욱 효율적으로 높일 수 있다. 즉, 운동하면 머리가 좋아진다." 학체력이란 말과 딱 맞아떨어지지요. 심지어 줄넘기는 가족 운동으로 시작하기에도 부담이 없습니다.

1. 줄넘기 고정 시간을 만든다

매일 10분, 줄넘기를 고정적으로 할 수 있는 시간을 만듭니다. 저녁 먹기 전, 하교 후 집에 들어오기 전, 학원 버스를 기다리는 동안 등 생각보다 하루 10분을 낼 수 있는 틈새 시간이 많습니다. 다만 그 시간을 인지하고 있지 못할 뿐이지요. 아이가 줄넘기를 가방 안에 항상 들고 다니며, 틈새 시간을 이용하여 줄넘기할 수 있도록 해주세요. 만약 매일 시간을 내는 게 어렵다면 격일, 주 3회 등 횟수를 정하는 것도 좋은 방법입니다.

2. 가족 줄넘기 대회를 연다

운동은 아이만이 아니라 부모에게도 필요합니다. "육아는 체력이 전부다."라는 말이 있듯 하루 10분 줄넘기 연습을 부모도 함께 시작해보는 겁니다. 체력이 좋을 때 더 긍정적인 에너지를 아이에게 건넬 수 있지요. 이처럼 하루 10분 줄넘기 연습을 가족 문화로 만들어주세요. 평일에 연습하며 쌓은 실력으로 주말에 한 번, 가족 줄넘기 대회를 열어보는 거예요. 서로의 실력이 느는 걸 확인할 수 있을 겁니다. 줄넘기 대회 후 맛있는 음식을 먹으러 가는 것도 좋겠지요. 이처럼 줄넘기를 가족이 함께 참여하면, '억지로 하는 일'이나 '하기 싫은 일'이 되지 않습니다.

3. 가족 줄넘기 급수표를 활용한다

막상 줄넘기를 해보면 10분 동안 줄을 넘는 게 쉽지 않습니다. 줄넘기를 잘하기 위해 단계를 조금 더 세세하게 나눌 필요가 있지요. 발을 모아 줄을 넘는 것을 기준으로 하면 줄넘기가 쉽게 지루해질 수 있으니 그럴 때 가족 줄넘기 급수표를 이용해보세요. 급수표를 활용하면 아이에게 동기를 주기도 좋고 자연스레 스스로 더 잘해내고 싶은 자기주도력이 따라옵니다. 아이가 가족 급수표에서 6급을 땄다면 6급 스티커를 줄넘기에 붙여주세요. 무척 자랑스러워합니다. 하다 보면 엄마 아빠보다 아이가 더 높은 급수에 오르기도 합니다. 이 사실만으로도 아이가 정말 즐거워하는 모습을 볼 수 있습니다. 아래 가족 줄넘기 급수표를 소개합니다. 줄넘기를 처음 시작하는 아이부터 실력을 높이고 싶은 아이에게도 좋은 길잡이가 될 겁니다.

이처럼 줄넘기를 통해 꾸준히 키운 체력이, 결국 아이의 학습력으로 이어지게 됩니다. 또한 스스로 해냈다는 성취감은 자기주도력으로 연결되지요. 집중하고 싶을 때 집중하는 힘, 물의 양이 많아져도 햇빛으로 적절하게 조절하며 씨앗을 피우는 힘, 그게 바로 학체력이란 걸 기억해주세요.

◆ 우리 가족 줄넘기 급수표

급수	동작	통과 기준
10급	양발 모아 앞으로 뛰기	5회
9급	양발 모아 앞으로 뛰기	10회
8급	양발 모아 앞으로 뛰기	20회
7급	한 발(오른발) 뛰기 / 한 발(왼발) 뛰기	10회
6급	한 발(오른발) 뛰기 / 한 발(왼발) 뛰기	20회
5급	걸으며 뛰기	30회
4급	좌우 벌렸다 붙여 뛰기	10회
3급	엇걸어 뛰기	10회
2급	뒤로 뛰기	10회
1급	쌩쌩이 뛰기	10회

◆ 줄넘기 흥미를 높이는 그림책 추천

《짜장 줄넘기》, 곽미영 글, 양정아 그림, 천개의 바람
어렵게 느껴질 수 있는 줄넘기가 짜장면과 만났다! 정확한 줄넘기 자세까지 상세히 소개해주는 책.

《콩떡콩떡 줄넘기》, 이현영, 토끼섬
호랑이도 줄넘기를 할 줄 안다면? 다양한 떡과 관련된 줄넘기로 시선 집중!

《거미줄 줄넘기》, 신원미 글, 홍그림 만화, 마루비
폴짝폴짝 뛰는 토끼에게도 줄넘기는 어려울 수 있다? 줄넘기를 통해 알게 되는 진정한 노력의 의미.

《줄넘기》, 이안, 키위북스
나는 못할 거라고 단정지은 선을 함께 뛰어넘어볼까? 친구랑 함께하면 더 재밌다는 사실!

《함께 줄넘기》, 진수경, 봄개울
줄넘기를 함께 넘기 위해선 서로의 이야기에 귀 기울여야 한다! 줄넘기에 담긴 따뜻한 공감의 이야기.

9. 물건이 어디 있는지 매번 물어보는 아이

오해

자기 물건도 못 찾는 아이, 찾을 마음이 없는 걸까?

"엄마! 내가 좋아하는 캐릭터 양말 어딨어?"

"엄마! 내 검은색 외투는 어딨어?

아이는 하루에도 수십 번 엄마를 부르죠. 자신이 좋아하는 캐릭터 양말부터 시작해서, 좋아하는 외투가 어디에 있는지 찾기 위해 몇 번이나 엄마를 불러 세웁니다. 그럴 때마다 엄마의 대답은 한결같지요. "오른쪽 서랍에 있어. 왼쪽 서랍장 두 번째 칸 열어봐!"

구체적인 장소를 말해주어도 아이는 도통 찾지 못하고, 다시 돌아와 어디에 있는지 묻습니다. 결국 엄마는 바쁘게 하던 일을 놓고, 아이 대신 물건을 찾으러 갑니다. 서랍장을 열기만 해도 찾는 물건이 바로 눈에 보이는데, 아이는 왜 매번 찾지 못하는지 도통 이해가 안 됩니다. 제대로 찾아보지도 않고 나를 부른 건 아닌지 짜증이 치솟죠. 쌓인 집안일도 많은데, 일을 덜어주는 게 아니라 늘리기만 하니 답답하고요. 급기야 이런 마음도 듭니다.

'아이가 스스로 할 마음이 없어서 저러는 건가? 언제까지 내가 찾아줘야 하지?' '이젠 스스로 찾을 때도 되지 않았나? 내가 해주다 보니 버릇이 들었나?'

> 진실

스스로 찾으려면 정리부터 함께해야 한다

혹시 그런 경험 없으신가요? 오랜만에 엄마 집에 놀러 갔다가, 국을 끓이려는데 냄비가 어디에 있는지 몰라서 헤맸던 경험이요. 저는 종종 그런 적이 있습니다. 엄마가 매번 요리를 해주시는 게 죄송해서 제가 한 번 대접하려고 했는데, 국자가 어디에 있는지 냄비가 어디에 있는지 도통 보이지 않더라고요. "냄비가 어딨어? 국자는 어딨어?" 물어볼 때마다, 세 번째 서랍에 있다는 대답을 들어도 제 눈에 들어오지 않았습니다. "그만하고 이리 나와!"라는 엄마의 말에 머쓱하게 주방을 뜬 적이 한두 번이 아닙니다. 냄비를 찾지 못한 이유는 무엇이었을까요?

답은 딱 하나입니다. 제 손으로 '정리'하지 않았기 때문이지요. 평상시 내가 쓰는 물건을 스스로 정리하지 않으면, 물건이 어디에 있는지 찾기 어렵습니다. 오직 정리한 사람만 명확히 기억하고 있지요. 뇌는 한꺼번에 들어온 시지각 정보를 처리하지 못하고 한 차례 분류해야 합니다. 정리를 직접 한 사람은 이미 구조화되어 있으니 한 번에 찾을 수 있지만, 스스로 정리하지 않은 사람은 서랍장 속에서 물건을 찾기 위해 분류화 작업을 거쳐야 하죠. 당연히 시간이 더 걸릴 수밖에 없습니다.

　아이가 유독 물건을 찾지 못하고 엄마를 부른다면, 정리하는 과정을 함께했는지 점검해보셔야 합니다. 빨래 개기에서 빨래 정리까지 아이와 같이 해야 하는 이유지요. 저는 빨래 개기에서 끝나는 것이 아니라, 자신의 물건이나 옷을 스스로 수납장에 정리하는 것까지 나아가야 한다고 말씀드립니다. 양말은 어디에 놓을지, 좋아하는 옷은 어디에 걸어둘지, 계절 옷은 어떻게 보관해야 하는지 아이가 스스로 정리해보는 경험이 쌓여야 합니다. 그래야 옷을 입을 때, 외출할 때, 장갑이 필요할 때 아이가 직접 물건을 꺼내고 정리할 수 있지요. 아이들은 생각보다 능숙하게 배우고, 기특하게 해냅니다. 아이가 연습할 기회를 부모가 대신하진 않았는지 생각해보세요. 익숙해질 때까지 충분히 기다려주었는지도요. 빨래 개기부터 정리까지, 어떻게 시작하면 좋을까요?

물건이 어디 있는지
더 이상 묻지 않는 아이가 되는 법

빨개 개기나 정리를 연습하기 전에, 우리는 '못하는 게 당연하다'라는 마음을 가져야 합니다. 빨래를 개는 것도, 수납함에 정리하는 것도 결코 쉬운 일은 아니거든요. 시도하는 아이의 마음을 격려해주세요. 시도해보려는 것 자체만으로도 아이에겐 용기이고, 특별한 일이거든요. 처음 빨래를 함께 개자고 하면 아이들이 싫다고 대답할 확률이 높습니다. 그럴 땐 이렇게 말해주세요.

"함께 빨래를 개면 엄마가 혼자 하는 것보다 일이 훨씬 빨리 끝날 거야. 가족끼리 서로 도와주는 건 정말 멋진 일이거든!"

"빨래를 개고 정리하면, 내일 아침에 하준이가 입고 싶은 옷을 더 빨리 찾을 수 있을 거야. 같이 해볼까?"

"멋진 사람이 되는 법은 생각보다 간단해. 가장 가까운 가족의 일을 도와주는 거야!"

다음 세 가지 방법을 아이와 함께 해보시길 바랍니다.

1. 실생활 놀이와 연계된 빨래 개기

처음부터 빨래를 바르게 개는 게 아이에겐 어려울 수 있어요. 그럴 때는 빨랫감을 색깔이나 종류(윗옷, 속옷, 양말 등)에 따라 분류하는 것부터 시작해보세요. 아이가 익숙해졌다면 빨래 개기를 실생활 놀이와 연계해서 설명해주세요. "이건 종이접기랑 똑같아. 속옷은 세 번만 접으면 끝나! 바지는 다섯 번만 접으면 돼. 비행기 접을 때처럼 반으로 접어보자." 이렇게 아이에게 평상시 익숙한 놀이와 연관해서 설명하면 아이들은 훨씬 쉽게 이해합니다.

2. 정리하기 전, 빨랫감 분류하기

빨래를 갰다면 다음으로는 정리하는 법을 익혀야 합니다. 바지, 양말, 속옷, 윗옷 등 빨래의 종류가 다양하지요. 정리를 편하게 하기 위해서는 우선 같은 종류끼리 모아야 합니다. 이는 2학년 1학기 수학 시간에 배우는 분류하기 활동과도 연계됩니다. 실생활에서 경험하는 일종의 수학 놀이인 셈입니다.

3. 정리함 라벨링, 정리 장소 명확히 하기

아이와 함께 정리하기 좋은 장소를 정합니다. 수납장이 너무 높이 있다면 아이가 정리하고 싶어도 스스로 물건을 꺼낼 수 없겠죠. 되도록 아이의 눈높이에 맞는 공간을 선택해야 합니다. 바지, 양말, 속옷, 윗옷 등을 정리하고 꺼낼 수 있는 공간이 정해졌다면, 수납장에 라벨을 붙여주세요. 아직 글씨를 모르는 아이라면, 글씨 옆에 간단한 그림을 함께 첨부해주시면 됩니다.

위의 세 가지 활동을 하고 나면 "양말이 어딨어? 윗옷이 어딨지?"라고 묻는 일이 현저하게 줄어들 겁니다. 물건을 스스로 찾기 싫은 아이는 없습니다. 본인 물건인데 오죽할까요. 아직 방법을 모를 뿐이지요. 이 사실을 기억하는 것만으로도 아이와 무엇을 연습하면 좋을지 명확해집니다.

10. 지지리도 안 먹는 아이

> 오해

아이들이 잘 먹지 않는 이유는 엄마 탓이 크다?

"어휴. 정말 왜 이렇게 안 먹을까? 내가 음식을 못 해서 맛이 없나."

아이의 먹는 문제는 언제나 열심히 풀어도 풀리지 않는 수학 문제 같습니다. 좋은 식재료로 정성과 시간을 들여 요리해도 아이가 잘 먹을진 미지수지요. 먹는 건 결국 아이가 행해야 하는 일이니까요. 건강하게 자라기를 바라는 마음에 아이 수저를 대신 들어 먹여주시는 분도 꽤 계실 테죠. 그 마음을 이해 못 하는 바가 아닙니다. 저는 유독 아이 먹는 것에 예민한 엄마들의 마음에는 과학적인 근거가 있다고 생각합니다.

《인스타 브레인》의 저자 안데르스 한센은 "우리의 뇌는 아직 사바나 초원 상태에 머물러 있다."라고 말했습니다. 진화는 인류가 환경에 적응하기 쉽게, 유전자를 후세에 더 많이 전달하기 위한 방식대로 이루어집니다. 진화에 유리한 뇌 구조의 선조들이 살아남았고, 지금의 우리가 된 것이죠. 갑자기 이 이야기를 왜 하느냐고요? 아이를 잘 먹이는 것에 관한 엄마의 책임감이 사바나 초원 상태부터 지금까지 우리 유전자로 전달되었다고 생각하거든요.

아빠가 사냥을 떠나면, 아이를 키우는 건 엄마의 몫이었겠죠. 아이를 잘 먹여 키우는 것 또한 엄마의 역할이었을 확률이 높습니다. 아이가 잘 먹고 장성해야 종족을 유지할 수 있으니까요. 잘 먹지 않는 아이를 그냥 두고 볼 수 없는 이유, 아이 편식을 엄마 탓으로 돌리는 이유, 먹기 싫으면 먹지 말라고 음식을 치울 수 없는 이유는 어쩌면 선조부터 이어져 온 것일지 모릅니다. 그렇기에 엄마의 요리 실력 탓, 식재료 탓, 음식 탓을 하실 필요가 없습니다. 오히려 신경 써야 할 건 다른 곳에 있지요.

> 진실

선택과 참여가 있을 때, 먹고 싶은 이유가 생긴다!

아이가 잘 먹지 않을 때 살펴보아야 할 요소가 있습니다. 물론 요리 방식, 식재료 등을 배제할 순 없지만 아이가 음식 메뉴를 선택했는지와 요리 과정에 참여가 있었는지에 대한 여부를 반드시 짚고 넘어가야 합니다. 이해하기 쉽게 사례를 들려드릴게요.

▶ **선택**: 저는 아이들과 '아침 식사 메뉴판'을 운영하고 있습니다. 아

침에 먹고 싶은 메뉴에 대해 함께 대화한 후 만든 메뉴판입니다. 저는 바쁜 아침 시간을 쪼개어 차린 음식을 아이들이 먹지 않을 때 스트레스가 컸습니다. 아이들도 '나는 이거 먹기 싫었는데!'라는 이야기를 자주 했고요. 그제야 아이들에게 선택권이 없었다는 걸 깨달았습니다. 제가 차린 음식과 아이들이 먹고 싶은 음식 사이에는 큰 차이가 있었는데 말이죠. 그때부터는 아이들과 함께 아침 메뉴를 정합니다. 아이들이 먹고 싶다고 한 음식과 바쁜 아침에 부담 없이 할 수 있는 음식의 교집합을 찾아 메뉴판을 짭니다. 아이가 직접 메뉴를 선택하고 난 뒤부터는, 제가 주고 싶은 음식을 제공했을 때보다 훨씬 능동적으로 먹는 모습을 관찰했어요.

▶ **참여**: 1장의 '아침밥 대신 잠 더 자는 아이'에서 한 주 식단표 운영을 소개했지요.(☞본문 42쪽) 이처럼 아침 식사 메뉴판이 잘 운영되니 아이들과 저녁 식사 메뉴까지 함께 선택할 수 있게 되었고, 저 역시 '오늘 저녁에 뭐 먹지?'라는 고민에서 해방되었습니다. 아이들이 먹고 싶은 메뉴와 건강을 조합한 식단표를 회의하고, 그 주에 딱 한 번 장을 봅니다. 필요한 식재료를 미리 구매해두니 식비가 크게 절감되었고, 저녁에 필요한 식재료가 냉장고 안에 마련되어 있으니, 아이들이 식사 준비에 참여하는 횟수도 자연스레 늘었습니다. 예를 들어 카레나 불고기 요리를 할 때면 카레에 들어가는 당근이나 감자를 아이들과 함께 손질하거나 불고기에 들어가는 팽이버섯 손질을 맡길 수 있지요. 하루는 전복을 싫어하던 저희 첫째가 동생 생일날 먹을 전복죽에 들어갈

전복을 참기름에 볶는 중요한 역할을 맡은 적이 있습니다. 한참을 팔 아프게 볶았던 터라 어떤 맛인지 궁금해했지요. 그러곤 한 번 먹어보 더니 정말 맛있다고 말하더군요. 본인이 직접 볶았기 때문일 겁니다. 동생에게도 맛있는지, 어떤 맛인지 재차 물어보고요. 이렇게 아이가 요리 과정에 참여하면, 음식에 대한 애정이 자연스레 높아집니다. 애정이 생기면, 잘 먹는 건 당연지사입니다.

정답은 늘 아이의 입에서 나온다

아이들의 선택과 참여를 높이는 방법은 무엇일까요? 두 가지만 기억하면 한결 쉬워집니다.

1. 아침 식사 메뉴판과 한 주 식단표는 대화에서 완성된다

아침 식사 메뉴판과 한 주 식단표를 짜는 것은 아이들과 대화를 통해 이루어지는 일입니다. 그러니 아이에게 기준을 맞춰주세요. 요리 잘하는 옆집 엄마, 식재료가 풍부하게 들어가는 레시피 등은 잠시 잊어주시고요. 그렇게 만들어도 아이가 잘 먹지 않으면 소용이 없습니다. 물론 식단표를 짤 때 아이들의 건강을 생각하지 않을 순 없습니다. 아이들이 좋아하는 메뉴로 구성하지만, 그 안에 채소 등 좋은 식재료를 넣어야 하는 이유도 함께 말씀해주시면 됩니다. 아이가 한 번도 도전해보지 않은 음식이나 식재료가 있다면, 메뉴판에 넣어보는 걸 아이와 함께 이야기해보세요. "시금치 먹자!"라는 말보다, "이번 주에 하준이가 좋아하는 스파게티랑 돈까스가 있네. 건강을 위해 채소를 먹는 것도 아주 중요한 일이거든. 좋아하는 음식을 두 번 먹으니, 이날은 시금치가 들어간 반찬을 먹어보는 건 어때?" 아이가 메뉴 선택부터 함께 하니, 안 먹어본 음식에 대한 거부감도 확실히 줄어듭니다.

2. 엄마의 고민을 솔직하게 털어놓자

식사 시간에 잘 먹지 않은 아이를 앞에 두고, "정말 왜 이렇게 안 먹니. 엄마가 너를 위해서 얼마나 열심히 만들었는데. 엄마 마음도 몰라주고." 속상한 마음에 이런 말을 내뱉곤 합니다. 엄마가 속상하다고 열심히 먹는 아이가 있을 수도 있지만, 대부분의 아이는 그럼에도 아랑곳않고 먹지 않습니다. 선택과 참여가 없었고, 엄마가 속상하다는 이유로는 먹기 싫은 음식을 구태여 먹고 싶지 않거든요. 자아중심성이 강한 유초등 시기엔 더욱 그렇습니다. 그렇다면 이런 말은 하지 않아야 할까요? 저는 말하는 때를 바꿔야 한다고 생각합니다.

말에는 항상 좋은 때가 있지요. 특히 불편한 말은 듣는 사람이 여유 있는 상태일 때 해야 효과가 좋습니다. 아이에게도 마찬가지입니다. 함께 아침 식사 메뉴판과 한 주 식단표를 이야기할 때, 엄마의 고민도 함께 나눠보세요. "잘 먹는 게 왜 중요할까?"라는 질문부터 시작해서, "요리하는 게 생각보다 쉽지 않아. 요리는 누군가를 정말 많이 생각하는 마음이 담긴 일이야." 같은 말도 함께 전해주세요. 잘 먹지 않을 때면 엄마가 ○○이의 건강이 신경 쓰인다는 점도요. 마음은 전하지 않으면 모르지요. 요리를 단순히 엄마의 역할이라고 생각하는 게 아니라, 아이를 위해 요리하는 엄마의 마음을 이해할 수 있도록 고민을 솔직하게 나눠주세요.

11. 용돈 제대로 쓸 줄 모르는 아이

> 오해

아이가 적어도 초등학생이 되고 나서 경제교육을 시작해야 한다?

아이 경제교육, 필요한 건 알겠는데 언제부터 시작하면 좋을까요? 대부분 경제교육을 일찍 시작하면 아이가 이해하지 못할 것 같다고 걱정하십니다. 하지만 경제교육만큼은 되도록 아이가 어릴 때부터 일찍 시작하는 편이 좋습니다. 많은 아이들이 어린 시절에 스스로 돈을 운용해보는 경험을 하지 못한 채 갑자기 용돈을 받기 시작합니다. 아이는 생전 처음 스스로 돈을 써보는 경험을 하는 셈이지요. 그래서인지 처음 용돈을 받고 나면 아이는 온전한 돈의 주인이 되어 용돈을 쓸 생각에 마음이 한껏 부풀어 있습니다. 실제 학교에 용돈을 가져온 친구들을 보면 쉽게 알 수 있습니다.

"이 돈 너 가져. 나는 또 받으면 돼."

"나 용돈 있는데 학교 앞에서 게임 하자."

"내가 다 사줄게. 나 돈 많아!"

학교에서 실제로 이런 일이 있었습니다. 아이가 부모님께 받은 용돈을 반 친구들에게 그냥 나눠준 겁니다. 친해지고 싶은 친구에게 천 원을 주기도 하고, 오천 원을 주기도 했지요. 돈을 받은 친구들은 당연히 신이 났죠. 거절할 이유가 있을까요? 그렇게 같이 놀자는 의미로 돈을 받기 시작하니 몇몇 친구들이 그 친구와 놀 때는 당연히 돈을 받는다고 생각했고, 결국 "너 왜 돈 안 줘?"라고 말하게 되었지요. 돈에 대한 개념이 잘못 형성된 사례입니다. 또 아이가 용돈을 쓰는 장소가 문제인 사례도 있었습니다. 아이가 매번 용돈으로 학교 앞 문방구에서 게임을 하거나 불량식품을 사 먹었습니다. 게임에 집중하다 보니 학원 가는 시간을 놓치기도 하고, 급식은 거의 먹지 않고 간식으로 배를 채우게 됐지요. 나중엔 부모님이 용돈을 주지 않는 방향으로 끝맺음을 지었지만, 아이의 저항이 생각보다 거셌습니다.

이와 같은 일들이 생긴 이유는 무엇일까요? 돈에 대한 경제교육이 제대로 이뤄지지 않은 채, 바로 실물 경제로 들어갔기 때문입니다. 경제교육을 시작한다면 언제부터, 어떻게 시작하면 좋을까요?

돈의 의미를 제대로 아는 아이가
돈을 제대로 쓴다!

"돈도 써본 사람이 잘 쓴다."라는 말이 있지요. 이 말의 진정한 뜻은 '돈의 의미를 제대로 아는 사람이, 제대로 잘 쓸 수 있다' 아닐까요? 아이들은 처음부터 돈의 의미를 제대로 알 수 없습니다. 돈을 실제로 써보는 경험이 쌓여야 하니까요. 돈을 직접 사용해보는 일이 꼭 밖에서만 이루어질 필요는 없습니다. 가정 안에서도 얼마든지 규칙을 세워 돈을 사용해보는 연습을 할 수 있거든요. 저는 아이들의 바른 습관 만들기와 실물 경제를 연계하여 5살부터 본격적인 경제교육을 시작했습니다.

저는 '100원 달력'을 만들어 사용했는데요. 이 달력은 해당 월의 날짜 칸마다 100원 이미지를 넣어 만든 간단한 경제교육 달력입니다. 한글 파일로 누구나 손쉽게 만드실 수 있지요. 저는 앞서 '실패하는 계획표만 짜는 아이(☞본문 96쪽)'에서 소개해드렸던 습관을 형성하는 3:7 계획표를 만들면서 아이들이 스스로를 위해 매일 해야 하는 목록으로 리스트를 짰고, 하루에 해야 하는 일을 마친 뒤 100원 달력에 아이 스스로 성공 여부를 체크할 수 있도록 했습니다. 우리가 성실히 일한 대가로 월급을 받는 것처럼, 아이들은 본인의 건강한 삶을 위한 습관을 완수했을 때 저에게 100원을 받았습니다.

그런데 아이가 단순히 돈을 받기만 하고 끝나면 안 되겠죠? 아이에게 스스로 모은 돈을 올바르게 활용해볼 기회를 주어야 합니다. 실생활적 놀이 요소가 접목된 이 방법은 아이들의 초반 경제 습관을 잡기에 효과가 좋았습니다. 저는 작은 수납통 세 개를 준비해서 각각 100원, 200원, 300원이라고 적어 붙여놓았습니다. 통 안에는 아이들이 좋아하는 작은 간식들을 담았고요. 아이 스스로 모은 용돈을 간식 먹는 데 쓸 수 있도록 규칙을 만들었습니다. 100원으로 간식 하나, 200원으로 간식 두 개, 300원으로 간식 세 개를 먹을 수 있게 했지요. 실제 돈과 간식으로 바꿀 수 있는 시간은 저녁을 먹은 뒤의 시간으로 고정했습니다. 이 방법으로 아이들은 간식을 더 먹고 싶으면 용돈을 모아야 한다는 사실을 자연스레 배웠습니다. 돈을 모으는 게 생각보다 힘들다는 것과 어렵게 저축한 만큼 열심히 모은 돈을 쓰는 기쁨까지 더불어 알게 됐습니다.

유치원 시기부터 이렇게 100원 달력을 활용하여 가정에서 돈을 모으고 실물 경제를 연습하니 실제 상점이나 마트에서 본인의 용돈으로 구매해보는 것도 경험할 수 있었습니다. 습관과 연계하여 돈을 모아보면 저축이 쉽지 않다는 걸 아이들이 자연스레 배울 수 있습니다. 천 원짜리 과자 하나 사는 걸 대수롭지 않게 여기던 아이들이, 천 원을 모으려면 오랜 시간이 걸린다는 사실을 깨달으며 돈의 진정한 의미를 알게 되는 거죠.

아이의 경제력을 경쟁력으로 만드는 용돈 습관

무엇이든 꾸준히 오랫동안 행하는 사람이 결국 그 일을 잘하게 된다는 이야기를 들어보셨나요? 《딱 1억만 모읍시다》의 저자 김경필 머니트레이닝랩 대표는 "딱 1억만 모으면 앞으로의 투자는 성공합니다."라고 말했습니다. 이 말의 속뜻은, 단순히 1억을 모으면 모든 문제가 해결된다는 게 아닙니다. 1억을 모으기까지의 경험이 앞으로 나아갈 방향을 정하게 해준다는 뜻이지요. 다시 말해 그 어떤 달콤한 투자 방법보다 중요한 건 실제 1억을 모아본 경험이며, 그건 돈을 인식하는 경제 개념이 없으면 불가능한 일이라는 의미입니다. 이 원리는 아이들에게도 똑같이 적용할 수 있습니다. 어릴 때부터 쌓은 '경제 개념'이 훗날의 '경제 태도'를 만드니까요.

1. 돈을 '보며' 모을 수 있는 공간 만들기

아이들은 언제 용돈을 받을까요? 명절에 웃어른들께 받는 세뱃돈, 할머니가 생일 날 주신 용돈, 하루 계획표를 실천하고 받는 용돈, 부모님께서 다달이 주는 용돈 등 다양한 종류의 돈이 있지요. 이렇게 받은 용돈을 스스로 관리할 수 있는 공간을 만들어주세요. 이것이 아이 경제 교육의 첫 시작점입니다. 가장 좋은 방법은 '투명한 저금통'입니다. 처음부터 아이 통장을 만드는 걸 추천하지 않는 이유는 돈이 쌓이는 걸 아이가 직접 눈으로 보기가 어렵기 때문입니다. 매번 통장을 들고 은행에 가서 확인하기 쉽지 않잖아요. 저축을 시각적으로 인식하면 아이에게 '내가 돈을 모으고 있구나'라는 동기를 줄 수 있습니다.

2. 저축하는 돈과 사용할 수 있는 돈 나누기

저금통에 돈이 모이기 시작합니다. 이 돈으로 할 수 있는 게 꽤 많죠. 준비물을 사거나 친구 생일선물, 읽고 싶은 책, 먹고 싶은 간식을 살 수도 있지요. 의미 있는 곳에 돈을 사용할 수 있도록 함께 이야기를 나눠보세요. 그런데 그 전에 저축할 돈과 사용할 돈을 구분해야 합니다. 저금통 안에 돈이 계속 머물러 있으면 전부 쓰고 싶은 마음이 들거든요. 5만 원 정도 모았다면 그중 얼마나 저축하고 싶은지, 얼마를 쓰고 싶은지 아이와 정해보세요. 저축하고 싶은 돈은 이제 아이 명의 통장에 넣어두는 겁니다.

3. 물건을 구매하기 전에 꼭 확인해야 할 곳

아이들은 새 제품을 사는 것에 익숙합니다. 이것 또한 경제 습관인데요. 물건을 살 때 새 제품만 구매해본 아이는 비닐을 뜯지 않은 물건이 가장 좋은 물건이라고 생각합니다. 이제는 물건을 구매하기 전에 아이와 함께 "중고 물품 거래사이트"에서 먼저 검색해보세요. 저희 아이도 포켓몬 딱지가 갖고 싶은데 비싼 가격에 구매를 망설인 적이 있었습니다. 바로 중고 물품 거래사이트에서 검색을 해보곤, 중고로 포켓몬 딱지 70장을 2만 원에 구매할 수 있었습니다. 새 제품으로 사면 용돈의 절반 이상을 쓰고도 채 10장을 사지 못했을 텐데, 중고로 사니

돈도 아끼고 원하는 제품을 많이 얻었지요. 이처럼 중고의 경험은 어릴 때부터 접하면 좋습니다. 중고상품을 막연하게 '아낀다'는 개념이 아니라 '합리적인 소비, 환경을 생각하는 소비'라는 인식을 심어주는 것이죠.

어릴 때부터 경제교육을 경험한 아이는 자신만의 경쟁력이 생깁니다. 직접 돈을 계획하여 소비하고, 필요한 물건을 살 때 무엇부터 고려해야 할지 아는 태도가 형성되거든요. 이러한 역량은 스스로 선택하고, 책임을 경험하는 자기주도력과 크게 다르지 않습니다.

경제 개념을 키우는 방법 중 가장 좋은 건 용돈 기록장을 적고, 지출 습관을 파악하는 일입니다. 돈은 분명히 한정적인 재원임에도 아이는 본인이 쓸 수 있는 돈에 '한계'가 없다고 생각하는 경향이 있습니다. 용돈을 관리하는 아이가 자신의 꿈에 더 가까워질 수 있으니 아이가 스스로 용돈을 사용하기 시작했다면, 용돈 기록장도 함께 기입할 수 있도록 도와주셔야 합니다. 제가 직접 만든 기록장 양식과 아이의 경제교육을 도와줄 교재 및 사이트를 함께 소개합니다. 쉽게 기록하고 사용할 수 있으니 유용하게 활용해보세요.

◆ 아이와 재밌게 경제교육을 시작할 수 있는 책 추천

《경제야 쉬워져라, 뚝딱!》, 홍성지, 개암나무
금을 만들어낼 수 있는 도깨비 방망이를 부러뜨려 버린 꼬마 도깨비 까비가 인간 세계로 내려와 화폐의 개념과 경제 원리를 배워나가는 책!

《경제를 알아야 하는 12가지 이유》, 노은주, 단비어린이
"시장 놀이에서 왜 내 물건은 잘 안 팔렸을까?" "어떻게 하면 부자가 될 수 있을까?" 아이들이 가지고 있는 궁금증을 풀어나갈 수 있는 지혜로운 책!

《알뜰살뜰! 우리 집 경제 대장 나백원이 간다!》, 김민준, 박민선, 가나출판사
백원이와 함께 용돈을 바르게 쓰는 법을 알아보자! 계획적으로 돈을 쓰고 모으는 방법과 다양한 경제 지식! 과연 백원이는 울트라 파워 로봇을 살 수 있을까요?

《우유 한 컵이 우리 집에 오기까지》, 율리아 뒤르, 우리학교
"오늘 내가 저녁에 먹은 음식은 어떤 경로로 우리 집 식탁에 오게 되었을까?" 이런 고민을 해본 적 있나요? 음식을 현명하게 소비하기 위한 깊이 있는 고민을 만날 수 있는 책!

《오늘은 용돈 받는 날》, 연유진, 풀빛
용돈을 처음 받는 어린이들이 겪게 되는 다양한 일들을 생생하게 담아냈다. 나의 소중한 용돈을 현명하게 관리하는 방법을 제대로 알아볼 수 있는 책! 후속작으로 나온 《오늘은 용돈 버는 날》도 함께 읽어봐요.

《우리 반 채무 관계》, 김선정, 위즈덤하우스
아이들은 친구 사이에 생긴 채무 관계를 현명하게 푸는 방법을 알고 있을까요? 친구들 사이에서 돈을 쓸 때 어떤 기준으로 사용해야 하는지 생각할 기회를 주는 책!

◆ 알아두면 100% 유용한 어린이 경제교육 사이트

사이트	사이트 소개
기획재정부 어린이 경제교실 (kids.moef.go.kr)	경제 개념 및 정책을 어린이 눈높이에 맞춰 쉽게 설명하는 프로그램과 경제 관련 체험 활동을 제공하는 사이트. 용돈 관리 방법에 대한 자료가 많아, 돈의 가치를 이해하고 계획적인 소비를 알려줄 때 도움을 받을 수 있음.
금융감독원 금융교육센터 (fss.or.kr)	어린이의 금융 이해도를 높이기 위한 다양한 교육 콘텐츠(퀴즈, 게임, 동영상)를 제공하는 사이트. 가정, 시장, 기업, 나라의 경제를 살펴보고 생활에 존재하는 경제 지식을 정리해주고, 주제별 동영상도 제공함.
어린이 국세청 (kids.nts.go.kr)	세금의 개념과 중요성을 쉽게 설명하며, 세금이 사용되는 분야에 대한 이해를 도와주는 사이트. 세금 공부방, 세금 놀이터, 어린이기자단 등 활용할 수 있는 정보가 많음. 초등학생을 위한 세금 교과서도 제공하여, 세금에 대해 부모와 함께 이야기하기 좋음.
KDI 경제정보센터 (eiec.kdi.re.kr)	다양한 경제 및 정책 정보를 체계적으로 정리해 제공하는 사이트이며, 어린이를 위한 맞춤형 경제 교육 자료가 다수 개발되어 있음. 경제로 세상 읽기, 웹툰, 경제 개념, 경제백문백답 등 다양한 학습 자료가 있음. 생애 주기별 경제교육을 참고하여 아이의 경제교육 로드맵을 참고하기도 좋음.

◆ **내 꿈을 이루는 용돈 기록장 양식**

내 꿈을 이루는 용돈기록장 양식 다운로드

나는 용돈을 관리하며 꿈을 이루는 어린이				
날짜	내용	들어온 돈	나간 돈	남은 돈

나는 용돈을 관리하며 꿈을 이루는 어린이

용돈을 가장 많이 쓴 곳

모으고 싶은 금액

느낀 점

12. 자신 없게 말하는 아이

(오해)

**자신 있게 말하는 아이가
자신감 있는 아이일 것이다?**

"엄마! 나 진짜 잘할 수 있어. 걱정하지 마!"

부모는 늘 이 말을 기다립니다. 읽기도 쉽고, 따라 써도 몇 글자 안 되는 이 말이 아이의 마음 안에서 나오기까지는 왜 이리 오랜 시간이 걸릴까요. 이는 아이의 성향과도 관계가 있습니다. 외향적인 아이는 도전하고 잘할 수 있다고 쉽게 말하기도 하지만, 내향적인 아이는 잘할 수 있다고 말하기까지 많은 생각이 필요합니다. 그렇기에 겉으로 보이는 모습만으로 우리는 종종 오해합니다. "아, 자신감 있는 아이는 따로 있구나. 그런 아이는 타고나는 거구나. 똑똑하니까 그렇게 말할 수 있구나."

여기서 우리가 꼭 알아야 할 것이 있습니다. 자신 있게 말하는 것과 스스로 자신감을 느끼는 건 다른 문제라는 사실을요. 좁게는 한 교실에서, 넓게는 한 사회에서 모든 사람이 리더가 될 순 없습니다. 그럴 필요도 없고요. 그런데 우리는 자신감이 곧 리더십과 직결된다는 생각으로, 아이에게 늘 자신감 있게 표현해야 한다고 강조하곤 합니다. 교실에서 반장은 한 명뿐이지요. 그런데 교실이 평화롭게 유지되기 위해서는 반장을 도와주는 역할, 반장과 친구들 사이를 연결해주는 역할, 교사의 입장을 조용히 지지해주는 역할 등 다양한 역할이 필요합니다. 모두 서로에게 꼭 필요한 존재입니다. 자신감을 단순히 말을 잘하는 것이라고 생각하지 마세요. 내가 어떤 역할을 맡든, 스스로 자신감을 느끼고 있다면 아이는 그 자체만으로도 충분히 만족할 수 있습니다. "엄마, 나 잘할 수 있어!"라는 말로 꼭 확인받지 않아도 됩니다.

(진실)
잘하고 싶은 마음은 모든 아이에게 존재한다

모든 아이는 잘 해내고 싶어 합니다. 그런데 뭘 잘한다는 걸까요? 공부일 수도, 그림 그리기일 수도, 종이접기일 수도 있습니다. 아이마다 잘하고 싶은 영역이 다르겠지요. 애석하게도 모든 걸 잘할 순 없습니다. 능숙해지기까지 반복해야 하고, 시간이 걸리니까요. 그렇기에 잘하고 싶은 아이의 마음에 집중해야 합니다. 아이가 잘하고 싶다고 생각하는 것 자체가 얼마나 귀한지, 그 마음이 생겼다는 것만으로도 어찌나 기특한지에 집중해보세요. 결과보다 과정이 중요하단 말이 있죠? 그런데 과정을 쌓기 위해선 시작점이 있어야 합니다. 과정을 출발할 수 있는 시작점이 바로 '잘하고 싶은 마음'입니다.

"엄마, 나 종이접기 잘하고 싶어."라고 했다면 그 마음 자체를 소중하게 바라봐주세요. 실제로 몇 번 시도해보다 잘되지 않으면 아이가 금세 포기할 수도 있어요. 그럴 때 "그럴 줄 알았다. 그게 뭐 쉬운 일이니?"라고 말하기보다, "잘하는 게 생각보다 어렵지? 그건 진짜 어려운 거야. 시간이 많이 필요한 일이거든. 하준이가 아직 진짜 잘하고 싶은 걸 찾지 못했나 보다. 내 마음과 시간을 가득 들이고 싶은 걸 찾으면, 꾸준히 하고 싶은 마음이 들 거야." 이렇게 말해주시면 어떨까요? 부모가 전하는 이런 말로부터 아이의 자신감은 자라나기 시작합니다.

무언가를 꼭 끝까지 해내야만 자신감이 생기는 건 아닙니다. 한국 사회의 미덕으로 '한번 시작하면 끝을 봐야한다'는 인식이 꼽히곤 하죠. 그래서 끝을 보지 못하면 자신감이 뚝 떨어집니다. 정말 잘하고 싶은 걸 찾지 못했기에, 끝을 보지 못했다고 생각해보는 건 어떨까요? 아이들에게 필요한 건 바로 이런 마음입니다. 그래야 다른 것에도 쉬이 도전할 수 있지요. 우리 아이에게는 잘하고 싶은 마음이 있다는 걸 믿고, 그걸 꾸준히 격려해주는 우리의 말 습관. 이것이 바로 아이의 자신감을 높일 수 있는 확실하고도 강력한 포인트입니다.

아이의 자신감을 만드는 부모의 말

'아이의 자신감까지 부모의 말로 만들어줘야 해?'라고 생각하실 수도 있습니다. 하지만 부모의 말은 그 어떤 도구보다도 강력한 힘을 가지고 있다는 사실을 기억해주세요. 아이의 자신감은 자신만의 힘으로 만들어지는 영역이 아니기 때문이지요. 누군가의 강력한 지지가 필요합니다. 특히 아이가 자아정체성을 만들어가는 시기에서는 더욱 그렇습니다. '뇌 가소성'에 대해 들어보셨나요? 뇌 가소성은 뇌의 신경망이 외부의 자극, 경험, 학습 등에 의해 구조적, 기능적으로 변화하고 재조직되는 현상입니다. 뇌의 신경망은 고정된 것이 아니라 지속해서 변하는 성질을 가졌다는 뜻이지요. 아이들은 하루에도 수십 번 자신에 관한 생각을 만들어갑니다. 교사의 말에 의해, 친구의 말에 의해, 가족의 말에 의해 본인이 어떤 사람인지를 타인의 시각으로 쌓아나가죠. 그게 자신감과 직결됩니다. 그중에서도 특히 가족, 부모의 말은 아이에게 큰 힘을 발휘하지요.

아이에게 말하는 걸 매번 신경 써야 할지 의문이 드실 수도 있습니다. 솔직히 그건 불가능한 일입니다. 우리도 완성된 사람이 아니기 때문이지요. 아이에게 하루에도 몇 번씩 실수할 수 있습니다. 그렇기에 저는 하루에 딱 5분만 투자해서, 아침이나 저녁 시간에 아이에게 자신감을 키워주는 말을 들려주길 추천합니다. 아이 마음에 차곡차곡 쌓이는 말들이 '나는 어떤 사람일까?'란 궁금증을 확신으로 바꿔줄 수 있거든요. 아이가 꼭 무언가를 잘하지 않더라도, 꼭 중대한 역할을 맡지 않더라도, 아이는 아이 자신으로서 존재하는 것만으로도 충분히 해낼 수 있다고 느낄 수 있는 말들을 전해주세요. 그게 바로 자신감, 곧 자신을 믿는 마음입니다. 어떤 순간이든 "나는 할 수 있다!"고 생각하는 마음을 말로 내뱉지 않더라도, 아이 안에 깊이 새겨져 언젠가 필요한 순간에 꺼내 쓸 수 있도록 매일 전해주세요.

어떤 말로 시작하면 좋을까 고민되시죠? 30일 동안 매일 아이에게 전하면 좋을 말을 정리해보았습니다. 매일 이 말들을 전하는 것만으로도, 아이의 변화가 확실히 느껴지실 겁니다.

◆ **아이의 하루를 바꾸는 엄마의 말 30**

○○는 엄마의 가장 귀한 보물이야.	○○에게서 엄마도 많은 것을 배워!	역시 ○○가 잘 해낼 줄 알았어!	○○의 어떤 모습도 사랑스러워.	○○가 열심히 했다면 그것만으로도 충분해!
찾아보면 즐거운 일은 항상 내 옆에 있어!	행복은 내가 선택하는 거야!	○○가 어떤 선택을 하더라도 엄마는 믿어.	○○에겐 해낼 힘이 있어!	어쩜 그렇게 멋진 생각을 했어?
당연히 질 때도 있어. 중요한 건 한 번 더 해보는 거야!	오늘 하루 재밌었어? 그럼 된 거야!	○○의 웃는 모습은 엄마를 행복하게 해!	○○의 웃음소리는 꼭 노랫소리 같아!	엄마는 ○○를 가장 믿어주는 사람이야.
엄마와 ○○는 한 팀이야!	엄마는 ○○의 생각이 궁금해! 너무 멋지거든!	○○를 안고 있으면 세상을 다 가진 기분이야.	○○는 엄마에게 가장 반짝이는 사람이야.	○○의 생각은 아주 특별해!
○○야! 우주를 만 번 돈 만큼 사랑해!	조금씩 연습하는 ○○가 정말 자랑스러워!	노력하는 ○○가 정말 기특해!	멋진 하루를 만드는 힘은 ○○에게 있어!	○○은 즐거움을 찾을 수 있는 눈을 가졌어!
○○야! 오늘도 엄마와 건강히 함께해줘서 정말 고마워.	○○에겐 문제를 해결할 힘이 있어!	어려워도 괜찮아. 그건 잘하고 싶다는 마음이야!	틀려도 괜찮아! 정답이 정해진 게 아니야!	○○의 엄마라서 정말 행복해!

3장
스스로 키우는 공부 근력

1…겨우 한 권 읽었는데, 그다음이 막막한 아이
2…책 좋아하지 않는 아이
3…혼자서 읽지 못하는 아이
4…배경지식이 부족한 아이
5…말은 많은데 말을 못하는 아이
6…말끝마다 대박! 어휘력이 부족한 아이
7…한 문장 쓰기도 질색팔색하는 아이
8…맞춤법과 띄어쓰기 어려워하는 아이
9…수학 선행학습 때문에 불안한 아이
10…역사는 외워야 해서 관심 없는 아이
11…시험만 잘 보면 영어 끝인 줄 아는 아이
12…여행 가면 학습 루틴 무너지는 아이
13…재미없으면 공부하기 싫다는 아이
14…학원 가기 싫다는 아이

1. 겨우 한 권 읽었는데, 그다음이 막막한 아이

오해

**아이 발달 단계에 맞는 유명 도서 목록부터
섭렵해야 한다?**

'아이가 꼭 읽어야 하는 필독서 목록'을 보면 어떤 생각이 드시나요? 지금 반드시 읽어야 하는 책을 내가 게으르단 이유로 읽히지 않고 있다는 생각이 드시진 않나요? '꼭'과 '반드시'가 들어가면 부모 마음엔 불안감이 피어오릅니다. 부모 역시 아이를 키우는 일이 처음이다 보니 반드시 하면 좋은 것들은 놓치고 싶지 않지요. 아이에게 필요한 걸 제때 제공해주지 못했다는 마음이 나를 두고두고 괴롭힐까 봐 두렵기도 합니다. 아이가 더 잘 자랄 기회를 막은 건 아닌지 무섭기도 하고요. 그런데 문제는 이런 필독서 목록이 점점 더 늘어나고 있다는 겁니다. 읽어야 할 책이 많아서 좋다는 생각보다, 읽어야 할 책을 제때 못 읽히고 있다는 생각에 불안하시다면 필독서에 관한 생각을 바꾸셔야 할 때입니다.

필독서는 읽으면 좋겠지만, 반드시 읽어야만 하는 건 아닙니다. 아이가 지금 필독서 목록을 읽지 않았다고 해서, 나중에 읽을 기회가 없는 것도 아닙니다. 목록은 그저 참고용 목록일 뿐입니다. 저 역시 중학교 때 《노인과 바다》를 청소년 필독서로 만났습니다. 처음 《노인과 바다》를 읽었을 때는 정말 아무런 감동이 없었습니다. 어니스트 헤밍웨이가 쓴 최고의 걸작이라는데, 당황스러웠습니다. "내가 잘 모르는 건가? 왜 나만 이렇게 느끼지? 내가 부족한가?"라고 생각했지요. 그런데 얼마 전 《노인과 바다》를 우연히 다시 읽었습니다. 신기하게도 책 내용은 변함이 없었는데, 중학생 때 읽었던 것과는 완전히 느낌이 달랐습니다. 책이 변한 게 아니라 제가 변했기 때문이었죠. 읽는 사람이 책을 어떻게 받아들이느냐에 따라 감상이 완전히 달라질 수 있다는 걸 경험했습니다.

때가 되면 만날 사람을 만나듯이, 책에도 때가 있습니다. 책을 꾸준히 읽다 보면 때가 되었을 때, 아이에게 지금 필요한 책을 반드시 만나게 되거든요. 그렇기에 발달 단계에 맞는 유명 도서 목록보다 중요한 건, 아이가 꾸준히 책을 읽는 것이겠죠. 그러기 위해서 무엇이 중요할까요?

진실

꾸준히 책을 읽기 위해서 필요한 두 가지

책을 꾸준히 읽는 건 생각보다 힘든 일입니다. 그러기 위해선 두 가지

조건이 꼭 필요하거든요. 재미와 시간입니다. 재미가 있어야 다음 책이 시작되고, 실제로 읽기 위해선 시간을 들여야 합니다. 책을 읽는 행위 자체가 재밌기만 해선 안 되고, 시간까지 함께 필요하기에 꾸준히 지속하기가 어렵습니다. 아이에게 아무리 재밌는 책을 준다고 해도, 아이에게 읽을 시간이 없다면 당연히 책을 좋아하는 아이로 자라나기 어렵겠지요. 아이 스스로 재밌는 책이 무엇인지 알아볼 시간, 실제로 읽으면서 느껴볼 시간이 반드시 필요합니다. 그렇기에 아이의 일상에 책을 들여다볼 수 있는 여유가 있는지를 먼저 체크해야 합니다. 하루 종일 책 읽을 시간이 전혀 없는데, 필독서를 읽히지 못해 급급한 마음만 들었던 건 아닌지 한 번 돌아봐야 합니다. 하루에 적어도 30분에서 1시간, 아이가 혼자서 책을 들여다보며 온전히 쉴 시간이 있는지도요.

하루에 30분, 한 시간 빼는 게 생각보다 쉽지 않죠? 배워야 할 것도 해야 할 것도 많으니까요. 그런데 이 사실을 꼭 기억하셔야 합니다. 책을 읽기 위해서는 시간을 투자해야 한다는 것을요. 시간의 축적 없이 아이가 책을 좋아하게 될 확률은 매우 희박합니다. 정말 아이가 책을 좋아하기를, 책을 통해 건강한 어른으로 자라나길 바란다면 기꺼이 책 읽기에 시간을 쏟을 각오가 되어 있는지를 돌아보셔야 합니다. 저희 집에서는 매일 온 가족 30분 독서 시간을 따로 확보해두었습니다. 이렇게 시간이 확보되었다면 그때부턴 조금 더 쉬워집니다. 시간을 빼기가 가장 어렵거든요. 아이가 재밌게 읽었던 책을 넣어둔 박스에서 다음 책으로 이어질 힌트를 찾아보세요. 아이가 정말 좋아할 도서 목록은 어디서 확인하면 좋을까요?

 ## 검증된 도서 목록 제대로 확인하는 법

요즘은 정보 과잉의 시대이지요. 각종 SNS, 유튜브 등에서 손쉽게 정보를 얻을 수 있을 뿐만 아니라, 내가 관심 있다고 생각한 정보를 알고리즘이 알아서 추천해줍니다. 각종 전집이나 추천도서도 많이 노출되지요. 그런데 이런 정보가 우리 아이에게 맞는지 어떻게 확인할까요? 저는 아이의 흥미가 배제된 정보는 소용없는 정보라고 생각합니다. 아이가 스스로 느끼는 '재미'가 반영되지 않았기 때문입니다. 아이들이 재밌게 읽는 책은, 자신의 흥미가 담긴 책이죠. 좋아하는 주제, 관심 있는 분야, 캐릭터, 눈길이 가는 소재 등이 있어야 합니다. 그런데 흥미는 아이마다 모두 다릅니다. 그렇기에 저는 아이가 좋아하는 책을 찾기 위해 조금 더 검증된 사이트, 신뢰도가 높은 사이트를 활용합니다. 동일 연령대 추천 도서, 도서관 대출 순위, 주제별 도서 등을 모은 곳에서부터 아이의 흥미 도서를 찾아가 보세요. 읽으면 좋은 책보다 더 디테일한 영역인 거죠. 그런데 어디서 이런 정보를 찾아야 할지 막막한 마음이 드실 겁니다. 평상시 우리가 몰라서 활용하지 못하고 있었지만, 알아두면 아이가 좋아하는 책을 주제/연령/작가 별로 찾아볼 수 있는 검증된 사이트가 많습니다. 각 사이트의 특징과 활용법까지 자세하게 소개합니다.

사이트	특징	활용법
도서관 정보나루 (data4library.kr)	전국 공공도서관 대출 데이터 제공, 연령별/주제별 도서 분석을 통해 아이가 좋아하는 도서를 손쉽게 찾을 수 있음. 최근 독서 트렌드도 파악하기 좋음.	아이 연령별 인기 도서를 찾고, 독서 트렌드를 분석하고 싶을 때 활용.
그림책 박물관 (picturebook-museum.com)	국내외 그림책을 체계적으로 수집하고, 다양한 주제로 분류한 사이트. 아이가 좋아하는 주제를 적으면 연령별로 다양한 그림책을 소개해줌. 책을 미리 살펴볼 수 있으며 전문가들의 리뷰가 있어 그림책을 선정할 때 참고하기 좋음.	아이에게 그림책을 골라줄 때 신뢰성이 높은 사이트. 작가와 작품에 대한 심층 정보를 제공함.
국립 어린이 청소년 도서관 (nlcy.go.kr)	신뢰도 높은 전문가들이 선정한 연령별, 주제별 추천 도서 목록을 확인할 수 있음. 어린이와 청소년이 독서를 즐겁게 즐길 수 있도록 다양한 도서 자료를 함께 제공함.	추천 도서와 다양한 체험 프로그램을 함께 활용하기 좋음.
국립 중앙 도서관 (nl.go.kr)	국내외 방대한 자료를 보유하고 있는 국가 대표 도서관. 종합적인 도서 정보를 통해 연령에 맞춘 추천 도서 목록을 제공하고 있어서, 아이가 흥미 있어할 만한 책 힌트를 얻을 수 있음.	폭넓은 자료 검색과 인기 도서를 확인하고 싶을 때 최적의 사이트.
북스타트 코리아 (bookstart.org)	영유아기부터 책을 읽는 문화를 확산시키기 위해 도서관에서 연령별 책 꾸러미를 제공하기도 함. 0세부터 고등학생까지 북스타트 목록을 제공함. 북스타트 선정 교재 목록을 살펴보며 아이에게 맞는 도서 목록을 작성해 볼 수 있음. 다양한 학부모, 아동 교육도 함께 진행함.	영유아기부터 독서 습관을 형성하고 싶을 때 활용하기 좋음. 책 꾸러미에 대한 정보 활용.
어린이 도서 연구회 (childbook.org)	어린이책에 관한 심층적인 연구를 진행하는 어린이 문학 연구 전문 기관. 아이들의 발달 단계와 관심사에 맞춘 책을 연령별, 주제별로 체계적으로 추천해준다는 장점이 큼. 학부모를 위한 독서 지도 자료도 함께 제공하기에, 아이들과 책을 재밌게 읽기 위한 다양한 정보를 얻을 수 있음.	아이의 발달 단계에 맞는 신뢰도 높은 추천 도서를 찾을 때 유용하며, 독서 지도 자료도 함께 활용하기에 좋음.

위 사이트 말고도 아이의 흥미를 높일 수 있는 읽기 자료가 있습니다. 바로 국어 교과서에 수록된 도서인데요. 아이들은 국어 시간마다 국어 교과서를 읽습니다. 그런데 교과서 안에 수록된 도서는 분량의 문제로 작품 일부만 게시되어 있죠. 그렇기에 작품을 미리 알고 가면 수업 시간에 흥미가 더 높아질 수 있습니다. 만약 작품을 미리 읽어가서 흥미가 떨어질까 봐 걱정된다면, 단원을 마친 뒤 복습 차원으로 다시 읽어봐도 좋습니다. 학교에서 미처 이야기 나누지 못했던 더 깊은 대화를 가정에서 이어갈 수도 있기 때문이죠.

국어 교과서에 수록된 도서를 1학년부터 6학년까지 정리했습니다. 목록을 확인하여 도서관에서 아이와 함께 책 제목 찾아보기 놀이를 해보시는 건 어떨까요? 학교에서 봤던 책이라고 아이가 반가워하는 모습을 보실 수 있을 거예요.

아이가 교과서 수록 도서 중 특히 재미있게 읽은 책이 있다면, 독후 활동을 함께 진행해보셔도 좋습니다. "독후 활동지를 어떻게 만들지?"라는 막연함이 드실 수 있을 텐데요. 교과서 수록 도서의 경우, 출판사 및 다양한 온라인 서점에서 무료 독후 활동지를 제공하고 있습니다. 독후 활동지를 활용할 수 있는 사이트를 정리해두었으니, 아이들과 가정에서 함께 활용해보세요. 재미있게 읽은 한 권의 책이, 다음 책을 읽을 동력이 된다는 사실을 잊지 말아주세요.

◆ **1학년 1학기 교과서 수록 도서**

제목	저자	출판사
숨바꼭질 ㅏㅑㅓㅕ	김재영	현북스
인사를 나눠 드립니다	이한재	킨더랜드
노란 우산	류재수 글, 신동일 작곡	보림
감자꽃	권태응 글, 신슬기 그림, 신형건 편	보물창고
말놀이 동시집 1	최승호 글, 윤정주 그림	비룡소
구름 놀이	한태희	미래엔아이세움
맛있는 건 맛있어	김양미 글, 김효은 그림	시공주니어
학교 가는 길	이보나 흐미엘레프스카 지음, 이지원 옮김	논장
우리는 분명 연결된 거다	최명란 글, 박현영 그림	창비
꽃에선 나온 코끼리	황K	책읽는곰
도서관 고양이	최지혜 글, 김소라 그림	한울림어린이
모두모두 한집에 살아요	마리안느 뒤비크 지음, 임나무 옮김	고래뱃속
꼭 잡아!	이혜경 글, 강근영 그림	여우고개
코끼리가 꼈어요	박준희 글, 한담희 그림	책고래

1학년부터 6학년까지 교과서 수록 도서 모음 자료 다운로드

◆ 무료 독후활동 모음

독후활동 사이트	소개
YES24 독서지도안	유치원, 초등 1~2, 초등 3~4, 초등 5~6, 중고등 학년으로 분류되어 있어요. 찾고 싶은 독후활동지를 검색해도 좋아요.
알라딘 독서지도안	유아, 어린이, 청소년으로 분류되어 있어요. 아이가 좋아하는 책을 찾아보세요.
길벗어린이 독서지도안	아이들이 좋아하는 '김영진 그림책' 시리즈, '지원이와 병관이' 시리즈, '맛있는 ㄱㄴㄷ' 등의 그림책 독후활동지가 가득해요.
위즈덤하우스 독후활동지	한 학기 한 권 읽기 프로젝트로, 1학년부터 6학년, 중등, 고등까지 다양해요. 알찬 도서목록과 학습자료지까지 받아가세요.
비룡소 독후활동지	함께 읽고 나누는 그림책, 함께 읽고 나누는 동화책(1~6학년), 함께 읽고 나누는 문학(중고등), 함께 읽고 배우는 지식책으로 알차게 분류되어 있어요. 아이 연령에 따라 활용해보세요.

무료 독후활동지 사이트 정리 및 링크 연결

2. 책 좋아하지 않는 아이

오해

책 좋아하는 아이는 따로 있다?

제게 오랫동안 남아 있는 책에 얽힌 기억이 있습니다. 고등학교 2학년 때 저는 쉬는 시간마다 국어 문제집을 푸느라 정신이 없었는데, 한 친구는 매번 문학 책을 읽고 있었습니다. 모의고사 점수가 떨어져서 정신없이 독해 문제집을 풀고 있는 와중에, 친구가 읽고 있는 그 책이 딱 보이더군요. 조지 오웰의 《동물농장》이었습니다. 순간적으로 든 생각은 '문제집 풀 시간도 없는데 쉬는 시간에 왜 저런 책을 읽지?'였습니다. 저는 그때만 해도 쉬는 시간에 책을 읽는 행위가 쉼이 될 수 있다고 믿지 못했던 사람이었습니다. 오히려 비효율적이라고 생각했지요. "책 좋아하는 아이는 태어날 때부터 따로 있구나."라고 정의 내리던 때였지요. 그런데 가슴 한편에 의문이 남았습니다. 모두가 문제집을 풀거나 떠드느라 바쁜 쉬는 시간, 어째서 저 아이는 책을 읽고 있었을까? 며칠 뒤, 친구에게 가서 직접 물어보았습니다. "너는 왜 쉬는 시간에 책을 읽어?" 그러자 "재밌어서."라는 답이 돌아왔습니다.

친구의 답을 듣고는 '책을 좋아하는 아이는 따로 있다'는 믿음이 더욱 굳어졌지요. 그런데 시간이 지나고 엄마가 되어보니, 책을 유독 좋아하는 아이 뒤에는 책을 좋아하게 만들기 위해 노력한 누군가의 흔적이 존재한다는 걸 알았습니다. 여전히 책을 좋아하는 그 친구도 '타고난 사람'은 아니었을 수 있다는 걸 깨달았죠. 책을 좋아하게 만들어준 부모의 노력이 있지 않았을까 궁금했습니다. 그 친구를 다시 만났을 때는 고등학생 때와는 다른 질문을 건넸습니다.

"그때 책이 재밌었던 이유가 뭐야? 집에서 좋은 경험을 했었어?"

그때 친구의 대답을 잊을 수 없습니다.

"추운 겨울이었는데, 엄마가 따뜻하게 읽으라고 이불 밑에 책을 데워주셨어. 쉬는 시간에 힘들 때 읽으라고. 아마 그래서 그 책이 좋았나 봐."

흔히 책을 좋아하는 아이는 타고난 아이라고 생각하는 경향이 있습니다. 그런데 자세히 들여다보면, 책을 좋아하게 된 마음과 따뜻한 기억이 연결된 경우가 많지요. 다양한 아이들을 만나며, 또 친구의 일화를 통해서 배운 점은 어떤 아이든 '타고난 독서가'가 될 역량을 가졌다는 겁니다.

책 읽는 것은 아이의 선택, 부모는 선택을 도울 뿐

부모가 아이 책을 대신 읽어줄 수는 없습니다. 엄마가 전부 읽어주더라도 아이가 듣지 않으면 그만이지요. 아이에게 책을 읽으라고 해도, 글자만 읽으며 딴생각을 할 수도 있고요. 이처럼 아이에게 책을 읽힌다는 건 쉬운 일이 아닙니다. 그렇기에 우리는 질문을 바꿔야 합니다. "아이에게 책을 읽히려면 어떻게 해야 해요?"가 아니라, "아이가 책을 선택하려면 어떻게 해야 할까요?"라고요.

그렇다면 아이는 책을 어떻게 선택할까요? 답은 딱 하나입니다. 아이는 본인에게 재밌는 책을 선택합니다. 제 역할은 아이가 재밌는 책을 선택할 수 있도록 도와주는 조력자일 뿐입니다. 저의 두 번째 단행본 《거실육아》에서 소개한 효과적인 책 읽기 기술 "박스 서재화 방법"을 재차 소개합니다. 아이가 재밌는 책 한 권을 만나려면 먼저 다양한 책을 만나봐야 합니다. 다양한 책을 보기 위해서는 집에 책이 어느 정도 갖추어져 있어야 하죠. 그래서 많은 부모가 거실 서재화를 고민하지만 비용과 공간적인 제약으로 하지 못하는 경우가 많습니다. 저는 거실 서재화보다 박스 서재화를 추천합니다. 비용과 공간은 거실 서재화의 반의 반도 되지 않지만, 효과는 비슷하거든요. 박스 서재화는 작은 다이소 박스 네 개만 준비하면 당장이라도 시작할 수 있습니다. 박스에 라벨링 네 개만 해두면 모든 준비가 끝납니다.

[첫 번째 : 도서관에서 빌려온 책]

[두 번째 : 엄마가 추천하고 싶은 책]

[세 번째 : 아이가 가장 재밌게 읽은 책]

[네 번째 : 모르는 어휘를 찾아보는 사전]

아이가 첫 번째 박스(아이가 도서관에서 직접 골라 빌려온 책)와 두 번째 박스(엄마가 아이에게 추천하고 싶은 책) 중에서 가장 재밌게 읽었던 책들을 골라 세 번째 박스에 넣어둡니다. 그 책을 기점으로 연계 독서로 나아갈 수 있습니다. 아이가 어떤 주제에 흥미가 있는지, 어떤 작가의 책을 좋아하는지 알 수 있는 중요한 지표가 되거든요. 이처럼 부모는 아이가 재밌는 책을 꾸준히 선택할 수 있도록, 선택을 도와주는 역할만 하면 됩니다. 책을 대신 읽어줄 필요도, 요약해줄 필요도 없지요. 책을 읽을 수 있는 환경을 간단히 조성했다면, 이제 책이 좋아지는 추억을 함께 심는 '난로 독서법'을 실천할 차례입니다.

우리 아이를 타고난 독서가로 만드는 난로 독서법

아이가 책에 가진 추억은 책을 좋아하게 하는 강력한 마중물 역할을 합니다. 기억은 시간이 지날수록 흩어지지만, 감정은 오래 남지요. 아이가 책을 떠올릴 때 따스한 감정을 함께 느낀다면 성인이 되어서도 책을 곁에 두는 사람이 될 확률이 높습니다. 공부로 힘든 순간 책을 통해 위안받고 싶다는 마음도 가질 수 있겠죠.

아이가 책을 좋아했으면 하는 이유가 바로 이것입니다. 공부로 힘들 때, 친구 관계로 속상할 때, 누구도 위안이 되지 않을 때 쉴 수 있는 공간을 마련해주고 싶었거든요. 책을 다양하게 선택할 수 있는 환경을 조성했다면, 저는 책에 대한 따뜻한 추억도 함께 심어주어야 한다고 생각합니다. 이를 난로 독서법이라 부르겠습니다. 제가 아이와 실천하고 있는 난로 독서법을 소개합니다. 거창하지 않지만, 책에 따뜻한 추억을 얹어두는 방법이지요.

1. 상호대차와 예약 도서 도착의 기쁨을 함께 누리기

아이가 재밌게 읽은 책 박스에 넣어둔 책들을 보면 자주 등장하는 작가님이 있습니다. 아이가 좋아하는 그림체도 생기고요. 신기하게 그런 책들은 다른 친구들에게도 인기가 많습니다. 재밌는 책을 보는 눈은 똑같으니까요. 그래서 다음 권이 궁금해서 도서관에 책을 검색해보면 대출 중인 경우가 많지요. 저는 이때 아이에게 대출 예약 버튼을 직접 누르게 합니다. 예약인 수가 3명으로 꽉 채워져 예약이 불가하거나, 아이가 기다리기 힘들 정도로 빨리 읽고 싶은 경우에는 상호대차를 이용합니다. 상호대차 역시 아이가 사이트에서 직접 진행할 수 있도록 합니다. 며칠 뒤, 제 휴대폰으로 예약 도서나 상호대차 자료가 도착했다는 메시지가 뜹니다. 아이와 함께 기다리던 책을 받으러 도서관에 가는 길은 평상시보다 더욱 특별해지죠. 마치 크리스마스

선물을 받으러 가는 기분이거든요. 이 경험을 엄마 혼자 하지 마세요. 아이와 꼭 함께해주세요.

2. 재밌게 읽은 도서 목록 함께 만들기

"책 한 권으로 내 인생이 바뀌었다."라는 말을 들어보셨지요? 생각보다 재밌는 책을 찾기 어렵지만, 재밌는 책을 만났다는 건 아이의 인생을 바꿀 기회를 만날 수도 있다는 건데요. 그렇기에 아이가 재밌게 읽은 책을 그저 '재밌게 읽었구나.' 하고 흘려보내기가 무척 아쉬웠습니다. 그래서 기억하고 싶은 책을 기록하는 도서 목록을 작성하기 시작했습니다. 부담스럽지 않게 일주일에 한 권씩만 시작해보세요. 조금 익숙해지면 일주일에 두 권으로 늘려도 좋습니다.

도서 목록표는 네 개의 분류로 되어 있습니다. 간단하게 책 제목과 날짜를 적고, 이 책이 좋았던 나만의 한줄평을 아이가 간단하게 적으면 됩니다. 그리고 옆에 엄마의 메모를 함께 나눠주세요. 이 책을 함께 읽으면서 느낀 점, 아이에게 전하고 싶은 마음 등을요. 일주일에 한 권만 적어도 일 년이면 52개의 목록이 생깁니다. 이 세상에 단 하나뿐인 아이와 엄마의 마음이 기록된 도서 목록표죠. 추운 겨울날, 아이가 책을 따뜻하게 읽기를 바라는 마음에 이불 아래서 책을 데워주었던 바로 그 마음입니다.

◆ 난로 독서법을 실천하는 도서 목록 작성표

기억하고 싶은 책 제목	날짜	나만의 한줄평	엄마의 메모
알렉산더와 장난감 쥐	2024.12.11	★★★★★ 알렉산더의 소원으로 알렉산더와 윌리가 함께 행복해졌다.	다른 사람을 위한 소원으로 내가 행복해질 수도 있다는 걸 엄마도 알게 됐네! 하준이와 이 책을 읽으면서 엄마는 어떤 소원을 빌지도 생각해봤어. 하준이가 행복했으면 좋겠다는 소원을 비는 것만으로도, 엄마는 행복해져.

3. 혼자서 읽지 못하는 아이

오해

**읽기 독립까지 열심히 읽어줬는데,
언제까지 읽어줘요?**

잠자리 독서에 대한 중요성을 인지하는 분들이 많아진 요즘입니다. 아이들과 자기 전에 책 한 권이라도 꼭 읽는 분도 많죠. 책 읽기 열풍으로 인해 '책 육아'라는 새로운 용어까지 생겨났습니다. 말 그대로 아이를 책과 함께 키운다는 뜻이지요. 그런데 이걸 도대체 언제까지 해야 하나? 고민되는 분들이 많을 겁니다. 생각보다 쉬운 일이 아니거든요. 집안일, 아이들 숙제 봐주기, 식사 준비, 심지어 일까지 하고 오면 몸은 그야말로 녹아내리기 직전이죠. 저 역시 매일 아이들과 책을 읽지만, 책을 읽어주다 꾸벅꾸벅 졸았던 적이 한두 번이 아님을 고백합니다. 어쩔 땐 졸다가 책을 쥐고 있던 손에 힘이 풀려 이마에 책 기둥을 맞고 잠이 깬 적도 있었죠.

글을 읽지 못하는 유아기, 글을 배우는 취학기를 거치며 아이들은 서서히 읽기 독립을 준비합니다. 부모도 마음속으로 '이제 됐다!'라고 쾌재를 부르기도 하죠. 한 권만 더 읽어달라고 조르는 아이와 피곤한 눈꺼풀을 겨우겨우 들어 읽어주었던 나날들이 쌓이고 쌓여 드디어 아이의 '읽기 독립'이라는 커다란 과업 하나를 이뤄냈으니까요. 그런데 읽기 독립은 정확히 어떤 걸까요? 읽기 독립은 단순히 문자를 해득하고 해독하는 과정이 아닌, 의미를 이해하는 과정까지를 포함한 개념입니다. 실제로 절대 30분 안에 읽을 수 없는 두께의 책인데도, 빠르게 읽어 넘기며 "다 읽었다!" 외치는 아이가 있습니다. 이는 속독을 한 것이지 책에 담긴 의미를 이해했다고 보기엔 어렵지요. 문장을 읽을 수 있게 되었다고 해서 읽기 독립은 아니라는 말입니다. 아이가 책을 제대로 이해하고 있는지 어떻게 알 수 있을까요? 매번 책 퀴즈를 낼 수도 없고, 독후활동을 할 수도 없지요. 책을 제대로 읽고 있는지 점검이라도 할라치면, 아이는 금세 책에서 저 멀리 도망가버리곤 합니다. 이럴 때 필요한 게 잠자리 독서입니다.

(진실)
사춘기 대비법 잠자리 독서

잠자리 독서는 아이가 읽기 독립을 했다고 곧바로 놓아버리기엔 너무 많은 장점이 있습니다. 그림책이 아이와 대화의 매개체가 되기 때문인데요. 실제 다양한 자리에서 만나는 어머님들께서 잠자리 독서로 인해 아이의 사춘기를 무난하게 지나갔다고 말씀하시는 이야기를 자주 듣습니다.

제가 좋아하는 어느 동화책 작가님께 이런 이야기를 들은 적이 있습니다. 작가님은 자녀가 대학생이 되었는데도 아직 동화책을 읽어준다고 하셨습니다. 깜짝 놀랐지요. 성인이 되었는데도 그림책을 읽어주신다는 작가님의 말에 뒤통수를 세게 얻어맞은 기분이 들었습니다. 저는 정말 오래 읽어줘도 초등학교 6학년까지라고 생각했거든요. 작가님의 자녀가 전날 친구들과 술을 마시다 집에 늦게 들어올 때면 "어디서 놀았어? 누구랑 놀았어? 술은 얼마나 마신 거야?" 따져 묻고 싶은 말이 목구멍에 가득 차오르셨답니다. 하지만 그렇게 말하면 분명 아이와 다투게 될 게 뻔하니 그때마다 그림책을 옆에서 가만가만 읽어주었다고 하셨죠.

스물이 넘은 청년이 엄마가 읽어주는 그림책을 가만히 듣고 있냐고 물으시겠죠? 놀랍게도 가만히 듣고 있다고 합니다. 아주 오랫동안 그 경험이 축적되어왔기 때문에 어색하지 않았던 거죠. 대부분 초등학교에 들어가기 전까지 부모가 책을 열심히 읽어주지만, 초등학교 이후부터 아이 혼자 읽지요. 기간을 따져보면 아이는 성인이 될 때까지 '함께' 읽은 시간보다, '혼자' 읽어온 시간이 더 긴 셈입니다. 아이가 훌쩍 중학생이 되었는데 엄마가 뒤늦게 그림책으로 소통하려고 하면 어색한 이유죠. 그런데 아이와 함께 읽은 시간이 더 길다면 어떨까요? 축적된 시간만큼, 자연스럽게 받아들이겠죠. 그렇게 작가님은 본인이 하고 싶은 말을 그림책이라는 매개체를 통해 자녀에게 대신했다고 합니다. 그림책을 읽으며 누구랑 놀았는지, 왜 늦게 들어온다고 연락을 못 했는지, 엄마가 얼마나 걱정이 되었는지에 대한 대화로 자연스럽게 넘어가는 것이죠. 그림책이 분위기를 부드럽게 풀어주니 잔소리 한번 하지 않고 엄마의 마음을 전할 수 있습니다. 정말 신기하지요?

저도 스물이 넘은 아이에게 그림책을 읽어준다는 상상은 하지 못했습니다. 그런데 실제로 하는 사람을 보니 생각이 깨이더군요. 읽기 독립은 '혼자서 책 읽으면 끝'이라고 한계를 정해둔 건 아니었나요? 잠자리 독서는 단순히 읽기 독립했다고 이별하기엔 아쉬울 장점들이 너무나 많습니다. 아이와의 시간, 아이와의 부드러운 관계도 선물받을 수 있으니까요. 스무 살까지는 조금 벅차시다면, 우리 6학년까지는 해보도록 합시다.

엄마도 아이도 WIN-WIN 하는 잠자리 독서법

+ 솔루션 +

아이가 처음부터 끝까지 50페이지 정도의 책을 혼자서 읽었던 순간이 기억납니다. 포항에 계시는 친정엄마를 만나러 가는 기차 안이었죠. 통 혼자서 책을 읽지 않으려는 아이 때문에 저 역시 고민이 많았던 시기였어요. 2시간 30분 정도 이동하는 기차였기에, 이때가 기회다 싶었습니다. 아이가 좋아할 만한 책을 가방에 챙겨서 한 챕터를 맛깔나게 읽어주고 나서 덮어버렸습니다. 궁금하면 나머지는 알아서 읽어보라고 했죠. 기차 안에서 할 수 있는 게 마땅치 않았기에 아이는 나머지 챕터를 읽기 시작했고, 그렇게 한 권을 온전히 읽어냈습니다. 처음부터 끝까지 혼자서 읽어본 경험이 쌓이니, 아이는 한 권을 읽는 게 생각보다 어렵지 않은 일이라는 걸 알게 되었습니다. 책을 혼자 읽어내는 것도 나름의 용기가 필요했던 거죠.

잠자리 독서로 읽는 책 역시 마찬가지입니다. 아이가 아직 한 권을 혼자 힘으로 읽는 게 힘들다면, 더 작은 목표로 나누어 접근하면 좋습니다. 한 문장, 한 페이지, 한 챕터씩 말이죠. 엄마도 아이도 함께 WIN-WIN 하는 방법을 알아볼까요?

1. 한 문장씩 나눠서 읽기

읽기 독립을 준비하는 아이라면 엄마와 한 문장씩 나눠서 읽어보면 좋습니다. 아이가 부담스럽지 않게, 딱 읽을 만큼만 말이죠. 더도 말고 한 문장씩만 돌아가며 읽어보는 거예요. 한 줄, 한 줄 호흡을 맞춰가며 읽다 보면 생각보다 한 장이 금방 끝나는 걸 느낄 수 있어요. "읽다 보니 금방이네!"라는 인식을 주는 거죠.

2. 한 페이지씩 돌아가며 읽기

한 문장 읽기가 익숙해졌다면 한 페이지씩 읽어봅시다. 읽기 전 분량을 먼저 정해요. "오늘은 42쪽부터 50쪽까지만 읽어보자." 이렇게요. 한꺼번에 너무 많은 분량을 읽으면 지칠 수 있어요. 내일 읽고 싶은 페이지를 남겨두는 것! 아이가 혼자 읽는 재미를 느낄 수 있게 하는 작은 장치입니다. 여기서 성공하면 스스로 책을 읽고 싶다는 마음이 채워지고, 자연스럽게 독서에 대한 자기주도력이 올라갑니다.

3. 한 챕터씩 돌아가며 읽기

아이에게 한 장 읽기가 익숙해졌다면, 이젠 한 챕터씩 읽어보는 연습도 해보세요. 이것 역시 분량을 정합니다. 오늘은 아이가 한 챕터, 내일은 엄마가 한 챕터씩 읽어보는 거죠. 하루를 아이의 목소리로, 엄마의 목소리로 마무리할 수 있는 좋은 기회가 됩니다.

4. 함께 묵독하기

낭독하는 것이 익숙해졌다면 함께 묵독하는 것도 좋은 방법입니다. 한 페이지를 함께 묵독하고 다 읽었으면 다 읽었다고 말합니다. 서로 읽는 속도가 다를 수 있어요. 엄마는 아이를, 아이는 엄마를 기다려줄 때가 있지요. 묵독한 뒤에는 가장 좋았던 문장을 함께 꼽아보거나, 생각을 나누어보세요. 한 페이지를 함께 묵독하는 경험은 잠자리 독서에서만 할 수 있는 유일한 경험이지요.

아이가 성인이 되어 기억하게 될 잠자리 독서는 어떤 모습일까요? 아마도 책 내용은 아닐 겁니다. 이불의 감촉, 엄마 옷에서 나던 섬유유연제 향, 꽉 끌어안았던 몸의 온도일 겁니다. 잠자리 독서의 다른 이름은 '오감으로 기억하는 사랑'입니다.

4. 배경지식이 부족한 아이

> 오해

우리 아이는 책을 안 읽어서 배경지식이 없다?

배경지식은 어떤 일을 할 때 바로 꺼내 쓸 수 있는 머릿속의 지식을 말합니다. 배경지식이 필요한 이유는, 아이가 새로운 것을 배우고 이해할 때 이미 알고 있는 것을 바탕으로 지식을 연결하고 확장할 수 있기 때문이지요. 배경지식은 아이가 새로운 곳을 탐험할 때 목적지에 쉽게 도달할 수 있도록 도와주는 일종의 여행 지도인 셈입니다. 아이들은 학교와 일상에서 매일 조금씩 새로운 것들을 배우고 있지요. 그런데 배경지식이 없는 상태라면 배우는 내용이 낯설게만 느껴져서 흥미가 떨어질 수 있습니다. 예를 들어 신라의 장보고 장군에 대해 알고 있는 아이와 모르는 아이가 신라시대를 받아들이는 깊이가 다른 것처럼요. 그렇다면 배경지식은 어디서 얻을 수 있을까요? 대부분 이렇게 생각합니다. "아이가 책을 도통 읽지 않으니, 배경지식이 없나 봐."

책이 다양한 지식을 깊이 있게 쌓을 수 있는 강력한 매체라는 것은 부정할 수 없는 사실입니다. 하지만 책에서만 배경지식을 쌓을 수 있을까요? 책에서 얻을 수 있는 배경지식과 책 바깥에서 얻을 수 있는 배경지식은 따로 있습니다. 책은 현실의 다양한 모습과 빠르게 변화하는 정보들을 모두 담아내기 어렵기 때문이지요. 아이에게 환경의 중요성을 알려주고 싶다면 환경 보호와 관련된 다양한 책을 읽는 것도 좋겠지만, 기후 변화의 최신 상황이나 실시간으로 벌어지고 있는 세계의 다양한 사건을 신문이나 잡지에서 빠르게 접하는 것도 좋습니다. 책 읽기에 흥미를 느끼지 못하는 아이에게는 어린이 신문이나 잡지가 부담 없이 읽기를 시작할 수 있는 학습 매체가 되기도 하고요. 책보다 짧은 글들로 구성되어 있고, 다양한 즐길 거리가 포함돼 있거든요. 신문과 잡지에 대해 조금 더 살펴볼까요?

> 진실

배경지식을 쌓을 수 있는 곳은 따로 있다

어린이 신문은 사회·과학·역사·문화·환경·스포츠 등 다양한 분야의 최신 정보와 소식을 어린이의 눈높이에 맞추어 쉽고 재밌게 전달합니다. 어린이 잡지는 특정 주제를 중심으로 다양한 콘텐츠를 제공하며, 아이들이 흥미를 느낄 만한 이야기를 폭넓게 다루지요. 과학, 수학, 논술 등 다양한 영역의 잡지가 있습니다. 책은 한 가지 주제를 깊이 다루지만 한 권에서 끝나는 반면, 어린이 신문과 잡지는 매호마다 다양한 주제를 제공한다는 장점이 있습니다. 사회적 이슈, 최신 과학 이야기, 역사 속 흥미로운 사실, 다양한 예술·경제 이야기와 같은 다채로운 콘텐츠를 다루니 아이들의 배경지식도 함께 넓혀주지요. '우리 아이가 책을 도통 안 읽는데 무슨 방법이 없을까? 다양한 주제로 배경지식을 쌓아주고 싶은데'라는 고민을 한층 덜어주는 매체들입니다.

신문과 잡지는 짧고 흥미로운 글로 구성되어 아이가 부담 없이 읽을 수 있습니다. 특히 학습 만화에 빠져서 줄글 책 읽는 걸 싫어하는 아이라면 신문과 잡지는 더더욱 좋은 대체재가 될 수 있어요. 신문과 잡지 안에는 만화 형태로 지식을 전달하는 코너도 있거든요. 이처럼 어린이 신문과 잡지는 다양한 사진, 삽화, 만화 등 재미있는 시각 자료를 활용하기 때문에 아이들의 읽기 흥미를 높여줄 수 있습니다. 읽다 보면 자연스럽게 새로운 정보를 알게 되기도 하고, 더 깊이 있게 알고 싶은 영역도 발견할 수 있거든요. 그때 자연스럽게 해당 주제의 책을 연결해주면, 줄글 책을 거부하던 아이도 관심을 가지고 읽어볼 수 있습니다.

또한 신문과 잡지는 아이에게 단순한 정보 제공을 넘어, "왜 이런 일이 일어났는지"와 "앞으로 어떻게 하면 좋을지"에 대한 생각으로도 확장시켜줍니다. 실제로 아이와 기후 위기에 대한 신문 기사를 읽었을 때였어요. 그해 여름이 유독 더웠고 길었지요. 마치 동남아에 와 있는 듯한 착각이 들 정도로 스콜성 비가 잦았고 습도도 높았죠. 세계 여러 나라에 일어난 기후 위기의 현상에 대한 글을 읽으며, 아이와 기후 위기의 원인에 관한 대화를 나눠볼 수 있었습니다. 더 나아가 우리가 기후 위기를 대처하기 위해 할 수 있는 개인적인 일과 단체적인 일을 나누어 생각해볼 수도 있었죠.

이처럼 배경지식을 쌓는다는 건 결국 아이의 흥미에서 출발해야 합니다. 그런데 아이가 어떤 것에 흥미가 있는지 알기가 어렵죠. 그렇기에 다양한 정보를 모아둔 신문이나 잡지를 통해서 접근해보는 겁니다.

밥상 앞에서 배경지식도 함께 먹기

어린이 신문이나 잡지의 좋은 점은 충분히 알았으나, 아이에게 어떻게 접근해야 할지 어려우실 겁니다. 잡지나 신문조차 읽지 않을까 봐 걱정이 앞설 수도 있지요. 배경지식을 쌓는 일은 아이의 집을 튼튼하게 짓기 위해 먼저 단단한 토양을 다지는 일과 같습니다. 단단한 토양을 만들기 위해서는 한꺼번에 많은 영양분이 필요하지 않습니다. 햇볕 조금, 물 조금, 바람 조금. 매일 조금씩 땅 위를 다져나가는 것이 중요하지요. 배경지식의 토양도 마찬가지입니다. 한꺼번에 영양분을 쏟는 게 아니라, 매일 조금씩 다져나가는 것이죠. 어린이 신문과 잡지가 좋다는 이유로, 아이와 온종일 붙잡고 있지 않으셔도 됩니다. 15분이면 충분합니다. 어떤 날은 햇볕으로, 어떤 날은 물로, 어떤 날은 선선한 바람으로 조금씩 아이의 토양을 다져나가면 됩니다.

1. 아이가 온전히 읽는다는 생각은 금물!

어린이 신문이나 잡지는 줄글 책으로 한 단계 도약할 수 있는 마중물 역할을 해줍니다. 그런데 아이가 스스로 읽게 되기까지 생각보다 진입 장벽이 높지요. 그 이유는 아이가 '혼자' 읽어야 한다고 생각하기 때문입니다. 어린이 신문과 잡지를 아이에게 친숙하게 만들고 싶은 마음이 있다면, 아이에게 먼저 읽어주세요. 아이가 혼자 읽는 건 그 후의 일입니다. 어린이 신문이나 잡지 안에 아이가 좋아할 만한 내용이 있는지를 알기 위해선, 아이가 자기 손으로 펴봐야만 합니다. 부모가 아이에게 읽어줌으로써 흥미의 견인차 역할을 할 수 있습니다. 아이도 부모가 읽어주는 걸 듣기만 하면 되기에 부담이 크지 않지요. 오히려 듣고 싶어합니다.

2. 엄마도 흥미 있는 주제를 선택하라!

처음부터 끝까지 전부 다 읽어줘야 하는지, 신문과 잡지에 있는 다양한 주제 중 어떤 것부터 읽어줘야 하는지도 고민되시죠? 저는 읽어주는 사람이 흥미 있는 주제를 선택하라고 말씀드립니다. 내가 궁금한 주제여야 재밌고, 내가 재밌게 느껴야 아이와 더 즐겁게 대화할 수 있습니다. 저는 "바다는 얼마나 깊을까?"라는 주제를 고른 적이 있는데요. 순수하게 제가 궁금했기 때문입니다. 바다의 깊이에 대해 제 생각과 아이의 생각을 주고받았습니다. 저도 궁금한 내용이었기에 대화가 더 재밌었죠. 엄마가 자기와 즐겁게 대화하고 있다는 걸 아이는 귀신같이 알아챕니다. 한참을 대화 나눠도 정답이 무엇인지 알 수 없을 때, 신문을 펼쳤습니다. 이런 과정을 통해 아이는 재미와 신문을 연결할 수 있었지요. 또한 '신문은 정확한 지식을 확인할 수 있는 매체'라는 걸 직접 경험했고요.

3. 읽을 분량을 미리 정할 것

하루 15분 동안 읽을 수 있는 분량은 한 페이지 정도입니다. 저는 저녁 시간에 제가 흥미 있는 주제 혹은 아이가 재미있어 할 것 같은 주제를 고릅니다. 그리고 주제와 관련된 대화를 나누고, 답변을 확인할 수 있는 페이지를 딱 한 페이지 정도만 읽어줍니다. 아이가 더 읽어달라고 말하면, 다음 페이지부턴 아이에게 찾아보라고 이야기합니다. 아이가 궁금한 부분을 직접 확인할 기회로 남겨두는 것이죠. 우리의 역할은 딱 여기까지입니다. 재밌다는 걸 알 수 있게 문을 열어주는 역할이요. 문을 열었다면, 그 안으로 직접 들어갈 사람은 아이입니다.

4. 대화의 소재로 적극 활용하자

위 세 가지 방법에 포함된 공통점은 무엇일까요? 아이와 대화가 이어진다는 점입니다. 어린이 신문이나 잡지에 있는 주제가 풍성한 대화의 소재가 될 수 있습니다. 아이와의 대화가 힘든 이유는 소재가 없어서예요. "뭐 먹었어? 누구랑 놀았어? 어떤 걸 배웠어?" 이 세 가지 말고는 대화를 확장하기가 어렵거든요. 아이가 "몰라." 하고 대답하면, 다음에 무슨 말을 꺼내야 할지 막막하지요. 최근 제가 구독하는 어린이 잡지에서 유관순 열사에 관한 주제가 나왔습니다. 독립운동에 관한 이야기로 대화가 확장되었죠. "독립운동을 하는 마음은 어땠을까?" "왜 학생이 독립운동을 해야만 했을까?" "학생의 역할은 무엇일까?" 같은 주제로 함께 대화를 나누었습니다. 이처럼 어린이 신문이나 잡지는, 배경지식을 쌓으면서 아이와의 관계까지 다져나갈 수 있는 대화의 좋은 매개체가 됩니다.

어린이 신문과 잡지의 좋은 점은 알겠지만, 구독료가 고민되시리라 생각됩니다. 구독해두고 비닐도 뜯지 않은 채 방 한구석에 쌓아두기만 하는 게 아닐지 걱정이지요. 먼저 아이와 도서관을 방문해보세요. 도서관에서는 다양한 어린이 신문과 어린이 잡지를 신간으로 볼 수 있습니다. 아이가 충분히 접한 후, 집에서도 읽고 싶다고 할 때 구독하시면 됩니다. 도서관 이외에도 십분 활용할 수 있는 무료 신문 사이트도 소개하겠습니다.

◆ 알아두면 배경지식이 절로 쌓이는 무료 신문 사이트

신문 사이트	추천 이유
국세청 어린이 신문 (국세청어린이신문.com)	국세청에서 운영하는 무료 어린이 신문입니다. 어려운 경제용어나 경제 현상을 만화 등으로 쉽게 전달하고 있어요. "세금으로 배워요" 코너도 참 알차요. [지식원정대-지식창고]에서 지난 호 PDF 파일을 볼 수 있습니다.
어린이 조선일보 (chosun.com/kid/)	조선일보에서 발행하는 무료 어린이 신문입니다. 시사, 경제, 문화, 과학 등 다양한 주제의 기사를 어린이들의 시선에 맞춰 발행하고 있어요. 각 기사는 인쇄도 당연히 가능하고 글자 크기를 조절할 수도 있어요. [NIE 교실, 꿀Bee경제, 한속답] 외 학교와 학원 정보까지 제공해주어 아주 유용합니다. 회원가입만 하면 모두 다운로드할 수 있습니다.
내친구서울 (kids.seoul.go.kr)	서울시에서 운영하는 무료 어린이 신문 사이트가 있다는 거 아셨나요? 실물 신문도 무료로 배포하고 있지요. 서울시의 다양한 소식을 어린이의 눈높이에 맞춰 제공하고, 만화나 퀴즈, 낱말 맞히기, 색칠 공부까지 제공합니다. [꼼꼼서울소식-지난호보기]에서 인쇄할 수도 있습니다.
소년한국일보 (kidshankook.kr)	한국일보에서 운영하는 무료 어린이 신문입니다. 스페셜 뉴스, 지구촌 뉴스, 문화 등 다양한 주제의 기사가 제공됩니다. 글자 크기를 키울 수도 있고, 인쇄도 가능해요. 이외에도 한자, 속담, NIE 논술, 잉글리쉬 파워, 수학, 과학, 역사 등 읽을거리가 많습니다. 특히 [글나라·책나라] 코너에서 제공하는 다양한 책 정보들을 놓치지 마세요.
어린이 경제 신문 (econoi.com)	어린이 경제 신문 사이트에는 '신문 활용법'이 있어서 더 알찬데요. NIE 활용자료, [오늘꼭! 경제, 이야기 경제, 시사 논술, 생생뉴스, 경제 유튜브] 등 다양하게 경제에 대해 안내해주고 있어요. 이야기 경제 코너에서 경제와 관련된 추천 도서까지 살펴보세요.

5. 말은 많은데 말을 못하는 아이

> 오해

말 많은 우리 아이, 말도 잘하겠지?

"우리 다빈이는 말을 너무 안 해서 탈이에요."

"예은이는 말을 그렇게 잘하던데, 부럽네요."

말수가 적은 아이를 키우고 있는 분들은 말 많은 아이를 보며 부러워합니다. 심지어 말 많은 아이가 말도 잘한다고 생각합니다. 그런데 말이 많은 것과 말을 잘한다는 게 같은 뜻일까요? 어른의 경우 말이 많은 걸 말을 잘한다고 생각하지는 않지요. 오히려 "자기 말만 한다."며 피하기도 합니다. 하지만 아이를 바라볼 땐 그 경계가 느슨하게 허물어집니다. 말이 많은 아이를 말 잘한다고 생각하는 경향이 짙지요.

말이 많은 것과 말을 잘하는 건 엄연히 다른 개념입니다. 말이 많다는 건 단순히 내가 전달하고 싶은 정보의 양을 상대방에게 빠르게 전달한다는 뜻이고, 말을 잘한다는 건 상대방이 이해하기 쉽게 정보를 전달한다는 뜻입니다. 즉 말을 많이 하는 건 '나'에게 초점이 맞춰져 있는 일이지만, 말을 잘한다는 건 '상대방'에게 초점이 맞춰져 있는 것이지요.

학교에서도 마찬가지입니다. 친구의 말을 듣지 않고 본인 말만 계속 늘어놓는 아이가 있는가 하면, 친구의 말을 끝까지 경청한 다음 본인의 말을 전하는 친구가 있습니다. 말이라는 게 참 신기합니다. 처음에는 말이 많은 친구 주변으로 아이들이 모입니다. 그런데 시간이 지날수록 말을 잘 들어주는 친구 곁으로 아이들이 모이더라고요. 어른 모임에서도 마찬가지입니다. 처음엔 어색한 분위기를 부드럽게 풀어주는 말 많은 사람이 모임의 중심이 되는 것 같지요. 그런데 시간이 지날수록 사람들의 말을 경청해주는 사람 곁으로 모이게 됩니다.

결국 말을 잘하기 위해선, 상대방을 생각해야 합니다. 말은 우리 눈에 보이지 않는 감정과 마음 등 추상적인 것을 구체적으로 바꿔주는 도구이지요. 말하지 않고선 서로가 어떤 생각을 하고 있는지, 어떤 마음을 지니고 있는지 알 수가 없습니다. 그렇기에 말을 잘한다는 건, 내 생각을 상대방에게 쉽게 전달할 수 있다는 뜻입니다.

> 진실

말을 잘하는 것은 생각보다 간단한 일이다

우리는 왜 상대에게 내 말을 잘 전달하고 싶어할까요? 간단합니다. 내 마음을 알아주기를 바라서죠. 친구에게 미안하다고 말하고 싶을 때,

사이좋게 지내고 싶을 때, 준비물이 없어서 빌려야 할 때 말을 잘한다는 건 어떤 걸까요? 미안하다는 말을 친구가 잘 받아들일 수 있도록 전하고, 같이 놀고 싶은 마음을 친구가 이해할 수 있게 말하고, 필요한 물건이 무엇인지 상대가 명확히 알 수 있다면 되겠지요. 말을 잘한다는 건 거창한 게 아닙니다. 내 마음을 상대방이 잘 알아들을 수 있게 전달하면 되는 겁니다. 그런데 교실 안의 아이들은 말 잘하기를 생각보다 어렵게 느끼고 있습니다.

실제 교실에서 자주 일어나는 세 가지 상황을 볼까요? 민기가 승우에게 미안하다고 말해야 하는 상황인데 바로 인정하지 않습니다. 오히려 "지난번에 승우가 저를 먼저 때렸어요. 어제 제 어깨를 밀치고 갔어요."라고 말하죠. 민기가 오늘 일을 사과해야 하는 상황임에도 지난 일을 끄집어내어 본인의 말만 하기 바쁩니다. 친구와 같이 놀고 싶다는 마음이 들 때, "같이 놀자"라는 말 대신 친구의 관심을 끌려고 허락 없이 친구 물건을 가져가버리기도 합니다. 이유를 물어보면 "놀고 싶어서 그랬어요."라고 답하지요. 필요한 물건이 있어 친구에게 빌리고 싶을 때도, "가위 좀 빌려줄래?"라고 말하지 않고, 친구 물건을 그냥 써버리곤 합니다. 혹은 물건을 명확히 말하지 않고 "저거 좀 빌려줘. 그거 좀 빌려줘."라고 하죠. 상대방이 내가 필요한 걸 이미 알고 있다고 전제하고요.

미안한 마음을 전하고, 놀고 싶은 마음을 전하고, 필요한 물건을 빌려달라고 말하는 일이 단순해 보인다고 무시해선 안 됩니다. 아이가 매일 마주하는 상황이니까요. 왜 유독 이런 말을 잘하는 게 어려울까요? 앞서 말씀드렸듯 '나'의 감정이 중심이 되고, '상대방'의 감정이 배제되어 있기 때문입니다. 자기중심성이 발달된 시기의 아이들에겐 어쩌면 당연한 일이지요. 그렇기에 더욱 연습해야 합니다. 내 감정이 중요한 만큼 그 감정을 잘 전달하기 위해, 상대방을 생각해야 한다는 걸 어릴 때부터 이해해야 합니다. 말은 나만을 위한 일이 아니니까요.

말 잘하는 아이에게 있는 한 끗 차이

부모라면 누구나 내 아이가 말 잘하는 아이가 되길 바라지요. 말을 잘하면 다양한 이점이 있으니까요. 이른바 설득의 시대인 지금, 말을 잘한다는 건 그만큼 상대방에게 내 생각을 잘 전달하는 무기를 가진 셈입니다. 말 잘하는 아이의 한 끗 차이는, 나의 감정에서 머무는 게 아니라 상대방의 감정을 생각한다는 점입니다. 가정에서 연습할수록 빛을 발하는 방법이 있습니다. 쉽게 따라 할 수 있도록 세 가지 지침을 안내할게요.

1. 행감바와 인사약

행감바와 인사약은 학교 현장에서 많은 선생님이 아이들에게 자신의 감정을 전달하는 방법으로 사용하고 있습니다. 가정에서도 충분히 활용할 수 있는 내용입니다. 특히 형제가 있는 아이들의 경우, 갈등이

[행감바]	[인사약]
행동: 친구의 행동을 이야기해요. (네가 내 허락도 없이 연필을 가져가서)	**인정**: 나의 잘못을 인정해요. (내가 너에게 물어보지도 않고 연필을 가져가서)
감정: 나의 감정을 이야기해요. (기분이 무척 나빴어.)	**사과**: 진심을 담아 사과해요. (잘못했어. 진심으로 사과할게.)
바람: 바라는 점을 이야기해요. (앞으로 내 물건을 쓸 때 나에게 먼저 물어봤으면 좋겠어.)	**약속**: 앞으로의 약속을 다짐해요. (앞으로는 너에게 먼저 물어볼게.)

생길 때마다 서로에게 연습해보길 추천합니다. 부부간에도 사용할 수 있고요. 부모가 서로 사용하는 모습을 보여줄 때마다, 아이에게도 익숙한 일이 될 수 있습니다.

2. "이제 내가 말해도 돼?" 물어보기

말을 잘 전달하기 위해선 상대방의 이야기를 경청해야 합니다. 상대방이 어떤 생각을 하고 있는지 알아야 하기 때문이죠. 나는 초콜릿에 관해 이야기하고 있는데, 상대방은 국기에 관해 이야기하고 있다면 서로 대화가 되지 않겠죠. 대화는 한 사람의 이야기가 끝나고 난 뒤 다음 이야기가 이루어져야 하는데, 초등 시기의 아이들은 자기중심성이 발달하고 있는 인지 발달적 특성으로 인해 차례차례 대화를 나누는 게 쉽지 않습니다. 동시다발적으로 이야기가 터져 나오지요. 상대방의 말이 끝나기도 전에 참지 못하고 내 말을 시작해버립니다. 부모와 대화할 때도 마찬가지입니다. 엄마의 말을 끝까지 듣지 못하고, 아이가 말을 시작하는 경우가 많지요. 이때 아이에게 "말 좀 끝까지 들어!"라고 꾸짖는 대신 어떤 말을 해야 하는지 알려주세요. 제 아이들도 식사 시간에 서로 먼저 이야기하고 싶어서 종종 싸웁니다. 그래서 규칙을 정했어요. 상대방의 말이 끝나면, "이제 내가 말해도 돼?"라고 물어보기로요. 상대방이 "응. 이제 끝났어."라고 대답하면 자신의 말을 시작할 수 있습니다. 사소한 규칙인 것 같지만, 서로의 말을 충분히 경청하는 방법이 됩니다. 가정에서 이렇게 연습하면, 학교에서도 당연히 쓸 수 있겠죠?

3. 아이는 언제나 부모를 보고 있다

아이에게 '상대방의 말을 잘 들어야, 너의 말도 잘 전달할 수 있다'고 백 번 말하는 것보다 중요한 것이 있습니다. 부모도 아이의 말을 잘 들어주어야 한다는 사실이죠. 아이가 하려는 말이 있는데 집안일이 바빠서, 급하게 온 연락을 받느라 놓친 적이 있으시죠? 저 역시 마찬가지인데요. 청소기를 돌리다, 저녁 준비를 하느라 분주한 마음에 아이가 와서 이야기하는 걸 건성으로 들었던 적이 있습니다. 그런데 정말 신기하게도 아이가 제가 했던 행동을 비슷하게 따라 하더라고요. 아이가 언제나 나를 보고 있다는 사실을 문득 깨달은 순간이었습니다. 그때부터 아이들 말을 주의 깊게 듣지 못할 상황에는 솔직하게 이야기합니다.

"엄마가 하윤이가 해주는 이야기를 정말 듣고 싶어. (공감)"

"그런데 지금 저녁 준비 중이라서 집중하기가 힘들어. (이유)"

"10분 뒤에 다시 말해 줄래? (대안)"

저는 공감, 이유, 대안을 꼭 함께 말합니다. 아이의 이야기를 듣고 싶은 마음을 가장 먼저 전하고, 지금 듣지 못하는 이유는 무엇인지, 그리고 언제 다시 이야기할 수 있는지 대안을 말해줍니다. 10분 뒤에는 아이 말을 정말 집중해서 경청하고요. 이런 경험이 쌓인 아이들은 저에게도 본인들이 듣기 어려운 상황일 때 똑같이 말해줍니다.

"엄마! 지금 나 퍼즐하고 있어서(이유), 이따 30분 뒤에 다시 말하자!(대안)"

"엄마! 내가 방금 놀이를 시작해서(이유), 10분 뒤에 저녁 먹으러 갈게.(대안)"

말을 잘한다는 건 이처럼 내 마음을 제대로 전달하는 일입니다. 제대로 전달하기 위해선 세 가지 연습으로 차곡히 쌓아갈 필요가 있어요. 보이지 않는 마음이라는 문의 열쇠를 열어주는 말이라는 도구, 정말 신기하지 않나요? 아이들이 자신의 마음을 조금 더 잘 표현하고, 다른 사람의 마음을 조금 더 잘 들어주길 희망합니다.

6. 말끝마다 대박!
어휘력이 부족한 아이

(오해)
매번 같은 말만 쓰는 아이, 문제는 유튜브다?

"이거 진짜 대박 좋다!" "대박 별로다."

대박이라는 말은 참 신기합니다. 좋은 일 앞에 붙어도, 나쁜 일 앞에 붙어도 내 마음을 찰떡같이 알아주는 것 같으니까요. 그래서인지 정말 좋은 기분이 들 때도, 별로인 감정이 차오를 때도 대박이라는 말을 앞에 붙이는 아이들을 쉽게 만날 수 있습니다. 아이가 쓰는 대박이라는 말을 한 번 들었을 때는, 어디서 이런 말을 들었냐며 웃으며 넘어갈 수 있습니다. 그런데 말끝마다 대박이라는 말을 붙이는 아이를 보면 불편해지기 시작합니다. 아이가 하고 싶은 말은 대박밖에 남는 건 아닌지 걱정도 됩니다. 아이가 왜 대박이라는 말을 많이 쓰는지 골똘히 생각해보니, 한 가지 결론에 이르게 됩니다. '어쩐지 요즘 유튜브를 너무 많이 보더라니!' 유튜브에서 쓰는 단편적이고 자극적인 말을 아이가 그대로 따라 하고 있다는 생각이지요. 틀린 말은 아닙니다. 그런데 아이가 유튜브를 보지 않으면, 대박이라는 말을 쓰지 않게 될까요?

아마 아이는 유튜브를 보지 않는다고 해도, 대박이라는 말을 계속 쓸 겁니다. 간편하기 때문입니다. 사람은 누구나 내 마음을 가장 적절하게 표현해줄 단어를 찾아 말합니다. 나는 기분 좋은 감정을 이야기하고 싶은데, 상대방은 기분 나쁘다고 받아들이면 안 되기 때문이죠. 아이들에게는 '대박'이 바로 자신의 기분을 명확히 표현해줄 수 있는 단어입니다. 아이가 대박 대신 다른 단어를 쓰도록 하려면 어떻게 해야 할까요? 마음과 감정을 제대로 나타낼 수 있는 다른 단어가 아이 안에 존재해야 합니다. 그게 바로 어휘력입니다. 어휘력이 높다는 건 아이의 '어휘 양동이' 안에 다양한 어휘들이 가득 들어있다는 뜻입니다. 내가 원하는 마음, 느껴지는 감정을 명명할 수 있는 어휘의 양이 많을수록 어휘력이 좋은 것이죠. 어휘력을 높이는 방법은 단순히 유튜브와 SNS를 끊는다고 해결되지 않습니다. 아이의 양동이 안에 어휘를 채워야 가능합니다.

(진실)

아이가 직접 꺼내 쓸 수 있는
어휘 양동이가 필요하다

"어떤 말을 하고 싶어도 표현할 단어를 못 찾으면 나중에는 생각 자체를 못하게 된다."고 소설가 조지 오웰은 말했습니다. 아이가 매번 대박만 외친다면 말투만이 아니라 사고력의 문제로 이어질 수 있습니다. 아이가 적절한 어휘를 사용하여 표현해야 제대로 아는 것입니다. 표현하지 못하면 모르는 것이죠. 그렇기에 어휘의 빈곤은 곧 사고력의 빈곤으로 이어집니다. 사고력이 빈곤해지면 아이 스스로 생각하는 힘을 키우기가 어렵습니다. 스스로 생각하지 못하면 내면의 중심을 잡지 못하고, 주변의 말에 귀를 기울이게 됩니다. 남들이 좋다고 하는 것을 좋다고 생각하고, 남들이 하지 말라고 하는 걸 하지 말아야 한다고 믿게 됩니다. 그러다 보면 결국 '내가 정말 원하는 것'이 무엇인지 모른 채, 답답한 마음을 안고 살아가게 되지요. 제가 너무 먼 미래의 이야기를 하는 것 같나요? 그 정도로 어휘가 주는 힘이 큽니다.

《죽음의 수용소에서》를 쓴 빅터 프랭클 역시 이렇게 말했습니다. "고통스러운 감정은 우리가 그것을 명확하고 확실하게 묘사하는 바로 그 순간에 고통이기를 멈춘다." 아이가 쓸 수 있는 어휘 양동이가 채워질수록, 아이는 자신의 감정에 이름을 붙일 수 있는 단어가 많아지게 됩니다. 기쁨과 슬픔, 고통과 외로움 등을 스스로 깨닫고 직면할 힘을 가지게 되지요. 아이가 만나는 숱한 어려움 속에서 다시 한번 일어나게 하는 힘이 바로 '어휘'가 되는 이유입니다.

그렇다면 아이의 어휘력은 어떻게 높일 수 있을까요? 책을 많이 읽거나 좋은 말을 많이 듣는 것도 방법이겠지만, 가장 확실한 방법은 한자를 익히는 것입니다. 우리나라의 말은 절반 이상이 한자어입니다. 어휘의 상당수가 한자로 이루어진 건 예나 지금이나 변하지 않았지만,

한자를 대하는 풍경은 사뭇 달라졌습니다.

텔레비전이 흔하지 않던 시절에는 종이 신문을 구독하는 가정이 많았고, 신문에는 명확한 단어 표기를 위해 한자가 함께 적혀 있었습니다. 매일같이 종이 신문을 읽는 어른들을 보며 아이들 역시 한자를 친근하게 여겼지요. 또 예전엔 초등학교 과목에 한자가 있었기에 모든 아이들이 한자를 자연스럽게 접했습니다. 그러나 지금은 초등학교 과목에서 한자는 사라졌고, 종이 신문을 읽는 사람을 찾아보기 힘듭니다. 길거리에는 영어로 적힌 간판이 가득하고, 아이들이 한자를 접하려면 방과후교실에 등록하거나 학습지를 풀어야만 합니다. 그렇기에 저는 가정에서 매일 딱 10분만 투자할 것을 추천합니다. 부담스럽지 않은 10분으로, 아이의 어휘 양동이를 가득 채울 수 있습니다.

아이가 쓰는 말이 달라지는 하루 10분의 기적

제가 차 안에서 아이들과 자주 하는 놀이는 끝말잇기입니다. 단거리 외출 시에도, 장거리 운전을 할 때도 끝말잇기는 시간을 보낼 수 있는 좋은 놀이거든요. 아이가 어렸을 땐 끝말잇기가 오래 이어지지 않았습니다. 아이가 쓸 수 있고, 알고 있는 단어가 적었거든요. [바나나-나비-비옷-옷장…] 이렇게 생활 속 단어로만 이어지곤 했습니다. 그런데 하루 10분, 한자를 접한 지 3년 차가 된 요즘은 아이가 쓰는 말이 부쩍 달라졌음을 느낍니다. [시소-소시민-민주주의-의복-복장-장례…] 저는 이것이 한자의 힘이라고 느낍니다. 아이의 어휘 양동이가 가득 차서, 꺼내 쓸 수 있는 말도 많아진 것이죠. 평상시 쓰는 말이 달라졌을 뿐만 아니라 감정을 표현하는 말도 훨씬 다채로워졌습니다. 기쁘다고 표현하고 싶을 때면 '감동, 감탄, 찬란, 탄복…'처럼 다양한 어휘로 대체해서 말할 수 있게 됐습니다. 이렇게 말하면 가장 좋은 사람이 누구일까요? 바로 아이 자신이죠. 내 마음에 꼭 들어맞는 단어를 만나면 말할 때 신나거든요.

저는 아이와 획순 쓰기나 부수 알기 등에 집착하지 않고, 단어가 가지고 있는 한자의 뜻을 아는 것에 집중합니다. 따라 쓰기, 획순 바르게 쓰기 등에 구애받지 않으면 하루에 단 10분으로도 아이와 많은 단어를 쌓아갈 수 있습니다. 한자가 눈에 익고 뜻도 익숙해지면 아이는 저절로 쓰고 싶어합니다. 급수 시험을 대비한 한자를 공부하는 게 아니라, 실생활에서 어휘 양동이를 채워갈 한자를 알아가는 것에 초점을 맞추어주세요. 요즘 나오는 한자 교재들은 한자의 뜻을 다양한 단어로 확장하여 소개해줍니다. 교재를 선택하실 땐 단어의 확장이 고루 포함된 교재를 선택하시길 추천합니다. 하루 단 10분으로 어휘 양동이를 늘리는 세 가지 방법을 소개합니다.

1단계: 어휘 예상하기

선택한 교재의 오늘 배울 한자를 보고, 이 한자가 포함된 단어가 어떤 것이 있을지 예상해봅니다. 예를 들어 弱(약할 약)이라는 한자를 배운다면 아이에게 이렇게 질문하는 것이죠.

"약할 약이 들어간 단어는 어떤 게 있을까?"

아이는 본인이 생각하는 약이 들어간 단어를 떠올려보게 됩니다. 실제 아이에게 물어보니 이런 대답이 나왔습니다.

"약사, 약국, 약점이 있어!"

어휘를 예상하면 좋은 점이 무엇일까요? 단순히 '약할 약'이란 한자를 익히는 것에서 끝나는 게 아니라 '약할 약'이 들어가는 단어가 무엇인지 떠올려보며 어휘의 감을 키울 수 있지요. 약이 들어간 단어를 폭넓게 생각해볼 수 있습니다. 아이의 대답에 따라 아이 양동이에 들어있는 어휘 수준도 예측해볼 수 있지요.

2단계: 어휘 확인하기

어휘를 예상했다면 약할 약이 들어간 단어를 실제로 알아볼 차례입니다. 한자 교재에 약이 들어간 단어들이 소개되어 있어요. 약점, 심약, 허약 등이 적혀있는 걸 함께 확인합니다. 이때 아이와 함께 그 단어들이 사용되는 사례에 관해 이야기도 나눕니다.

"엄마의 약점은 뭘까?"

"허약한 건 심약한 것과 어떻게 다른 걸까?"

이런 질문을 주고받으며 아이와 대화의 폭을 넓혀갈 수도 있습니다. 한자 한 글자가 대화 소재가 되는 것이죠. 1단계에서 아이가 예상하며 말했던 단어들도 국어사전에서 함께 찾아봅니다. 본인이 말한 약사와 약국이 '약할 약'이 맞는지 확인하는 과정을 아이들은 즐거워합니다. 스스로 직접 말했기 때문이죠. 실제로 약사나 약국은 藥(약 약)이란 한자를 씁니다. 우리가 먹는 가루약, 알약, 물약 등이 약사와 약국과 같은 약이라는 걸 알려주면 귀를 쫑긋 세우고 집중해서 듣습니다. 이런 과정을 통해 단순히 '약할 약'만 익히는 게 아니라, 소리는 같아도 뜻이 다른 어휘까지도 함께 확인해볼 수 있습니다.

3단계: 어휘 점검하기

마지막으로 아이와 오늘 확인했던 단어를 나만의 말로 풀어보는 과정을 거칩니다.

"약점은 어떤 뜻이었지?"

"약점은 내가 남에게 숨기고 싶은 점이야."

사전에 나온 의미가 아닌, 아이가 스스로 단어에 대한 정의를 내릴 수 있도록 돕는 시간입니다. 이때 아이만 하면 안 되고, 부모도 반드시 참여해야 합니다. 부모가 생각하는 단어의 정의를 말함으로써, 아이는 단어에 대한 이해의 폭이 한층 더 넓어질 기회를 만나게 됩니다. 부모가 쓰는 단어들의 사례를 들었기 때문이지요.

어떤가요? 한자 하나의 뜻과 음을 외우거나 아는 것에서 끝나지 않고, 아이의 어휘 양동이 안에 새로운 어휘를 가득히 심어줄 간단한 방법이지요. 잘 고른 한자 교재 하나만 있으면 하루 10분만 투자해서 누구나 하실 수 있습니다. 아이가 쓸 수 있는 어휘가 많아질수록, 아이의 세상도 함께 넓어집니다. 아이의 세상이 넓어지는 특별한 순간을 함께해주세요.

◆ 하루 10분 어휘력을 키워갈 한자 추천 교재

《하루 한 장 한자》, 미래엔에듀 편집부, 미래엔에듀
하루 1장 구성으로 부담 없이 시작할 수 있으며, QR 코드로 학습 지원.

《한자가 어휘력이다》, 키초등학습방법연구소, 키출판사
한자와 어휘의 맥락 학습에 중점을 두고 있는 교재.

《인성 쑥쑥 한자 쑥쑥 초등 사자소학》, 송재환 글, 인호빵 그림, 위즈덤하우스
사자성어를 통한 한자 학습뿐만 아니라 인성교육과 병행할 수 있음.

《바빠 초등 한자 총정리》, 김정미 · 강민, 이지스에듀
필순 연습과 급수 시험을 준비하기에 효율적으로 구성이 되어 있는 교재.

《어휘를 정복하는 한자의 힘》, 기적학습연구소, 길벗스쿨
다양한 문제 유형을 통해 어휘의 뜻 점검을 도와주는 교재.

7. 한 문장 쓰기도 질색팔색하는 아이

오해
한 문장 쓰는 게 뭐가 어려워?

아이와 함께 무언가를 쓰려고 시작했다면, 가장 먼저 어렵다는 마음이 들 확률이 높습니다. 한 줄도 쓰기 싫어하는 아이와 한 줄만이라도 쓰자고 말하는 부모 사이에 팽팽한 갈등이 생기지요. 그러다 겨우 써낸 한 줄이 "오늘 참 재미있었다."라면, 어떨까요? 이거라도 쓴 게 어디냐 싶을 수도 있고, 이건 아니라고 지우개를 들 수도 있겠지요. 내일은 다를 거라는 기대를 가져보지만 다음 날 또 "오늘 참 재미있었다."라는 한 줄로 끝나면 부모는 심각해집니다. 한 문장 제대로 쓰는 게 뭐가 어려워서 아이가 이 난리인가 싶고, 앞으로 더 긴 글은 어떻게 쓰려나 걱정이 앞섭니다. AI가 만연한 시대, 앞으로 살아남을 인재상은 '쓰는 사람'이라는 말이 떠오르며 불안감은 증폭됩니다.

"일기 쓰는 데 한 시간 넘게 걸렸어요. 이게 맞나요?"

"논술 학원 보내면 나아질까요?"

이런 고민 뒤에 좋은 논술 학원을 소개해달라는 말까지 이어지는 사고의 흐름이 낯설지 않습니다. 우리가 모두 충분히 겪고 있는 문제니까요. 그런데 논술 학원만 다니면 달라질까요? 한 문장 쓰는 건 정말 어렵지 않은 게 맞을까요?

(진실)
한 문장을 쓰는 게 즐거워야 한 문단을 쓴다

부모라면 누구나 우리 아이가 쓰기를 좋아하기를 바랍니다. 잘 쓰는 것이 단순히 입시 차원의 문제를 넘어, 개인의 경쟁력이 되는 시대니까요. 그렇다면 쓰기를 지속할 수 있는 힘은 무엇일까요? 당연히 쓰는 게 즐거워야 합니다. 쓰는 게 즐겁기 위해서는 무엇이 필요할까요? 한 문장을 어떤 마음으로 시작했느냐에 따라 달라질 수 있습니다. 우리가 반드시 기억해야 하는 사실은 하나의 글은 여러 문단으로 이루어져 있고, 그 문단은 한 문장으로부터 출발한다는 겁니다. 많은 작가가 쓰기의 어려움을 고백합니다. 한 문장을 시작하기가 어려워 몇 시간이고 모니터 속 깜빡이는 마우스 커서를 바라보았다는 말을 들어본 적이 있으실 겁니다. 그런데 신기하게도 마음을 담은 한 문장을 쓰고 나면, 다음 문장으로 쉽게 이어집니다. 아이가 "오늘도 참 재미있었다." 한 문장으로 일기를 끝냈다는 건, 본인의 마음을 어떻게 표현하며 시작해야 할지 모르기 때문입니다. 글쓰기가 즐겁다는 걸 모르고 있는 것입니다. 사람은 누구나 표현의 욕구가 있기에, 자신의 마음을 말이나 글로 표현하면 즐거움을 느낍니다.

그렇기에 우리는 아이가 써낸 한 문장을 귀히 여겨야 합니다. 모든 글의 시작은 한 문장이니까요. 아이가 써낸 모든 글의 1호 독자는 부모라는 사실을 잊지 마세요. 쓰는 사람의 가장 큰 기쁨은, 읽는 사람이 내가 쓴 것을 좋아해줄 때입니다. 세상에 처음 태어난 글을 1호 독자로서 기꺼이 반겨주세요. "한 문장도 제대로 못 쓰네!"보다는, "이 글은 내가 세상에서 처음 보는 거네."라고 생각하면 글이 다르게 보입니다.

아무리 그래도 아이가 마냥 "참 좋은 하루였다."라고만 쓴다면 걱정되시겠죠? 아이가 한 문장에 자신의 마음을 담고, 즐겁지만 부담 없이 쓰기를 시작하는 방법을 함께 알려드릴게요.

한 문장부터
부담 없이 시작하게 이끄는 법

고백 하나 하자면, 제 아들도 쓰는 행위를 무척 싫어합니다. 이렇게 쓰는 걸 즐거워하지 않은 상태에서 단순히 쓰는 기술만 익히게 되면, 쓰기를 지겨운 일이라고 느끼겠지요. 저 역시 아이가 어떻게 하면 한 문장이라도 즐겁게 쓸 수 있을지 많이 고민했습니다. 마침내 마음을 담은 글쓰기가 얼마나 즐거울 수 있는지 알려줄 세 가지 간단한 방법을 찾아냈지요.

1. 필사는 최고의 자신감 친구

글쓰기를 어려워하는 아이의 마음을 자세히 들여다보면, 단순히 쓰기가 싫다기보다 잘 쓰고 싶은데 어떻게 시작해야 할지 모르는 경우가 많습니다. 이때 활용하면 좋은 도구가 필사입니다. 저는 그중에서도 동시 필사를 추천합니다. 시중에 어린이를 위한 좋은 동시 필사책이 많이 나와 있습니다. 동시는 어른이 어린이의 시선으로 쓴 시와 아이가 직접 쓴 시, 두 가지 종류로 나뉩니다. 저는 아이가 직접 쓴 시로 엮인 동시집을 먼저 추천합니다. 자신과 같은 어린이가 쓴 책이라는 사실만으로도 아이는 무언의 힘을 얻습니다. '쓰기는 어른의 것만이 아니구나.'라는 메시지를 은연중에 줄 수도 있고요. 동시는 길지 않기 때문에 쓰기에도 부담 없습니다. 아이가 동시를 소리 내어 읽어보고, 공책에 따라 쓰는 것부터 시작해보세요. 그럴듯하게 따라 쓰고 나면 기분이 좋아집니다. 여기서 조금 더 나아가 동시 한 편을 골라 한 단어나 문장만 바꿔서 아이의 말로 바꿔 써보세요. 시에 나오는 단어를 '코딱지'로 바꾸고 한참을 배꼽 빠지게 웃는 아이 모습을 보실 수 있을 겁니다.

2. AI 도구 야무지게 활용하기

오늘 하루가 어땠는지 물어보면 말로는 본인의 마음이나 생각을 잘 표현하는데 유독 글로 옮기는 걸 어려워하는 친구들이 있습니다. 이럴 때 쓰면 아주 좋은 AI 도구가 있어요. 다글로, 클로바 노트입니다.

두 어플은 모두 말한 것을 글로 옮겨준다는 공통점이 있습니다. 아이와 오늘 하루 있었던 일을 자유롭게 이야기하고 녹음해보세요. 그 후 AI가 텍스트로 변환해준 글을 함께 읽어봅니다. 그중에서 아이가 쓰고 싶은 한 문장을 고르게 합니다. 자신의 마음을 딱 담은 한 문장이 분명히 있을 거예요. 변환된 글을 보고 문장을 따라 써도 되고, 힌트를 얻어 새롭게 문장을 써도 좋습니다. 글쓰기가 생각보다 어렵지 않다고 느끼게 만들 좋은 도구죠.

3. 포스트잇부터 시작하는 가족 글쓰기

저는 아이들에게 포스트잇 편지를 자주 써주곤 하는데요. 포스트잇 편지를 아이 방문 앞에 붙여두기도 하고, 아이 필통 안에 몰래 넣어두기도 합니다. 그렇게 쓴 편지는 버리지 않고 아이별로 공책에 모두 모아둡니다. 아이들은 안 보는 척하면서도, 종종 이 공책을 펼쳐보지요. 이처럼 포스트잇 편지는 글을 꼭 공책에 적어야만, 책상에 앉아서 써야만 가능하다는 인식을 깨뜨리는 방법 중 하나입니다. 덕분에 아이들도 스스로 포스트잇 글쓰기를 하고 있습니다. 메모지에 끄적이는 것도 모두 글이 될 수 있다는 사실을 깨달은 것만으로도 큰 발전이지요. 글쓰기를 정말 싫어하는 날에는 "우리 포스트잇에 간단하게 써볼까?" 제안해보세요. 부모가 포스트잇에 질문 하나를 적고, 아이가 답변을 적는 것이죠. 쓰는 방식만 바꿨을 뿐인데 재밌어합니다. 공책은 빈 여백을 꽉 채워야 할 것 같지만, 포스트잇은 몇 글자 안 적어도 될 것 같거든요. 심리적 장벽은 낮추면서, 한 문장을 시작하는 좋은 마중물이 됩니다.

저는 아이의 한 문장이 한 문단이 되고, 그것이 결국 아이만의 글이 될 것을 믿습니다. 그렇기에 한 문장을 시작하는 게 너무나 귀하다는 걸 압니다. 쓰는 걸 싫어하는 아이일수록 쓰는 기술을 익히려고 접근하기보다는, 귀한 한 문장을 어떻게 시작할까를 고민했으면 좋겠습니다.

◆ 포스트잇 편지

아이 필통 안에 쏙 넣어줄 포스트잇 편지 문구 10

1. 행복을 발견하고, 행복을 결정하는 힘은 이미 네 안에 있어.
2. 너는 무엇이든 해낼 힘이 있는 아이야.
3. 엄마는 어떤 순간에도 늘 네 편이야.
4. 아빠는 너의 어떤 모습이든 사랑한다는 걸 기억해줘.
5. 너는 매일매일의 일상 속에서 기쁨을 발견할 수 있는 특별한 눈을 가지고 있는 아이야.
6. 행복은 찾아오는 게 아니라 내가 직접 찾아가는 거야! 우리 함께 찾아볼까?
7. 기쁨의 크기를 결정하는 사람은 나야. 오늘 ○○이가 만날 기쁨들이 기대된다!
8. 실수해도 괜찮아. 실수는 더 멋진 내가 되기 위한 기회를 만난 거란 사실을 잊지 마!
9. 네 안에는 새로운 걸 즐겁게 배울 수 있는 힘이 있어. 오늘도 멋지게 꺼내 써보자!
10. ○○이의 웃음은 누군가의 하루를 환하게 만들어줄 거야.

8. 맞춤법과 띄어쓰기 어려워하는 아이

> 오해

맞춤법과 띄어쓰기, 지적한 만큼 좋아진다?

"읽다는 일다라고 쓰면 안 돼! 받침이 다르다고!"

"띄어쓰기가 틀렸어. 이 글자 다음에서 한 칸 띄어 써야지!"

아이가 쓰는 걸 보면 속이 미어터집니다. 맞춤법도 문제지만, 띄어 쓰는 것까지 신경 쓰다 보면 아이가 한 문장 쓸 때마다 지적하게 됩니다. 한번 쓸 때 제대로 알려줘야 아이가 같은 실수를 반복하지 않을 것 같은데, 어째 말하면서도 마음 한구석에 불안감이 피어오르죠. '이러다가 아이가 쓰기를 싫어하게 되면 어쩌지?' 하는 마음이요. 아니나 다를까 아이 입에서 곧 이런 말이 나옵니다.

"나는 세상에서 글 쓰는 게 제일 싫어!"

"엄마랑은 이제 다시는 글 안 쓸래!"

맞춤법을 잘 지키며 쓰는 건 무척 중요한 일입니다. 띄어쓰기도 마찬가지죠. 글을 쓸 때 맞춤법이 틀리거나, 띄어쓰기가 적절하게 되어 있지 않으면 전하고자 하는 의미가 달라지기 때문이에요. 한글은 읽기엔 참 쉬운 글자이지만, 쓰는 건 복잡한 규칙을 가지고 있기에 아이가 어려워하는 게 당연합니다. 맞춤법과 띄어쓰기는 국어 문법에 해당하는 영역이기에 초등 아이에게 쉽지 않죠. 성인들도 맞춤법이 어려워 여전히 틀리는 경우가 많은 것처럼요.

맞춤법과 띄어쓰기가 왜 중요할까요? 한글은 소리를 적는 글자, 즉 '표음문자'입니다. 하지만 단어의 형태와 뜻을 중요시하는 표의 원칙도 함께 지킵니다. 한글이 무척 특별한 이유죠. 그렇기에 한글은 실제 발음과 표기가 완전히 일치하지 않습니다. 맞춤법을 지켜야 하는 이유는, 소리에만 의존하면 글의 뜻이 달라지기 때문입니다. 예를 들어 '산불'은 소리 나는 대로 쓰면 '산뿔'이나 '삼뿔'이 될 수도 있습니다. 사람에 따라 소리 나는 글자가 다르기에 의사소통이 어려워지겠죠? 띄어쓰기 또한 마찬가지입니다. '소나무를돌보세요' '소나 무를 돌보세요'처럼 띄어쓰기를 정확히 하지 않으면, 읽는 사람이 뜻을 해석할 때 어려움이 있습니다.

결국 맞춤법과 띄어쓰기를 배우는 이유는, 글의 의미를 명확하게 받아들여 명료하게 소통하기 위해서입니다. 그런데 아이들은 글을 말처럼 배우진 않습니다. 글자는 눈으로 보고, 규칙을 익히고, 손으로 쓰는 과정이 필요하지요. 그래서 맞춤법이나 띄어쓰기를 익히는 과정은 소리를 눈으로 옮기는 하나의 훈련이기도 합니다. 꾸준한 노출과 반복 속에서만 길러질 수 있는 힘이지요. 지적은 단발성 효과가 있을지 몰라도, 오래 연습할 동력을 주진 못합니다.

> 진실

누구보다 잘 쓰고 싶은 건 엄마가 아닌 아이다

아이들이 유독 쓰기를 어려워합니다. 본인의 생각을 쓰는 일도 쉽지 않은 일인데, 맞춤법과 띄어쓰기까지 신경 쓰려니 연필 쥐기가 더 어렵겠죠. 학교와 교사에 따라 달라지겠지만, 보통 1학년부터 받아쓰기 시험을 보기 시작합니다. 어떤 아이는 100점을 받기도 하지만 어떤 아이는 모조리 틀리기도 합니다. 틀려서 가장 속상한 건 누구일까요? 부모도 친구도 아닌, 본인입니다. 그런데 종종 아이보다 부모가 더 속상해하는 경우를 봅니다. "받아쓰기 100점 받아오면 용돈 5만 원 줄게." "받아쓰기 100점 받으면 좋아하는 게임 3시간 하게 해줄게." "받아쓰기 100점 받으면 네가 좋아하는 장난감 사줄게." 등 조건들을 내걸어 부모가 얼마나 속상한지를 여실히 보여줍니다.

 100점을 받았다면 기쁜 일이고, 틀렸다면 모르는 걸 한 번 더 알게 되는 기회를 만난 겁니다. 단순히 받아쓰기 시험을 모두 맞히기 위해서 맞춤법과 띄어쓰기를 공부하는 게 아니죠. 앞에서 말씀드린 것처럼, 상대방과 더 원활하게 의사소통하기 위한 수단으로 배우는 것입니다. 이 목적을 명확하게 알고 있으면 받아쓰기에 대한 접근 방법이 달라집니다.

단순히 학교 시험으로 접근하는 받아쓰기는 아이의 머릿속에 오래 남기가 힘듭니다. 그런데 소통을 위한 받아쓰기로 접근하면 아이의 생활에 깊이 연관될 수 있습니다. 받아쓰기는 띄어쓰기와 맞춤법을 한번에 알 수 있는 아주 좋은 방법이에요. 읽는 소리와 쓰는 글자가 다르다는 걸 확인하는 걸 넘어, 호흡에 맞게 띄어 쓰는 법도 알 수 있기 때문이죠. 그렇기에 저는 받아쓰기를 가정에서 적극적으로 활용하길 권합니다. 다만 지나친 점수 위주의 받아쓰기가 되어선 안 됩니다. 어렵지 않게 아이와 받아쓰기하는 방법을 알아볼까요?

어렵지 않게 시작하는
주 1회 받아쓰기의 날

저는 아이와 주 1회 받아쓰기의 날을 정해 실천하고 있습니다. 이날을 정하기 전 아이와 규칙을 하나 만들어야 합니다. 바로 주 1회 받아쓰기의 날을 제외하고는 맞춤법과 띄어쓰기를 지적하지 않는 것이지요. 맞춤법과 띄어쓰기는 한 번에 알기 어렵고, 오랜 연습을 통해 서서히 익히는 하나의 문법 체계이기에 아이는 자주 틀릴 수밖에 없습니다. 우선, 당연한 이 사실을 아이에게도 충분히 알려주세요. "한글은 말할 때와 쓸 때 글자가 달라질 수 있어. 국물은 궁물이라 말하지만, 국물이라고 적는 것처럼 말이야. 이건 우리가 서로 잘 대화하기 위한 하나의 약속이기 때문에 오랫동안 함께 연습해야 해."

"띄어쓰기도 마찬가지야. [아버지가방에들어가셨다]라고 적으면 어때? 한눈에 보이지 않고 여러 번 읽어야 하지? 아빠가 방에 들어갔는지, 가방에 들어갔는지도 잘 모르겠잖아. 그래서 우린 띄어 쓰는 방법을 알아야 해."

"이 두 방법을 알기 위해선 시간이 걸려. 그래서 일주일에 딱 한 번, 받아쓰기 날을 정할 거야. 이때는 엄마가 하준이한테 맞춤법과 띄어쓰기 하는 법을 알려주는 날이야."

"만약 틀린 문제를 만났다면, 더 잘 할 수 있는 기회를 만난 거야. 이것만 제대로 알면 더 잘하게 된다는 뜻이니까!"

아이에게 이렇게 이야기한 뒤 일주일에 딱 한 번, 제대로 배우는 받아쓰기의 날에만 틀린 점을 짚어줍니다. 구체적으로 어떻게 주 1회 받아쓰기를 하면 좋을까요?

1. 아이가 좋아하는 책 속 문장 고르기

아이가 재밌게 읽은 책이 있을 겁니다. 여러 번 본 책이라면 더 좋습니다. 여러 글자나 문장이 눈에 익었을 테니까요. 아이가 좋아하는 책 속 문장과 단어를 10개 정도만 뽑아서 받아쓰기 목록을 만듭니다. 이 목록으로 받아쓰기를 보는 것이죠.

2. 급식 메뉴를 넣은 문장 쓰기

아이들은 자신들의 생활 속에서 익숙하게 만나는 것에 흥미를 느낍니다. 월요일부터 금요일까지 급식 메뉴로 받아쓰기를 보는 것도 정말 재밌는 경험이 될 겁니다. 지난주에 먹었던 메뉴로 받아쓰기를 보면 아이의 기억이 새록새록 돋아나며 대화의 물꼬가 터질 수도 있고요. 다음 주 메뉴로 받아쓰기를 보면 좋아하는 메뉴에 대한 기대감을 심어줄 수 있습니다. 메뉴 쓰기가 익숙해진 아이들은, 메뉴를 넣은 문장을 만들어 받아쓰기를 해보는 것도 좋은 방법입니다. "나주곰탕, 바비큐 부추 무침"을 먹은 날이면, "엄마가 만들어주는 나주곰탕은 맛있다." "아빠가 제일 좋아하는 반찬은 바비큐 부추 무침이다." "부추만 먹으면 맛이 없지만, 바비큐랑 함께 먹으면 꿀맛이다."라고 받아쓰는 거죠. 이처럼 아이들이 실생활에서 자주 보는 급식 메뉴도 받아쓰기 소재로 꼭 활용해보세요.

3. 문장 퍼즐 놀이

아직 문장 쓰는 것이 익숙하지 않은 아이라면 문장 퍼즐 놀이를 추천합니다. 아이가 좋아하는 책에서 고른 10가지 문장 목록을 아래 예시처럼 기차로 만듭니다. 문장을 섞은 뒤 아이가 차례차례 배열해보

◆ **문제 예시: 문장 퍼즐 놀이**

나는	빛나는	되고	싶어.	반짝반짝	별이
나는	좋아.	책	읽기가		

◆ **정답: 문장 퍼즐 놀이**

나는	반짝반짝	빛나는	별이	되고	싶어.
나는	책	읽기가	좋아.		

는 연습을 하면 좋아요. 문장 배열 말고도 알맞은 띄어쓰기를 찾는 용도로 사용해도 좋습니다.

4. 교과서 활용하기

시중에 받아쓰기 연습으로 나온 문제집이 많습니다. 문제집을 활용해도 좋지만 저는 아이가 사용하는 교과서를 활용하는 걸 가장 추천합니다. 교과서는 아이가 매일 보는 책이기 때문에 그만큼 눈에 익은 문장이 많습니다. 1~6학년 국어 교과서는 교육부에서 만든 국정 교과서로 온라인에서도 구매할 수 있습니다. 교과서 가격이 비싸지 않기 때문에 학년마다 한 권씩 가정에 구비해두고, 교과서 안에서 문장 10가지를 뽑아 아이와 함께 연습해보세요.

다음은 제가 1학년 국어 교과서에서 10문장씩 뽑아 만든 받아쓰기 자료와 맞춤법과 띄어쓰기를 재미있게 배울 수 있는 추천 도서입니다. 가정에서 아이와 활용해보세요.

◆ 받아쓰기 어떻게 하죠? 3단계 프로세스

소리 내어 읽기	한글은 읽는 법과 쓰는 법이 다른 문자입니다. 받아쓰기를 하기 전 소리 내어 읽는 연습을 꼭 해야 합니다. 속으로 읽는 것이 아니라, 소리 내어 읽는 과정을 거쳐야 읽는 것과 쓰는 것이 다르다는 걸 느낄 수 있어요.
따라 쓰기	받아쓸 문장을 소리 내어 읽은 다음, 받아쓰기 공책에 문장을 따라 써봅니다.
틀린 문장만 모으기	받아쓰기 후 틀린 문장만 공책에 따로 모아두세요. 다음 받아쓰기 때 틀린 문장을 한 번 더 적어보며 연습합니다. 아이가 다음 받아쓰기에서 맞혔다면, 맞은 날짜를 기록해두세요. 만약 한 번 더 틀렸다면, 연습 후 다음 시험에도 또 도전할 수 있도록 해주시면 됩니다.

◆ 맞춤법과 띄어쓰기를 재미있게 배울 수 있는 책 추천

《받침구조대》, 곽미영 글, 지은 그림, 만만한책방
이게 맞아? 저게 맞아? 어렵기만 했던 받침을 글자의 스토리텔링을 통해 스며들 듯 배울 수 있는 책! 받침이 필요한 곳은 어디든 달려가요!

《띄어쓰기 경주》, 곽미영 글, 지은 그림, 만만한책방
띄어쓰기를 꼭 해야 해? 많은 아이들이 가지는 의문을 실제 띄어쓰기 관문을 통해 그 필요성을 느낄 수 있는 책! 띄어쓰기에 따라 의미가 이렇게 달라진다는 걸 알면 깜짝 놀랄 거예요.

《문장부호 꾸러기반》, 곽미영 글, 김규택 그림, 만만한책방
문장부호가 왜 필요해? 이 질문에 대한 답을 찾을 수 있는 책! 같은 말이라도 어떤 문장부호 친구가 말하느냐에 따라 의미가 달라지는 신기한 마법을 경험해요!

◆ 1학년 국어 교과서 받아쓰기 낱말 예시

[최신 교육과정반영 1학년 교과서 몽땅 받아쓰기 자료 다운로드]
1학년 1학기 국어교과서 (가), (나), 1학년 1학기 국어활동,
1학기 2학기 국어교과서 (가), (나), 1학기 2학기 국어활동

단원	페이지	낱말
국어 1-1 (나) 3단원 낱말과 친해져요	189-191	수박
		청포도
		달
		양
		북
		농구공
		축구공
		고무줄
		줄넘기
		동물

단원	페이지	낱말
국어 1-1 (나) 3단원 낱말과 친해져요	193-195	다람쥐
		돌다리
		개울
		징검다리
		구름
		바람
		연필
		책
		물통
		안경

단원	페이지	낱말
국어 1-1 (나) 3단원 낱말과 친해져요	196-197	장화
		우산
		화분
		가을
		땅콩
		잠자리
		별
		표범
		여름
		운동화

단원	페이지	낱말
국어 1-1 (나) 3단원 낱말과 친해져요	199-200	굴
		꿀
		방
		빵
		코끼리
		아빠
		꽃
		빨래
		찌개
		쌀

9. 수학 선행학습 때문에 불안한 아이

오해

선행학습을 안 하면 무책임한 부모다?

"선행을 하는 이유가 무엇인가요?"

대부분 이렇게 답합니다. "다른 아이도 다 하는데, 우리 아이만 안 할 순 없잖아요." 선행은 부모의 불안을 먹고 자란다는 말, 들어본 적 있으시죠? 그런데 실제로 아이가 공부를 잘하기를 바라는 마음에 선행을 시키는 부모도 있지만, 성적과 크게 상관없이 건강하게만 자랐으면 좋겠다고 생각하시는 부모도 선행을 시킵니다. 우리 아이가 다른 아이보다 뒤처질지도 모른다는 마음이 선행을 부른다면, 그런 걱정이 크게 없는 부모는 선행을 시키지 않아야 맞습니다. 그런데도 주변에는 아이 선행을 시키는 분들이 많습니다. 왜 그럴까요? 이는 아이가 뒤처질까 봐 불안한 마음과는 다릅니다. 다른 부모는 다 해주는데, 우리 아이만 못 해주고 싶지 않다는 '죄책감'에서 오는 불안입니다.

심지어 주위에서도 거듭니다. "아직도 선행을 안 하면 어떡해? 그러다 학년 올라가서 고생해." 선행을 딱히 하고 싶었던 것도 아니고, 아이가 필요하다고 말한 것도 아닌데, 선행을 하지 않는 것이 마치 부모의 역할을 제대로 하지 않은 기분을 들게 합니다. 물을 주면 쑥쑥 잘 자랄 수 있는 아인데, 제때 물을 못 줘서 아이가 꽃을 피우지 못하면 어쩌지? 불안한 마음이 싹틉니다. 선행을 하는 것이 아이를 진정 사랑하는 행위인 것처럼요.

이러한 생각이 선행을 부추기는 힘이지요. 우리 아이도 다른 친구가 하는 건 부족하지 않게 했으면 하는 마음을 다르게 표현하면 사랑이 됩니다. 그래서 선행 문제로 아이와도 갈등이 생기는 것이죠. 아이를 사랑하는 마음을 담아 한 선택인데, 아이가 하기 싫다고 하거나 힘들다고 말하니까요. 선행을 하지 않는 것이, 우리 아이를 잘 챙겨주지 못하는 것과 동일시되어선 안 됩니다. 오히려 우리는 아이의 현재 실력이 어떤지를 알아내는 데 에너지를 쏟아야 합니다.

> 진실

아이의 실력을 모르기 때문에 불안한 것이다

7세 고시, 들어보셨나요? 의대 입시 준비반이 유치원까지 내려간 게 요즘의 현실입니다. 초등학교부터 선행은 필수 요건처럼 여겨지고, 고학년이 되어서도 선행을 하지 않으면 중학교 준비는 틀렸다고 보는 시선이 많습니다. 이런 말은 마치 실체 없는 메아리와도 같아서, 누구의 입에서 시작된 줄 모르지만 메아리처럼 끊임없이 반복되어 들립니다. 출처가 분명하지 않은 정보에 불안함이 생기는 이유는 딱 하나입니다. 정확히 모르기 때문이지요. 그러므로 이 말이 정말 사실인지 알아차릴 분별력이 필요합니다.

다음 도표는 한국교육과정평가원에서 매년 중학교 3학년과 고등학교 2학년을 대상으로 국가 수준 학업성취도 평가를 실시하여 발표한 자료(2023년)입니다. 교과별 '3수준 이상' 비율의 의미는 "평가 대상 학년의 학생들이 도달하기를 기대하는 교육과정 성취 기준의 상당 부분을 이해하고 수행한다는 뜻"입니다. 즉, 현행 교육과정을 제대로 이해하고 있는 학생의 비율이죠. 표를 살펴보면, 2023년도 기준 중3 수학은 49.0%, 고2 수학은 55.9%를 보입니다. 중3의 경우 현행 교육과정

◆ **교과별 '3수준 이상' 비율(%)**

	중3			고2		
	국어	수학	영어	국어	수학	영어
'21	74.4 (0.79)	55.6 (1.05)	64.3 (1.01)	64.3 (1.23)	63.1 (1.31)	74.5 (1.17)
'22	63.4 (1.02)	49.7 (1.01)	55.9 (1.11)	54.0 (1.37)	55.2 (1.55)	66.3 (1.45)
'23	61.2 (0.96)	49.0 (0.93)	62.9 (0.89)	52.1 (1.33)	55.9 (1.50)	70.4 (1.39)

- 2023학년도 한국교육과정평가원 발표 자료

※ 1. 표집시행으로 인한 모집단 추정치이므로 괄호 안에 표준오차를 제시함(이하 동일)
2. 통계적 유의도는 95% 신뢰구간(표본의 통계치±1.96*표준오차)을 활용함(이하 동일)

을 제대로 이해하고 수행하는 학생의 비율이 반도 안되며, 심지어 매해 그 비율이 줄어드는 모습입니다. 고2도 마찬가지입니다. 입시와 직결된 학년임에도 불구하고, 현행 교육과정 수준을 제대로 이해하고 있는 학생들의 비율이 절반 정도밖에 되지 않습니다. 해마다 가계 사교육비 지출은 상승하는데, 현행 교육과정을 제대로 수행할 수 있는 아이들의 비율은 줄고 있다는 사실이 아이러니합니다.

아이의 수학 공부에 우리가 유독 불안한 이유는, 아이의 실력이 어떤지 제대로 알지 못하기 때문입니다. 그럴수록 아이가 현행 교육과정을 제대로 따라가고 있는지 점검해야 합니다. 아이가 현재 교육과정 개념을 제대로 이해하고 넘어가는지 확인한다면, 엄마의 불안도 줄고 아이 역시 자신감을 가질 수 있습니다. 그렇다면 가정에서 아이의 현행 수준을 파악할 방법이 있을까요?

학원이 아닌 가정에서 아이의 현행을 확인하는 방법

우리 아이가 현재 교육과정 수준의 개념을 제대로 이해하고 있다는 걸 어떻게 알 수 있을까요? 학원 레벨 테스트만이 정답일까요? 학원 선생님과의 상담만을 통해 알 수 있을까요? 물론 이것도 하나의 방법이지만 일시적입니다. 단 한 번의 테스트로 아이가 가진 특성과 역사를 모두 파악하기는 힘들죠. 학원에서 아이를 엄마만큼의 마음으로 챙겨주기도 당연히 어렵습니다. 그렇기에 가정에서 아이와 점검하는 걸 두려워하지 않으셔야 합니다.

초등학교 수학 과정은 나선형 교육과정입니다. 교육 내용을 학습자의 성장과 발달 단계에 맞추어 점진적으로 심화시키는 방법이지요. 처음에는 기본적인 개념을 익히고 나서 기본 개념을 응용하고 활용하는 상위 개념으로 나아갑니다. 즉 2학년 때 배운 곱셈의 개념을 명확히 알지 못하면, 3학년 때 배우는 나눗셈의 개념을 이해하지 못하게 되는 원리입니다. 아이가 이러한 현행 교육과정을 제대로 이해하고 있는지 확인할 수 있는 세 가지 방법이 있습니다. 첫째, 학교에서 한 단원을 마친 뒤에 단원 점검 문제를 풉니다. 둘째, 문제 중 아이가 어려워하는 개념을 찾습니다. 세 번째, 아이가 어려워하는 개념을 보충합니다.

본격적으로 아이와 단원 점검 문제를 풀어보려고 할 때 막막할 수 있습니다. 단원 점검 문제는 양도 적고, 모르는 걸 충분히 점검할 만큼 유형이 다양하지도 않거든요. 이럴 때 가정에서 사용하면 좋은 사이트를 소개합니다. AI를 활용해 수준에 맞는 다양한 유형의 문제들을 생성해주는 사이트입니다. 이 문제들을 활용해 아이와 함께 가정에서 현행을 점검해보세요. 국가에서 운영하는 사이트라 제공되는 모든 정보는 무료입니다.

이렇게 다양한 문제를 활용하여 수학 한 단원을 마친 다음에는 가정에서 자체 단원평가를 봅니다. 단원평가를 통해 아이가 현행 개념을 어느 정도 이해하고 있는지 확인하고, 어려워하는 개념을 보충하는 시간을 가집니다. 현행 수준에서 큰 구멍 없이 개념을 채워나가는 것이 가장 빠른 선행의 길임을 꼭 기억해주세요.

	가정에서 우리 아이 현행 수준을 제대로 파악하는 법
EBS 기초학력 진단평가 (ebs.co.kr)	아이의 기초학력을 가정에서 진단해볼 수 있습니다. EBS 홈페이지에 접속하여 '기초학력 진단평가'를 검색하세요. 초등학교 2학년부터 6학년까지 기초학력 진단평가 강의를 제공합니다. 각 학년의 기초학력 진단평가를 클릭하시면 교재 방에서 모의고사 문제와 정답지도 확인할 수 있습니다. 온라인 모의고사 2회분 문제는 3학년부터 제공됩니다. 모의고사 교재는 온라인 서점에서 따로 구매하실 수도 있어요.
짜잔수학 (aig.edunet.net)	에듀넷 티클리어 사이트에서 제공하는 AI 생성형 문제 사이트입니다. 초등학교 3학년부터 중학교 1학년까지 문제가 제공됩니다. 학기와 단원을 선택할 수 있으며 [기초, 기본, 실력]으로 난이도도 조절할 수 있습니다. 난이도에 따라 문항이 10개씩 생성됩니다. 아이의 실력에 따라 다양한 문제를 접해볼 수 있어요.
EBS AI 단추 (ai-plus.ebs.co.kr)	EBS에서 제공하는 생성형 AI 문제 사이트입니다. 초등부터 고등까지 폭넓게 문제가 제공됩니다. 진단평가도 제공되는데 진단평가 결과를 토대로 AI가 아이의 실력에 맞춰 문제를 만들어준다는 장점이 있습니다. 강좌까지 함께 추천해주어, 아이가 어려워하는 개념은 무료 강의를 보며 이해할 수 있지요. 따로 시험지를 만들 수 있는 영역도 있습니다. 초등 1학년부터 6학년까지 선택할 수 있으며, 대단원, 중단원, 소단원으로 세세하게 나눌 수 있어요. 객관식, 주관식 문제를 선택할 수 있고, 문제 수도 최소 10개에서 최대 50개까지 가능합니다. 단추의 좋은 점은 시험 단원을 추가할 수 있다는 점입니다. 문제 수준도 상, 중, 하로 선택할 수 있어요.
e학습터 (cls.edunet.net)	17개 시도교육청이 함께 운영하는 공공 학습관리 시스템입니다. 생성형 문제를 제공하는 것뿐만 아니라 다양한 학습 영상을 제공한다는 장점이 있습니다. 1~2학년 학생들을 위한 초등 기초 국어, 수학 영상을 게임 형식으로 익힐 수 있도록 제공합니다. 또한, 자녀의 디지털 교과서도 확인해볼 수 있어요. 온라인 학습 꾸러미 메뉴 중 문제 풀기를 선택하시면, 초1~중3까지 학년을 고를 수 있습니다. 초등 기초 튼튼, 중학 기초 튼튼 메뉴도 있어 기초 개념을 확인해볼 수도 있고, 과목, 학기, 단원을 선택하실 수 있어요. 쉬움, 중간, 어려움으로 나누어진 난이도에 따라 문제 문항수를 자유롭게 조절할 수 있다는 장점도 있습니다.

10. 역사는 외워야 해서 관심 없는 아이

> 오해

역사는 암기 잘하는 아이들이 잘한다?

「태권도에서 피구 게임을 했는데, 마치 중국의 삼국 시대 같았다. 위나라는 형, 강동에는 친구, 형주에는 내가 있었는데 그야말로 막상막하였다.」

삼국지에 푹 빠져 있던 2학년 시기의 아들이 쓴 일기의 한 구절입니다. 역사는 암기과목이라고 해도 과언이 아니지요. 그래서인지 흔히 암기를 잘하는 아이가 역사를 잘한다고 생각하는 경우가 많습니다. 정말일까요? 암기보다 중요한 건 호기심입니다. 호기심을 느끼기 위해선 생활 속에서 역사를 접할 수 있는 대화 소재가 필요하지요. 저희 아이도 처음부터 삼국지를 좋아했던 건 아닙니다. 하루는 제 휴대폰에 남편이 '나의 제갈량'이라고 저장되어 있는 걸 보고 아들이 묻더라고요. "엄마, 제갈량이 뭐야?" 남편은 제게 때론 직언도 아끼지 않으며 조언을 해주는 사람이기에, 유비를 도와 천하 통일을 꿈꿨던 제갈량이라는 별명을 붙였다고 설명을 했습니다. 그렇게 저녁 식사 시간에 가족 모두가 둘러앉아 삼국지 이야기를 시작했습니다. 그날 아이들의 삼국지 사랑도 시작되었지요. 이처럼 아이들에게 역사는 암기가 아니라 "그게 뭐야?"처럼 궁금해지는 순간으로 접하게 만들어야 합니다.

  부모가 아이의 알맞은 시기에 역사에 대한 궁금증을 올려주기 위해선, 초등학교에서 언제 어떤 내용의 역사를 배우는지 알면 큰 도움이 됩니다. 초등학교 교육과정에서 역사는 사회 교과의 일부로, 3학년부터 본격적으로 배우기 시작합니다. 1~2학년 시기에는 역사를 직접적으로 배우지 않는 대신, 학교·가정·지역사회와 관련된 생활 주제를 배웁니다. 역사를 이해하기 전에 나와 가족, 내 주변 환경에 관심을 두는 법을 배우는 것이죠. 3~4학년이 되면 우리 고장 중심의 역사를 배우게 됩니다. 주로 지역사회의 유래, 고장의 역사적 사건과 인물 등을 통해 역사적 사고의 기초를 쌓기 시작하지요. 5~6학년이 되면서 본격적인 심화 역사에 들어갑니다. 아이들이 부쩍 역사를 어렵게 느끼게 되는 학년이기도 합니다. 5~6학년 때에는 고조선부터 고려와 조선 시대를 포함하여 근현대사에서 일어난 일까지 깊이 있게 배우게 됩니다. 양이 방대해지니, 아이들은 역사가 어렵다고 느낍니다. 역사를 포기하는 친구가 나오기도 하고요. 방대한 양을 전부 외운다고 생각하면, 도저히 넘을 수 없는 벽처럼 느낄 수밖에 없습니다. 본격적으로 역사적인 사건을 배우기 시작하는 것은 5학년 때부터인데요. 평상시 역사에 관심이 있었던 아이들은 눈이 반짝반짝 빛납니다. 이 아이들 역시 '그게 뭐야?'라는 순간으로 역사를 만났던 것이죠.

[진실]
역사를 잘하려면 자주 접해야 한다

역사를 알면 무엇이 좋을까요? 역사는 사물의 일이 아닌, 사람의 일입니다. 사람들이 다양한 상황과 환경 속에서 만들어낸 선택의 결과물이 바로 역사입니다. 그렇기에 역사를 아는 것은, 단순히 예전에 있었던 사실을 암기하는 것을 넘어 비슷한 상황에서 우리가 더 나은 선택을 할 수 있는 판단력을 길러줍니다. 그런데 나와 내 주변을 중심으로 생각하는 아이들의 발달을 고려할 때, 역사 속의 일들은 나와는 무관하다고 느껴질 수 있습니다. 그러니 역사가 아이들에게 유독 어려울 수밖에 없지요. '나와 상관없는 일을 굳이 왜 알아야 해? 옛날에 일어났던 일인데, 지금이랑 무슨 상관이 있어?' 같은 질문이 자연스럽게 나옵니다. 그렇기에 역사의 첫 관문이 암기여선 안 됩니다. 역사가 외우는 과목이라는 오해는, 역사만이 줄 수 있는 중요한 통찰을 가려버립니다. 대신 자연스럽게 자주 접하면서 호기심과 흥미를 느껴야 합니다. 자주 접해야 재밌어지고, 재밌어지면 잘하게 되지요. 역사를 접하는 방법은 다양합니다.

예를 들어 안중근 의사가 이토 히로부미를 사살한 이유에 대해 배우는 시간을 상상해봅시다. 일제강점기 상황과 독립 운동가들의 마음을 알 수 있는 중요한 내용이죠. 그런데 아래 내용을 그저 텍스트로 외운다고 생각하면 어떤가요?

[대한의 국모 명성황후를 시해한 죄, 대한의 황제를 폭력으로 폐위

시킨 죄, 을사늑약과 정미늑약을 강제로 체결케 한 죄, 무고한 대한의 사람들을 대량 학살한 죄, 조선의 토지와 광산과 산림을 빼앗은 죄, 제일은행권 화폐를 강제로 사용케 한 죄……]

너무 많아 보이죠? 이걸 언제 다 외우나 싶기도 합니다. 노래로 배운다면 어떨까요? 제가 위에 적은 내용은 실제 뮤지컬 〈영웅〉에 나오는 가사입니다. 처음엔 멜로디를 흥얼거렸던 아이들이 2주 만에 가사를 다 외웠습니다. 제가 텍스트로만 아이들에게 제공했다면 외우기까지 정말 오랜 시간이 걸렸겠죠. 외우는 동안 아이들과 갈등도 피할 수 없었을 테고요. 우리 모두가 알고 있는 '한국을 빛낸 100명의 위인들' 노래도 마찬가지입니다. 텍스트로만 봤다면 쉽게 외우지 못했을 텐데 노래로 접하니 자연스럽게 받아들일 수 있습니다. 이처럼 역사는 쉽고 재밌게 접해야 합니다.

역며든다?
역사에 스며드는 방법은 따로 있다

한때 스며든다는 말이 유행했지요. 속으로 배어든다는 의미의 '스며든다'라는 말은 반복해서 듣고 보다 보니, 나도 모르게 내 안에 배어들었다는 뜻입니다. 마치 가랑비에 옷이 젖듯 말이죠. 저는 역사도 아이들에게 스며들게 해야 한다고 생각합니다. 외워야 하는 과목으로 접근하는 게 아니라, 자주 보고 듣다 보니 어느새 관심이 가고 궁금해지게요. 저는 이걸 '역며들다'라고 표현하고 싶습니다. 역사에 스며드는 방법, 세 가지를 살펴볼게요.

1. 들으면서 스며드는 역사, 노래로 배우기

앞에서 뮤지컬 〈영웅〉을 예로 들어 설명했습니다. 안중근이 이토 히로부미를 살해한 이유를 뮤지컬 노래를 통해 알 수 있는데요. '누가 죄인인가' '장부가' 같은 노래 말고도, 사형을 앞둔 아들 안중근에게 보내는 조마리아 여사님의 편지를 노래로 엮은 '사랑하는 내 아들 도마'도 있습니다. 우선 세 곡 모두 음악 자체로 훌륭합니다. 신기하게도 아이들 역시 좋은 음악을 본능적으로 느낍니다. 멜로디가 좋으니 저도 모르게 흥얼거리게 되지요. '누가 죄인인가' '장부가' '사랑하는 내 아들 도마' 같은 노래를 듣고 부르다 보면 아이들은 자연스럽게 독립운동과 일제강점기에 관심이 생깁니다. 안중근 의사 말고도 유관순 열사 이야기를 다룬 〈항거〉란 영화도 있습니다. 영화 주제곡으로 쓰이는 '8호 감방의 노래'는, 희망이 없는 차디찬 감옥에서도 대한독립 만세를 외친 사람들의 노래입니다. 이런 노래를 통해 3·1운동에 관한 관심을 가질 수 있습니다. 이처럼 뮤지컬과 영화 등의 노래로 역사를 접하다 보면 아이들이 자연스레 내용을 알게 되고 흥미가 생깁니다. 말 그대로 역사에 스며드는 것이죠.

2. 역사가 이렇게 재밌는 거야? 알려주는 책 읽기

노래를 통해 아이들이 역사에 흥미가 생겼다면, 이젠 아이들에게 재밌는 역사책을 소개할 차례입니다. 노래는 아이들이 기억하고 따라 부르기 쉽다는 장점이 있지만, 단편적인 내용을 담을 수밖에 없습니다. 아이들이 노래를 통해 역사에 흥미가 생겼다면, 그다음으로 관련된 책으로 연결해주세요. 저 역시 아이들이 안중근 의사, 유관순 열사에 관한 관심이 생겨 도서관에서 다양한 책을 빌려보았습니다. 처음 보는 책임에도 노래를 듣고 인물에 관심이 생긴 뒤라 집중도가 다르더라고요. 처음부터 책으로 역사를 접하는 것도 좋은 방법이지만, 역

◆ **역사가 이렇게 재밌는 거야? 관련 책 추천**

《그림으로 보는 한국사》 시리즈, 최종순 외, 계림북스
중요한 역사 사건과 인물, 문화를 그림과 함께 쉽게 설명함. 만화 형식으로 되어 있어 아이들이 재밌게 읽음.

《그림으로 보는 세계사》 시리즈, 김현숙 외, 계림북스
주요 세계사 사건과 흐름을 그림과 대화로 알기 쉽게 설명해둠.

《설민석의 한국사 대모험》 시리즈, 설민석 외, 단꿈아이
한국사를 배경으로 한 만화 형식. 온달이라는 주인공이 역사적 사건 속으로 직접 들어가 모험하는 내용. X맨이라는 악당도 함께 나와 읽는 재미가 있음.

《용선생 처음 한국사》 시리즈, 사회평론역사연구소, 사회평론
유아부터 초등학생 눈높이에 맞춰 한국사를 시대별로 나누어 일상생활과 연계로 이야기로 재밌게 설명함.

◆ 다른 나라 역사와 신화로 재미를 잡아볼까? 아이들이 흠뻑 빠지는 책 추천

《처음 읽는 그리스 로마 신화》, 최설희 글·한현동 그림, 미래엔아이세움
그리스 로마 신화를 처음 접하는 아이들이 충분히 흥미를 느낄 만한 재미 요소가 많은 책. 만화와 글의 비율이 적당하고, 각 신들의 매력이 잘 나타남.

《그리스 로마 신화》, 아람북스 지음, 아람북스
그리스 로마 신화 등장인물 별로 정리한 전집. 각 인물에 대한 키워드가 정리되어 있어 핵심을 파악하기 좋음. 그리스 로마 신화 입문자에게 추천함.

《처음 읽는 삼국지》, 이문열 글·한현동 그림, 미래엔아이세움
처음 삼국지를 접하는 아이들이 흐름에 따라 읽기 좋게 구성되어 있는 책. 만화와 글의 비율이 적절해서 부담스럽지 않게 시작할 수 있음.

《문해력 평정 천하통일 삼국지》, 나관중 원저, 어린이나무생각
《처음 읽는 삼국지》를 읽고 다음 책으로 추천. 각 사건에 대해 더 자세하게 기술되어 있어서 쉬운 삼국지 책을 읽고 난 뒤 읽으면 재미를 흠뻑 느낄 수 있음.

사에 도통 관심이 없는 아이들에게 책부터 시작하는 건 오히려 흥미를 낮출 가능성이 높습니다. 노래로 익숙해진 다음, 흥미가 생겼을 때 책으로 연계해보세요.

3. 영화, 뮤지컬! 오감으로 느끼는 역사 체험

역사와 관련된 어린이 뮤지컬이 있다는 사실 아셨나요? 아이들이 《설민석의 한국사 대모험》 시리즈를 재밌게 보던 도중, 관련 공연이 있다는 걸 알게 되었습니다. 이순신 장군과 선덕여왕에 대해 다룬 뮤지컬이었습니다. 책으로 보던 주인공이 튀어나와 무대에서 직접 볼 수 있다는 건, 아이들에게 역사를 오감으로 느끼게 해줄 절호의 기회이지요. 실제로 뮤지컬을 보고 온 아이들은 이순신 장군과 선덕여왕에 관해 더욱 관심을 가졌습니다. 뮤지컬 〈영웅〉의 노래를 반복해서 들은 것처럼, 뮤지컬 〈한국사 대모험〉 노래를 들으며 역사적 내용을 자연스럽게 스며들게 만들었지요. 영화도 활용해보세요. 역사와 관련된 영화는 뮤지컬보다 더 많이, 쉽게 접할 수 있습니다. 백성을 사랑하는 세종대왕의 한글 창제 과정을 그린 〈나랏말싸미〉, 안중근 의사의 생을 다룬 〈하얼빈〉, 이순신 장군의 업적을 기린 〈명량〉, 유관순 열사의 서사를 다룬 〈항거〉, 글의 힘을 보여주는 윤동주 시인의 이야기를 담은 〈동주〉, 근현대사 가족사의 이야기를 다룬 〈국제시장〉 등 다양한 영화가 있습니다. 해당 영화들은 전체관람가부터 12세 및 15세 관람가이므로, 영화를 보기 전 시청 연령을 반드시 확인하셔야 합니다. 아이들에게 영화에 대해 간단히 소개하고, 함께 영화를 볼 수 있는 날을 기다리는 것도 의미 있는 일입니다. 그 전에는 어린이 뮤지컬, 영화 노래로 먼저 차근히 접근해봅시다.

    노래, 책, 뮤지컬, 영화 등 다양한 방법으로 역사가 아이들의 마음 안에 스며들었다면, 역사와 관련된 유적지나 체험관을 방문해보세요. 제 아이들도 서대문형무소를 방문하고 난 뒤 책으로 알 수 없었던 생생한 감정을 느꼈습니다. 미처 이름 적히지 못한 수많은 독립운동가의 얼굴도 확인했고요. 이처럼 아이들에게 역사는 단순히 외우는 것이 아니라, 마음으로 느끼며 시작하는 것임을 꼭 알려주시길 바랍니다.

11. 시험만 잘 보면 영어 끝인 줄 아는 아이

오해

초등까지 영어는 무조건 끝내야 한다?

아이가 초등학생이 되니, 주변에서 이런 말들이 들리기 시작합니다. "영어는 무조건 초등에서 끝내야 해. 중학교와 고등학교에선 다른 과목에 시간을 더 분배해야 하니까, 영어에까지 쓸 시간 없거든. 초등학교 6학년 때 수능 1등급을 만들어둬야 해."

그때부터 불안감이 엄습하기 시작하죠. 우리 아이는 영어 유치원(유아 영어 학원)을 나오지도 않았고, 엄마표 영어를 열심히 한 것도 아닌데 초등학교 6학년 때 어떻게 수능 영어 1등급을 받아야 할까요. 눈앞이 깜깜해지니 유명한 학원이나 과외 선생님께라도 정보를 얻고 싶은 마음이 듭니다. 당연히 가격이 만만치 않지요. 그럼에도 우리 아이의 앞날을 위해서 기꺼이 감수합니다. 정말 많은 부모가 이런 고민을 하고, 비슷한 행렬을 따라 가고 있습니다. 정말 초등학교에서 영어 공부를 끝내야 할까요?

초등학생이 수능 영어 1등급을 받는 일에 대해 생각해봅시다. 수능은 고등학교 3학년 때 치는 시험으로, 애초에 고등 수준의 교육을 받아야 가능한 시험입니다. 수능 영어를 잘 이해하고 풀기 위해 필요한 미국 AR(Accelerated Reader) 레벨은 AR 5.0~8.0 정도의 수준입니다. 미국 5학년부터 고등학교까지의 수준을 뜻하죠. 즉, 미국에서 오로지 영어로 듣고 말하고 읽고 쓰는 것에 능숙한 고등학생 수준이 되어야 수능 만점을 받을 수 있다는 이야기죠.

우리는 영어를 전혀 사용하지 않는 한국 사회에서 살고 있고, 아이는 아직 초등학생일 뿐입니다. 수능 영어 1등급을 초등학생 때 받는다는 것이 얼마나 어려운 일인지 짐작이 가시지요? 그런데 이 어려운 일을 해내는 아이들이 있기도 합니다. 엄청난 양의 영어를 폭발적으로 쏟아붓는 경우지요. 영어 유치원(유아 영어 학원), 대형 어학원, 과외 등 영어를 읽고, 쓰고, 말하고, 들을 수 있는 학습적인 환경 속에서 아이가 생활하는 겁니다. 이렇게 영어를 고속으로 달리듯 학습한 친구들이, 중학교나 고등학교에 가서 영어 실력이 확 꺾이는 경우가 많습니다. 이유가 무엇일까요? '질렸기' 때문입니다.

> 진실

영어는 마치는 과목이 아니라, 지속하는 과목이다

영어에 폭발적인 시간을 쏟아보면 놓치는 것 하나가 있습니다. 바로 때에 따라 적절하게 발달해야 하는 모국어인데요. 관련 연구(2020)★ 결과에 따르면, 이중언어 학습 시 모국어 발달이 뒷받침되지 않으면 학업 성취도가 낮아질 수 있다고 합니다. 아이의 영어 수준은 높은데, 읽는 책 단계가 올라가지 않는다고 걱정하시는 분들이 많습니다. 그건 아이의 모국어 이해 수준이 그만큼 차오르지 않았다는 뜻입니다. 결국 우리는 영어를 이해할 수 있는 모국어라는 필터가 있어야 하는데, 모국어 필터가 단단하게 자리 잡고 있지 않으면 영어가 아무리 쏟아져 들어와도 필터를 통과하지 못해서 안으로 흡수할 수 없는 것이죠. 다시 말해 영어는 어느 기간 동안 마쳐야 하는 과목이 아니라, 아이의 모국어 발달과 함께 지속해야 하는 과목입니다.

영어는 하나의 '언어'입니다. 우리가 언어를 배우는 목적은 소통하기 위해서입니다. 영어를 사용하는 사람의 이야기를 듣고 이해하여, 내 생각을 제대로 전하기 위해서죠. 우리가 다른 사람과의 원활한 관계를 맺기 위해 한국어라는 도구를 사용해 소통하고 있듯, 영어 역시 하나의 언어 체계로서 타인과 소통하기 위한 도구입니다. 아이가 중고등학교 때는 높은 영어 점수를 유지하다가, 대학생이 돼서 영어를 전혀 쓰지 않으면 어떻게 될까요? 기억나지 않겠죠. 시험을 위한 영어가 중요하지 않다는 게 아니라, 시험만을 위한 영어는 지속 가능한 영어가 될 수 없다는 이야기입니다. 그렇기에 아이에게 필요한 건 영어를 지속하고 싶다는 마음이 들게 할 '흥미'입니다. 아이 스스로 영어에 대한 흥미가 있

★ 〈학령기 이중언어 아동의 두 언어 능숙도와 부모의 L1/L2 사용률 간의 관계〉, 임동선·김신영·한지윤·강다은·이수경, 《이중언어학》, 제79호, 2020.

어야 꾸준히 찾을 수 있고, 공부하다 보면 자신감이 생기게 되거든요.

지속 가능한 영어를 하고 싶다면 답은 저속 영어

◆ 솔루션 ◆

정해진 기간 안에 마쳐야 하는 과목으로 영어를 대하면 조급해집니다. 엄마가 조급해지면 아이도 조급해지지요. 초등학교까지는 아이가 엄마의 생각을 따라온다고 해도, 아이가 중고등학생이 되면 스스로 생각해야 합니다. 그렇다면 아이가 커서도 지속 가능한 영어를 하려면 어떻게 해야 할까요? 바로, 고속 영어가 아닌 '저속 영어'로 가는 겁니다. 저속 영어란, 속도는 줄이고 노출과 사용 빈도를 높이는 방법입니다. 세계 최대 글로벌 교육기업인 EF(Education Fist)의 영어능력지수 (EF English Proficiency Index)★에 따르면, 영어 능력은 언어 학습 기간보다 지속적인 노출과 사용 빈도에 따라 달라진다고 합니다. 이 보고서는 전 세계 116개국의 210만 명 이상의 성인 영어 학습자 데이터를 기반으로 국가별 영어 능력을 평가한 보고서입니다. 보고서의 결과만 봐도 저속 영어의 중요성을 알 수 있지요. 저속 영어는 듣기, 읽고 말하기, 쓰기 세 가지를 포함하고 있습니다.

★ www.ef.edu/epi

1. 이해하니 또 듣고 싶어지는 영어 듣기 환경 만들기

"엄마, 다른 거 틀어줘! 한글 틀어줘! 영어 싫어!" 아이들이 영어로 듣는 걸 유독 싫다고 말할 때가 있습니다. 왜 그럴까 살펴보면, 영어 자체를 싫어한다기보다는 "이해되지 않는다."라는 뜻이 숨어 있지요. 아이 수준에서 이해할 수 없는 영어 듣기는, 아무리 흘려주어도 말 그대로 '소음'일 뿐입니다. 그래서 아이가 이해할 수 있고 맥락으로 유추할 수 있는 듣기를 선택하는 게 정말 중요합니다. 그렇다면 '이해가 가능한, 맥락으로 유추가 가능한' 영어 듣기는 어떤 걸까요?

영상으로 이미 보았던 내용이거나, 책으로 읽은 내용이면 됩니다. 영어 흘려듣기의 중요성은 이미 많이 알고 계시지만 어떤 걸 틀어줘야 할지 어려우시죠. 아이가 지난밤에 보았던 영상을 소리로 리플레이 해주세요. 혹은 재밌게 보았던 영상을 소리로 틀어주면 됩니다. 아이와 영어책을 읽었다면, 영어책을 읽어주는 다양한 유튜브 채널을 검색해서 해당 내용을 틀어주면 되어요. 이것만으로도 아이에게 '이해가 가능한, 맥락으로 유추가 가능한' 듣기가 됩니다. 또 듣고 싶어지지요. 보았던 내용이기에 관심이 가고, 다음 내용이 궁금해집니다. 말 그대로 지속될 수 있습니다.

2. 하루 두 권으로 읽고 말하는 연습하기

저는 7살, 9살 아이와 함께 하루에 10~15쪽 분량의 영어책 두 권 말하기를 하고 있습니다. JY 퍼스트 리더스(JY First readers), 스콜라스틱 리더(Scholastic reader), 옥스퍼드리딩트리(ort) 등 15쪽 이내의 짧은 리더스 책으로요. 영어에 감이 있거나 책을 스스로 읽는 아이라면 혼자 낭독해도 되겠지만 생각보다 혼자 영어책을 읽는 시기가 빠르게 찾아오진 않습니다. 꽤 많은 시간을 투자해야 하니 그때까지는 함께 읽어 주세요. 여기서 궁금하신 점은 '파닉스'겠죠? 파닉스는 필요하다면 진행해도 좋지만, 6개월 혹은 1년 이상을 투자하면서까지 배워야 하는 건 아니라고 생각합니다. 파닉스의 유효성을 따지는 것이 아니라, 그 과정이 아이에게 지루해질 수 있기 때문입니다. 저는 오히려 하루 두 권 따라 말하기를 추천합니다. 한글책을 자주 읽고 들으면서 자연스레 한글의 자모 소리를 조합하고 단어를 눈에 익히듯, 영어도 모국어와 같은 방식으로 습득하는 것이죠. 이처럼 영어책이 익숙해졌을 때, 하루 한 장 정도 파닉스를 함께 병행해서 나가시면 효과적입니다.

따라 말하기는 영어 음원을 듣고 책을 한 줄씩 따라 읽는 방법입니다. 따라 말하기의 좋은 점은 원어민 발음, 묶음 처리, 연음 처리, 악센트 등을 섬세하게 들을 수 있다는 겁니다. 실제 글자가 어떻게 읽히는지 눈으로 확인할 수도 있고요. 이때 아이가 따라 말하는 책의 수준을 잘 선정해야 합니다. 음원을 듣고 아이가 한 책에서 70% 이상 능숙하게 말할 수 있다면 그 책은 아이의 수준에 잘 맞는 겁니다. 아이의 듣고 따라 말하는 수준이 점차 향상되면 그에 맞게 글밥을 서서히 늘려 가면 됩니다. 고속으로 갈 필요 없이, 저속으로 하루 딱 두 권을 매일매일 투자하는 것이죠. 이렇게 천천히 쌓이는 영어의 힘은 생각보다 놀랍습니다.

3. 영어 퀴즈로 시작하는 영어 쓰기

한글로 쓰는 글도 어려운데, 영어로 글을 쓰라니? 아이가 어려워하는 게 당연합니다. 영어로 글을 쓰자고 하면 질색하며 도망치는 것도 이해하셔야 합니다. 영어를 10년 이상 배운 성인도, 영어 쓰기는 자신 없는걸요. 부모에게도 어려운 영어 쓰기가, 아이들에겐 얼마나 막막할까요? 그럴 땐 영어 쓰기의 장벽을 낮춰보세요. 좋은 시작점이 바로 영어 퀴즈입니다. 제가 구독하는 영어 플랫폼 중 '리틀팍스'라는 유료 사이트가 있습니다. 아이가 방금 본 영어 영상이나 책에 대한 퀴즈를 제공하는데, 영어 영상이나 책이 아이 수준에 따라 1, 2, 3단계 등으로 난이도가 나뉘어 있습니다. 아이 수준에 맞는 영어 퀴즈를 시작할 수 있다는 장점이 있지요.

그 외에도 무료로 이북과 퀴즈를 제공하는 곳이 많으니 아이와 함께 영어 퀴즈를 시작해보세요. 책 안에 나왔던 단어를 맞히거나 책 내용을 이해하고 있는지 묻는 문제, 책 내용의 순서를 배열하는 문제 등이 포함돼 있습니다. 이때 퀴즈에 나왔던 단어를 따라 써보거나, 책 내용 순서에 맞게 문장을 배열해 차례대로 써보는 연습을 하는 것이죠. 퀴즈로 이미 봤던 내용이기에 아이는 쓰기에 대한 부담 대신 친숙함을 느낄 수 있습니다. 무엇이든 쓰기는 어렵게 시작하지 말고, '쉽게' 시작해야 성공할 수 있습니다.

이 세 가지 방법으로 저속 영어에 도전해보세요. 언어는 결국 자주 써야 내 것이 됩니다. 자주 쓰는 방법은 딱 하나지요. 그 언어가 재밌어야 해요. 영어 정서를 잘 형성하는 것이, 결국 지속가능한 영어의 답이란 걸 잊지 마세요. 고속 영어로 돌진하고 싶을 때, 저속 영어라는 키워드를 마음에 다시 한 번 새겨봅시다.

◆ **무료 E-BOOK과 독서 퀴즈를 제공하는 사이트 모음**

사이트	추천 이유	회원가입 여부
프로젝트 구텐베르크 (Project Gutenberg) (gutenberg.org)	전 세계에서 가장 오래된 무료 디지털 도서관. 70,000권 이상의 고전 문학과 비문학 도서를 제공하며 다양한 파일 형식(PDF, ePub, Kindle)을 지원해서 두루 활용 가능합니다.	필요 없음
옥스퍼드아울 (Oxford Owl) (oxfordowl.co.uk)	250권 이상의 무료 eBook을 레벨별로 제공. 레벨별 학습 자료와 활동지, 부모와 교사를 위한 가이드까지 제공해주어 엄마표 활용이 쉽다는 장점이 있습니다. 주로 어린이용 학습 콘텐츠로 구성되어 있으며 교사용 자료를 활용해 추가 독해 활동도 진행할 수 있습니다.	필요함 (무료)
리드시어리 (ReadTheory) (readtheory.org)	초기 레벨 테스트로 개인 맞춤형 독해 퀴즈를 제공. 학습 수준에 따라 독해 지문과 문제를 자동으로 조정하며, 점수와 진행 상황 피드백이 가능한 점이 큰 장점입니다.	필요함 (무료)
에픽(Epic!) (getepic.com)	어린이와 청소년 대상의 40,000권 이상의 eBook, 오디오북, 학습 영상을 제공. 장르별 분류를 통해 관심 있는 주제의 책을 선택할 수 있습니다. 독서기록 관리 및 독해 퀴즈 기능도 있습니다.	필요함 (30일 무료 체험)
북스(Vooks) (vooks.com)	어린이 대상 애니메이션 영어 동화책을 볼 수 있는 곳. 원어민 성우가 낭독하고, 단어별 하이라이트 읽기 지원도 있습니다. 영어 동화책을 아이가 쉽고 재미있게 접하도록 돕는 좋은 플랫폼으로, 초등학생 및 영어 초기 학습자에게 추천합니다.	필요함 (7일 무료 체험)

12. 여행 가면
학습 루틴 무너지는 아이

오해

여행 가서도 공부라니? 마음껏 놀아야지!

아이들이 매년 손꼽아 기다리는 기간이 있죠. 바로 여름방학과 겨울방학입니다. 방학 동안 여행을 계획하는 가정이 많습니다. 꼭 방학이 아니더라도 주말이나 명절에 여행 가는 경우도 있고요. 이때 많은 부모가 여행 가서도 공부를 시켜야 할지, 아니면 푹 쉬게 해야 할지 고민합니다.

"여행 가서까지 공부시켜야 할까?"

"가서 공부 때문에 실랑이하느니, 그냥 놀게 두자."

"쉬려고 여행 가는데, 공부까지 시키는 건 너무 가혹한 거 아닌가?"

그런데 푹 쉬고 나면 과연 공부하고 싶어질까요? 부모도 긴 연휴 뒤에 가는 직장이 더 힘들지요. '여행도 다녀왔고, 푹 쉬었으니 이제 열심히 일해야지!' 다짐하지만 막상 다시 일을 시작하려 하니 더 하기 싫어집니다. 이 마음은 한마디로 관성의 법칙입니다. 정지한 물체는 계속 정지하려고 하고, 운동하는 물체는 계속 운동하려고 한다는 뉴턴의 이 법칙처럼, 뇌 역시 현재 상태를 유지하려는 성질이 있습니다. 한동안 아무것도 하지 않으면 다시 움직이기 어려워지는 것도 그 때문이죠. 다시 움직이기 위해선 당연히 예전보다 더 큰 에너지를 써야 합니다. 여행에서 돌아온 뒤에 실컷 논 만큼 열심히 공부하려고 해도 어렵습니다. 오히려 아이와 공부 루틴을 다시 만드는 데 더 큰 실랑이와 에너지를 쓰게 되지요.

이와 관련된 재밌는 연구 결과도 있습니다. 미국의 저명한 심리학자인 해리스 쿠퍼는 여름방학 동안 학습을 중단한 학생들이 읽기와 수학 성취도에서 평균 1개월 이상의 감소 현상을 보인다는 연구 결과를 발표하기도 했습니다.[*] 그는 이런 현상을 '썸머 슬라이드(Summer Slide)'라고 표현했습니다. 여름방학 동안 규칙적인 학습 습관이 무너지면서 그간 공부한 개념을 쉽게 잊어버린다는 뜻이죠. 반면 방학 중 루틴을 유지하는 아이들은 개학 후에도 학습 공백이 적고 학업 복귀 속도가 빠르다고 합니다. 이처럼 여행지에서 학습 루틴을 조금이라도 유지하는 것이, 온전히 쉰 다음 다시 시작하는 것보다 에너지가 덜 소모됩니다.

---

[*] 〈The Effects of Summer Vacation on Achievement Test Scores: A Narrative and Meta-Analytic Review〉, Harris Cooper, Barbara Nye, 《Review of Educational Research》(Vol 66), 1996.

〔진실〕
하기 힘든 상황에서 성취할수록 자신감이 쌓인다

여행 중 아이 공부를 챙기는 건 꽤 어려운 일입니다. 이렇게까지 해야 하나 싶을 수도 있지요. 여행 중 학습을 지속하는 건 단순히 공부를 잘하기 위함이 아닙니다. 아이가 어려운 환경에서도 습관을 유지하는 방법을 배우고, 자기조절력과 성취감을 키울 수 있는 중요한 경험이죠. 마치 운동선수들이 해외 경기 일정 중에도 빠지지 않고 기본 훈련을 유지하는 것처럼요. 더 좋은 컨디션을 유지하기 위해서, 지친 상황에서도 운동을 소홀히 하지 않는 것이죠.

저는 예전에 대학교만 가면 공부는 다시 안 할 거라 믿은 적이 있습니다. 원하는 대학에만 입학하면 공부는 모두 끝인 줄 알았죠. 하지만 제가 머무는 환경만 달라질 뿐, 공부는 어떤 식으로든 항상 필요했습니다. 아이를 키우기 위해서도 필요했고, 나를 더 잘 돌보기 위해서도 필요했습니다. 아이들도 마찬가지입니다. 학습 환경이 잘 갖춰진 곳에서만 공부하는 게 아니고, 학원과 학교에 다녀야만 공부하는 게 아니라는 걸 경험을 통해 느껴야 합니다. 여행을 가서도 공부를 지속한다는 건 아이에게 "어떤 환경에서든 필요한 걸 해야 하는구나."라는 인식을 심어줍니다. 여행지는 특히 공부하기가 어려운 환경입니다. 집처럼 편안한 책상과 의자도 없이 방바닥에 앉아서 해야 할 수도 있습니다. 재밌어 보이는 걸 뒤로 하고, 밖에 나가 놀고 싶은 마음을 꾹 눌러야 하지요. 이럴 때일수록 해야 할 일을 해냈을 때, 아이는 어마어마한 성취감을 느낍니다. 여행 가서 놀지 말고 공부만 하라는 말은 결코 아닙니다. 여행지에선 당연히 신나게 놀아야지요. 놀 건 다 놀면서도 공부 습관은 놓지 않는, 여행지 공부환경 구성법이 따로 있습니다.

놀 거 다 놀면서 공부도 하는, 여행지 공부환경 구성법

아이들이 여행 가서 놀 거 다 놀면서 공부도 한다면 정말 금상첨화겠죠? 그러기 위해선 어떻게 하면 좋을까요?

[여행 전] 공부 해야 하는 이유와 학습 분량 협의하기

여행 가서 학습 루틴을 유지하느라 아이와 실랑이하는 가정이 많습니다. 여행 와서 이렇게까지 해야 하냐고, 그냥 쉬고 싶다는 아이 때문이죠. 이는 여행 전에 미리 아이와 충분한 대화를 나누지 않았기에 벌어지는 일입니다. 부모가 아무리 공부 루틴을 유지하고 싶더라도, 정작 공부하는 주체는 아이죠. 움직이지 않는 아이를 억지로 끌다 보면 자연스레 잔소리가 늘게 되고, 좋은 마음으로 간 여행지에서의 갈등은 마음을 더 상하게 만듭니다. 그렇기에 아이와 미리 여행지에서 공부해야 하는 이유와 학습 분량을 정하는 과정을 꼭 거치셔야 합니다.

"여행을 가더라도 하루에 꼭 해야 하는 공부가 있어!"

"할 일을 다 하고 노는 게 더 재밌어!"

이런 대화를 통해 아이도 무작정 놀기만 할 수 없다는 걸 이해해야 합니다. 저는 평상시에도 아이들에게 '할 일을 먼저 하면 더 신나게 놀 수 있다는 점'을 자주 이야기합니다.

아이가 해야 하는 학습 분량도 미리 정해갑니다. 여행지에선 평상시 하던 양을 모두 할 순 없습니다. 국어, 수학, 영어는 한순간에 잘할 수 있는 과목이 아니라 꾸준히 쌓아야 하는 과목이지요. 아이가 해야 하는 공부를 국어, 수학, 영어로 정했다면 매일 하던 분량보다 양을 줄여주세요. 하루 한 장 혹은 두 장으로요. 요일마다 과목을 정해주어도 좋습니다. 아이가 부담스럽지 않게 할 만하다고 느껴지는 양을 협의해보세요. 만약 영어를 사용하는 나라로 여행을 갔다면, 여행지에서 용기 있게 영어로 말해보는 것으로 하루 공부를 대체하는 것도 좋은 방법입니다.

[여행 중] 시간·장소를 정하고, 여행지에서만 가능한 활동 더하기

여행은 눈 깜짝하면 시간이 지나있곤 합니다. 평소에 보지 못한 것을 보고, 먹지 못했던 음식을 접하기도 하니까요. 그래서 공부할 시간과 장소를 정하는 게 중요합니다. 어느 시간에 어떤 장소에서 시작할 것인지 정해두어야 혼란스럽지 않습니다. 여행지의 숙소마다 아이가 공부할 수 있는 여건이 모두 다를 겁니다. 책상이 있다면 가장 좋겠지만, 책상이 없더라도 아이가 편하게 공부할 수 있는 공간이라면 어디든 좋습니다. 바닥에서 해도 좋고, 의자를 붙여서 활용하거나 작은 테이블을 사용해도 됩니다. 아이가 공부해야 할 문제집과 학용품은 그

자리에 미리 올려둡니다. 저희는 보통 아침 시간을 공부 시간으로 정했습니다. 낮이나 저녁엔 피곤해서 하고 싶어도 하지 못할 확률이 높거든요. 아침에 30분 정도만 투자하고 나면, 그 이후부터는 완전한 자유시간인 겁니다. 아이도 '30분만 투자하고 하루 종일 놀 수 있다니!'라고 생각합니다.

여행지에서만 할 수 있는 의미 있는 활동도 놓치지 마세요. 저는 여행 갈 때마다 가족 수만큼 그림 일기장을 챙겨갑니다. 하루 동안 가장 기억에 남는 일을 그림과 글로 남기는 것이죠. 아무리 좋았던 여행도 적어두지 않으면 무엇이 좋았는지 도통 기억이 나지 않습니다. 그런데 기록은 신기하게도 펼치면 언제든 그 공간과 시간으로 데려가줍니다. 그림일기는 엄마 아빠도 함께 참여합니다. 그리고 각자 발표하는 시간도 가집니다. 같은 경험을 해도 느끼는 건 모두 다릅니다. 쓰기에 도통 자신감이 없는 아이도 여행지에서 그림일기를 써본 경험을 통해 쓰기에 제법 재미를 붙이기도 하지요. 이런 게 바로 여행지의 마법입니다.

[준비물] 여행지에 가져가야 하는 물건은 따로 있다

여행지에서 짐을 싸거나 이동할 때처럼 부모가 유독 바쁜 때가 있지요. 그럴 때 아이도 시간을 보낼 수 있는 놀잇감이 필요한데요. 보통 장난감이나 태블릿으로 시간을 보내는 경우가 많습니다. 저는 놀잇감으로 휴대용 체스와 바둑을 추천합니다. 작고 가벼워서 어디든 들고 다닐 수 있거든요. 집에는 다양한 장난감이 있지만, 여행지의 놀잇감은 한정되어 있기에 집중도가 더 올라갑니다. 아이가 체스나 바둑을 못한다고 해도 상관없습니다. 부모와 직접 해보며 익히는 것만큼 좋은 방법이 없거든요. 만약 부모가 체스나 바둑을 두지 못한다면, 두는 법만 간단하게 익히고 가시면 됩니다. 여행지의 휴식 시간에 가족이 함께 체스나 바둑을 두면서 시간을 보내는 만큼 추억이 쌓이는 일도 없습니다. 특히 체스와 바둑은 전략 게임이라 자연스럽게 문제 해결력이 향상되는 놀이입니다. 제 아이들도 6살, 8살 때 여행지에서 체스와 바둑을 처음으로 배웠습니다. 그 이후에 체스와 바둑에 재미를 붙여 학원에 다니고 싶다고 먼저 말하더군요. 방과 후 프로그램으로 선택하기도 하고요.

여행 가서도 챙길 게 참 많다 싶으시죠? 그런데 여행 다녀와서 아이와 공부 습관 다시 잡는 게 훨씬 더 힘듭니다. 여행을 가서도 매일 무언가를 해내는 습관은, 아이에게 '나는 매일 나와의 약속을 실천하고 지키는 사람'이라고 믿고 실천하게 만들 자기주도력을 심어줍니다.

13. 재미없으면 공부하기 싫다는 아이

> 오해
>
> **공부는 무조건 재미있게 해야 한다?**

'우리 아이는 공부를 왜 하기 싫어할까? 공부를 재밌게 배우지 못해서 그런 게 아닐까?' 이렇게 생각하시는 분들이 꽤 있습니다. 그래서 흥미로운 학습법, 재미있는 교재, 게임식 교육, 시각적으로 화려한 유튜브 강의 등을 찾는 부모가 많지요. 물론 즐거움이 학습에 도움이 되는 것은 당연한 사실입니다. 특히 공부에 큰 흥미를 느끼지 않는 아이에겐 즐거운 기억을 쌓으며 학습에 접근하는 방법은 효과적이지요. 하지만 공부를 매번 '재미'와 연결시킬 수 없는 두 가지 이유가 있습니다.

첫째, 공부는 필연적으로 고통의 시간을 동반합니다. 모르는 것을 배우는 과정은 본질적으로 불편합니다. 이를 즐겁게 받아들이는 아이도 있겠지만, 대부분의 아이는 낯설거나 새롭게 배우고 익히는 과정을 어렵다고 느낍니다.

둘째, 배우는 과정이 지루할 수밖에 없습니다. 연산을 잘하는 방법이 뭘까요? 많이 풀고, 자주 틀려보는 수밖에 없습니다. 개념을 익히기 위해선 반복 학습이 필수죠. 무언가를 잘하기 위해선 기본적인 연습량이 충분히 쌓여야 합니다. 만 시간의 법칙처럼요.

이처럼 공부는 필연적으로 어렵고 지루할 수밖에 없습니다. 그런데 공부를 재미와 결부시키는 순간, 방향을 잡기 어려워집니다. 공부의 속성 자체가 재미와 거리가 멀기 때문이지요. 미국 스탠퍼드대학교의 교육학 교수 폴 키르쉬너는 "모든 학습을 놀이처럼 만들려는 시도는 결국 아이들에게 '공부는 원래 재밌어야 한다'는 잘못된 신호를 준다. 그러면 학습의 어려움을 마주했을 때 쉽게 포기하는 태도를 갖게 된다."라고 경고하기도 했습니다.

(진실)
공부 동기는 처음이 아니라, 그다음에 만들어진다

아이가 자발적으로 공부를 하고싶어 하는 마음 즉, 자기주도적 공부 동기는 어떻게 생기는 걸까요? 정말 신기하게도 공부 동기는 '공부를 시작한 후'에 따라올 확률이 높습니다. 미국 스탠퍼드대학교의 흥미로운 연구가 있습니다. A그룹에게는 "공부하고 싶은 기분이 들 때까지 기다리라."고 말하고, B그룹에게는 "일단 5분만 시작해보라."라고 말했지요. 결과는 어땠을까요? A그룹의 학생들은 공부를 시작하지 않거나, 시작해도 금방 포기했습니다. 반면, B그룹의 학생들은 처음엔 마지못해 시작했지만 시간이 지나면서 집중력이 높아지고 더 오래 공부했지요. 연구자들은 "동기란 행동을 시작한 후에 따라오는 것이지, 행동 전에 마법처럼 생기는 것이 아니다."라고 결론을 내렸습니다. 우리도 이런 경험이 있지 않나요? 공부를 시작하기 전에는 정말 하기 싫어 죽겠다는 마음이 들었는데, 막상 시작하고 나니 더 하고 싶다는 마음이 들었을 때요.

이는 '행동이 감정을 결정한다'는 심리학 이론으로 연결됩니다. 보통 감정(공부하고 싶다는 마음)이 먼저 생기고, 행동(공부하기)이 따라온다고 생각하지만, 실제로는 행동이 감정을 바꾸는 경우가 더 많습니다. 심리학자 윌리엄 제임스 역시 "우리는 슬퍼서 울거나 기뻐서 웃는 것이 아니라, 울기 때문에 슬프고 웃기 때문에 기쁘다."라고 말했습니다. 우울한 마음이 들 때 일단 몸을 움직이라는 것도 같은 맥락입니다. 공부도 이와 같은 논리로 생각할 수 있습니다. 먼저 공부하고 싶다는 마음이 드는 게 아니라, 일단 공부를 시작해야 공부를 이어가고 싶다는 마음이 따라오는 것이지요. 공부에 재미를 느끼게 되기까지 마냥 기다리기만 해서는 영영 그 순간이 오지 않을 수도 있습니다. 기다리는 동기가 아닌, 만드는 동기가 필요한 이유입니다.

공부를 시작할 자기주도적 동기를 만드는 방법

"당신이 진짜 실력을 키우려면, 하기 싫을 때도 해야 한다." 현대 경영학의 핵심을 정립한 피터 드러커의 말입니다. 정신이 번쩍 들지요. 하기 싫을 때도 해야 실력이 느는 건 부정할 수 없는 사실입니다. 하지만 아이에게 마냥 견디라고 할 수도 없습니다. 아이에겐 말 그대로 지속할 동기가 필요합니다. 기다리는 동기가 아닌, 아이가 직접 만드는 자기주도적 동기를 심어주고 싶으시지요. 어떤 방법을 쓰면 좋을까요?

1. 감정은 보듬어주지만 행동은 바꾸도록 유도하기

공부하기 싫다는 아이의 마음을 부모가 부정할 수는 없습니다. 당연한 일이거든요. 힘들고 지루한 공부를 "왜 하기 싫어?" "그래도 해야지!" "안 하면 너만 손해야." 같은 말로 대응하기보다는, 하기 싫은 아이의 감정을 먼저 보듬어주세요.

"공부하기 싫을 수 있어. 공부는 쉬운 일이 아니니까." (인정)

"하지만 시작하면 달라질 수 있어. 일단 10분만 해볼까?" (행동 변화)

아이들은 본인의 감정이 이해받았다고 느낄 때 마음의 빗장을 조금씩 풉니다. 10분이라는 구체적인 시간이 정해지면 행동의 허들도 낮아지고요. 실제로 막상 10분을 시작하면, 조금 더 해보고 싶어하는 아이가 많습니다. 이는 일단 행동하면 동기가 따라온다는 심리적인 원리지요.

2. 공부의 목적을 재점검하기

아이가 공부해야 하는 이유를 단순히 '좋은 직업, 좋은 대학'과 연결 지어 설명하면 공감하기 어렵습니다. 특히 초등학생의 경우는 더 그렇지요. 너무 먼 미래거든요. 우리는 이미 삶의 중요한 순간들을 지나오며 공부해야 하는 이유를 온몸으로 깨달았지만, 아이들은 아직 우리가 건너온 터널의 초입에 있습니다. 그래서 아이들이 이해할 수 있는 '성장'으로 공부의 목적을 설명해야 합니다.

"새로운 걸 배우는 건, 네가 더 멋져지는 일이야."

"모르는 걸 알게 된다는 건, 새로운 세상을 보는 문을 여는 거야."

"게임 개발자가 되고 싶구나! 수학의 세계를 이해하면 도움이 될 거야."

이처럼 아이가 공부하는 이유를 아이의 성장에 초점을 맞춰주세요. 아이들은 본인이 멋져지는 일에 생각보다 진심입니다.

3. 공부는 연습하면 쉬워지는 것이라고 설명하기

공부를 마냥 어렵다고만 생각하면 쉽게 동기를 잃지만, '연습하면 쉬워지는 일'로 생각하면 지속할 가능성이 높아집니다. 이는 뇌과학으로도 밝혀졌지요. MIT 뇌과학 연구소는 반복 학습이 뉴런(신경세포) 간의 연결을 강화하여 공부를 더 쉽게 만든다는 사실을 입증했습니다. 우리도 한 권의 책을 읽었을 때와 여러 권의 책을 읽었을 때의 느낌이 다르지 않나요? 《사피엔스》를 읽은 사람이, 《총 균 쇠》를 더 잘 이해하는 것처럼요. 반복해서 읽고 공부하는 것은 지루할 수도 있지만 익숙해질수록 가소성을 가집니다. 이를 근육과도 비교할 수 있습니다. 우리가 처음 헬스장에 갔을 때는 20kg 덤벨도 들기 힘들지만, 연습할수록 몸에 단단한 근육이 붙어서 나중에는 80kg까지 들 수도 있습니다. 이처럼 공부도 마음과 머리에 근육이 붙는 일입니다. 아이에게 연습할수록 쉬워지는 일이라는 비유를 근육과 연관지어 설명해주세요.

14. 학원 가기 싫다는 아이

> 오해

나는 극성맞은 엄마가 아니며
모두 아이를 위한 선택이다?

코미디언 이수지 씨의 유튜브 채널에 올라온 〈휴먼다큐 자식이 좋다, 엄마라는 이름으로〉 영상이 연일 화제가 되었습니다. 제이미라는 아이를 잘 키우기 위해 대부분의 시간을 차에서 보내는 것을 감수하며 학원들을 라이딩하는 엄마 '제이미맘' 캐릭터의 일상을 다룬 내용이었죠. 제이미맘은 아이의 배변 훈련까지도 과외교사를 구할 만큼 열성적이었습니다. 영상이 자극적이고 재밌는 요소를 포함하고 있어서 800만 회가 훌쩍 넘는 엄청난 조회수를 기록했지요. 그런데 단순히 영상이 재밌기만 했다면, 이만큼 많은 사람의 입에 오르내리진 않았을 겁니다. 해당 영상이 다양한 채팅방, 맘카페, SNS, 심지어 뉴스에까지 언급될 정도로 화제성을 가진 이유는 '현실고증' 때문이었습니다. 현실의 현상이나 모습을 반영하여 잘 구현해낸 것이지요. 실제로 이런 댓글도 많이 달렸습니다. "현직 대치동 초등 학원 강사입니다. 방금까지도 뵙고 온 기분입니다." 제이미맘 캐릭터가 가상의 모습이 아니라, 주변에서 흔히 볼 수 있는 사람이었기에 영상의 반응이 더 뜨거웠습니다.

이 영상 이후 코미디언 이수지 씨가 입고 나왔던 명품 옷이 중고 물품으로 대거 올라오기도 했습니다. 실제 라이딩복으로 유명한 옷이었지요. 이유가 뭘까요? 옷 자체는 여전히 비싼 값을 받을 만큼의 명품이 맞지만, 그 옷을 입고 나가는 순간 나도 영상 속 제이미맘과 똑같은 행동을 하고 있다는 것을 증명하는 셈이 된 것입니다. 그 옷을 더 이상 선택하지 않음으로써, 이런 메시지를 표현하는 것이지요. '나는 저렇게 아이를 힘들게 하는 엄마가 아니야. 극성맞은 엄마가 아니야.'

그런데 옷 하나를 입지 않는 것으로 그런 마음을 증명할 수 있을까요? 보건복지부에서 실시한 「2022년 정신건강실태조사(소아·청소년)」에 따르면 소아·청소년 16.1%가 정신장애를 경험했으며, 소아·청소년의 7.1%는 전문가의 도움이 시급하다고 합니다.★ 소아·청소년 10명 중 2명 가까이 겪는 현상이라니 심각하지요. 우리가 엄마라는 이름으로 나도 모르게 행하고 있는 것이 많습니다. 아이를 위한 선택이라고 하지만, 사실 엄마를 위한 게 많죠.

★ 보건복지부 보도자료, 〈「2022년 정신건강실태조사(소아·청소년)」 결과 발표〉, 정신건강정책과, 2024.

강요와 선택은 한 끗 차이!

심리학자 에드워드 데시와 리처드 라이언의 자기결정이론에 따르면, 사람은 세 가지 기본 욕구를 가지고 있다고 합니다. 스스로 선택하고 싶어하는 욕구인 '자율성', 자신의 능력을 키우고 싶어하는 욕구인 '유능감', 타인과 연결되고 싶어하는 욕구인 '관계성'이지요. 아이들의 동기와 가장 관련이 되어 있는 건 어떤 욕구일까요? 바로 '자율성'입니다. 그리고 자율성은 '선택'과 연관성이 높습니다. 강요와 선택은 한 끗 차이입니다. 강요에서 조금만 힘을 빼면 선택의 폭이 넓어지지만, 선택의 폭이 너무 좁으면 강요가 될 수 있기 때문이지요. 대표적인 사례가 학원입니다.

우선 아이의 학원은 부모의 돈으로 보내는 곳입니다. 하지만 마냥 비용적인 측면만 따져 부모에게 모든 선택권이 있다고 말할 순 없습니다. 수강료는 부모가 내지만, 학원을 다니는 주체는 '아이'이기 때문이죠. 요즘은 어릴 때부터 아이에게 시키면 좋을 것 같은 학습 영역이 자갈밭에서 자갈을 밟을 확률만큼이나 많습니다. 걸을 때마다 자갈이 발에 채이는 기분이지요. 수학 학원만 봐도 이름부터 각양각색이죠. 창의 수학, 사고력 수학, 놀이 수학, 연산 수학… 끝이 없습니다. 아이의 수학 머리를 제때 키우지 않으면 수포자가 될 것만 같고, 초등 고학년으로 올라오니 중학교 과정까지 끝내야 한다고 하고, 중학교에 입학하니 고등 선행이 되어야 한다고 합니다. 이런 상황에서 부모는 제이미맘처럼 미래에 도움될 것 같은 학원 선택지를 아이 앞에 대령해주곤 하지요.

사람은 누구나 태어날 때부터 자율성의 욕구를 지니고 있습니다. 어린아이라고 해서 예외가 아닙니다. 모든 아이는 스스로 선택할 힘이 있고, 그 힘을 느낄 때 동기가 생깁니다. 아이에게 필요한 것을 가장 잘 아는 사람은 부모일 수 있지만, 아이가 주체가 되어 다니는 학원에 대한 선택이라면 아이의 의견도 함께 들어가야 합니다. 학원이 부모의 강요가 될 때 아이는 생각도 목적도 없이 본인의 몸만 학원이라는 장소에 담가둘 확률이 높습니다. 하지만 본인의 선택이 학원을 다니게 된 동기가 되었을 때는 달라집니다. 왜 다니고 싶은지, 어떤 점이 좋은지, 어떤 면이 힘든지 스스로 판단할 수 있거든요. "하자."와 "어때?"는 딱 한 끗 차이의 문장이지요. 강요와 선택도 한 끗 차이입니다. 하지만 학원을 전적으로 아이의 선택에 맡길 수는 없습니다. 선택엔 언제나 책임이 동반됩니다.

선택의 자유만 있고 기준이 없으면 안 되기에: 학원 기준 세 가지

아이에게 학원에 대한 선택권만을 주고, 책임을 주지 않는다면 무한 자유를 준 것과 다름없습니다. 아이가 학원을 선택했다면, 지켜야 하는 세 가지 기준도 함께 알려주세요. 부모도 기준이 있어야 흔들리지 않습니다.

1. 다녀야 하는 최소 기간 정하기

아이가 다니고 싶은 방과후교실이나 학원이 많을 수 있습니다. 특히 아이들은 친구를 따라 다니고 싶어 하는 경우가 많은데요. 친한 친구가 다닌다고 하니, 놀고 싶은 마음에 따라간다는 것이죠. 아이가 무엇을 시작하든, 3개월은 꾸준히 다녀야 한다는 기준을 정해주세요. 유아와 저학년의 경우 1개월, 그 이상은 최소 3개월이라는 기준이 있어야 합니다. 학원 다닌다는 건 부모가 감당해야 할 수강료가 생긴다는 의미이기도 합니다. 아이의 감정에 따라 학원을 보내는 게 아니라, 선택했다면 최소 기간을 채우는 것으로 책임을 경험할 수 있게 해주세요. 이런 경험을 통해 '내가 정말 다니고 싶은 학원'이라는 기준이 아이 안에도 자리 잡게 됩니다.

2. 필요한 학원과 좋아하는 학원 구분하기

보통 아이가 좋아하는 학원은 예체능일 확률이 높습니다. 부모가 필요하다고 생각하는 영역은 교과일 확률이 높고요. 부모가 필요하다고 생각하는 학원이 많아질수록 강요에 가까워질 위험이 있지요. 아이에게 필요한 학원이 나쁘다는 뜻이 아닙니다. 필요한 학원과 좋아하는 학원이 균형 잡혀야 한다는 말이지요.

아이에게 필요한 학원을 세 군데 다닌다면, 좋아하는 학원 한 군데를 넣는 겁니다. 필요로만 꽉 채워진 학원은 아이의 숨통을 조이지만 본인이 선택한 좋아하는 학원 안에서는 숨 쉴 구멍이 생기지요. 특히 저는 예체능 한 가지는 고학년이 될 때까지 유지하는 게 좋다고 생각합니다. 운동이나 예술 쪽 학원은 저학년 때는 많이 다녀도, 고학년이 되면 모두 정리하는 추세거든요. 아이가 힘낼 수 있는 숨구멍 하나는 열어주세요. 자신의 취향을 알고, 취미를 즐길 줄 아는 어른으로 성장할 수 있는 발판이 됩니다.

3. 아이에게 필요한 학원을 다닐 때 점검하면 좋을 것

아이가 본인이 좋아하는 것만 할 수는 없듯, 학원 역시 좋아하는 곳만 다닐 수는 없습니다. 교과 학원은 아이에게 좋은 학습 지원이 될 수 있습니다. 다만, 다니기 전에 아이의 성향과 맞는 학원인지를 점검해 보실 필요가 있습니다.

첫째, 숙제의 양이 너무 많지는 않은지 확인해주세요. 숙제를 유독 많이 내는 학원이 있습니다. 학원 숙제를 하느라 밤 11시까지 자지 못한다는 이야기도 종종 들려옵니다. 학교 숙제도 마치지 못했는데 말이죠. 아이가 해결할 수 있는 양의 숙제를 내주는지를 꼭 확인할 필요가 있습니다. 어떤 곳은 학원에서 숙제까지 모두 마치고 오기도 합니다. 학원에서 해야 할 숙제까지 마치고 오면, 집에서는 학교 숙제나 다른 활동에 집중할 수 있으니 오히려 좋지요. 중학년 이상의 아이라면 본인에게 맞는 학원 숙제 방식을 고민하고 선택할 수 있으니 아이에게도 꼭 물어봐야 합니다.

둘째, 진도가 아이의 속도와 맞는지 확인해주세요. 선행을 중요시하는 학원은 진도가 빠릅니다. 빨리 여러 번 학습하는 걸 선호하기 때문이죠. 학부모에게 보여주기도 좋고요. 이런 방식이 아이의 평상시 공부 스타일과 맞는다면 상관없지만, 차근히 나가야 하는 아이라면 속도가 버거울 수 있어요. 필요에 의해 다니는 학원이지만 스트레스만 쌓이는 겁니다. 학원 진도가 어떤 속도로 나가는지 상담을 통해 확인해보셔야 해요.

셋째, 아이도 선생님을 만날 수 있게 해주세요. 저는 아이에게 다른 교과목보다도 미술 학원이 꼭 필요하다고 생각했습니다. 그런데 아이는 무척 싫어했어요. 평소에도 무언가를 끼적이거나 그리고자 하는 욕구가 전혀 없었던 터라 미술 학원에서 다양한 표현 방법을 익히기를 바랐습니다. 제 기준에는 아이에게 꼭 필요한 학원이라 제가 꽤 강하게 주장했는데요. 그럼에도 아이가 어떤 미술 학원을 갈 것인지는 직접 선택할 수 있게 했습니다. 집 근처에 있는 미술 학원은 모두 한 번씩 체험 수업을 갔고, 조금 멀리 있는 곳도 돈을 내고서라도 체험을 받았지요. 체험 수업을 했던 이유는 아이가 본인에게 맞는 선생님을 본능적으로 알기 때문이었습니다. 선생님의 친절함의 유무와는 상관없이 수업 방식이 본인에게 잘 맞는 선생님이 있습니다. 저는 이렇게 꼭 필요하다고 생각되는 학원은 아이가 직접 체험하거나 상담해보는 시간을 통해 선택할 수 있도록 해주었습니다. 정말 다니기 싫은 학원도, 본인이 여러 군데를 가보고 결정하면 '더 나은' 곳이 있다는 걸 알게 되거든요. 미술 학원을 2년쯤 다닌 아이가 얼마 전 "미술 정말 재밌다!"라며 즐거워했습니다. 아이의 실력이 그만큼 는 것이죠.

4장
스스로 푸는 마음의 문제

1…감사할 줄 모르는 아이
2…미안하다는 말을 못 하는 아이
3…친구 물건 함부로 다루는 아이
4…공감력이 부족한 아이
5…무례한 말을 툭툭 내뱉는 아이
6…엄마가 나서서 친구 만들어줘야 하는 아이
7…불공평하다는 말을 달고 사는 아이
8…학교에서 얌전하고 집에서 폭발하는 아이
9…끈기 없는 아이
10…제대로 된 칭찬이 필요한 아이
11…친한 엄마의 아이 때문에 괴로워하는 아이
12…질투하는 아이
13…지는 걸 참지 못하는 아이

1. 감사할 줄 모르는 아이

오해
감사는 커가면서 자연스럽게 키워지는 감정이다?

"아직 아이가 어려서 감사함을 표현할 줄 모르는 게 아닐까요?"
"나중에 크면, 부모 마음 다 알겠죠."

아이들이 가끔 감사하다는 말은 쏙 빼고 밥을 먹습니다. 문제는 집에서만 그런 게 아니라 다른 집에 초대받거나, 할머니 집에서 밥을 먹을 때도 똑같이 행동한다는 겁니다. 그럴 때마다 저는 꼭 짚어줍니다. "얘들아, 밥 먹기 전엔 어떤 말을 먼저 해야 할까?"라고요. 어떤 부모는 이런 감사의 말을 엎드려 절받기라고 생각합니다. '이렇게까지 해서 감사하다는 말을 들어야 하나?'라는 생각에 굳이 말하지 않고 넘어가는 경우도 많지요. 아이가 정말 감사한 일이 있으면, 어련히 감사하다고 말하지 않을까 생각합니다. 그렇게 되면 크리스마스, 생일, 어린이날 등 자신이 좋아하는 무언가를 선물 받는 날에만 감사하단 말을 하게 될 수도 있습니다. 감사란 정말 그런 걸까요?

많은 부모가 '감사하는 마음'을 아이가 자라면서 저절로 키워지는 마음이라 생각합니다. 그래서 아이가 고맙다는 말을 잘 하지 않으면 "왜 감사할 줄 모르니?"라며 타박하거나, 아이가 아직 어려서 그렇다고 넘기곤 하죠. 하지만 감사는 저절로 생기는 감정이 아닙니다. 인간의 뇌는 긍정적인 것보다 부정적인 것을 더 쉽게 인식하도록 설계되어 있습니다. 이것은 우리의 생존 본능 때문인데요. 부정적인 것(위험)을 먼저 감지하고 경계해야 살아남을 확률이 높았기 때문이죠. 따라서 노력을 기울이지 않으면, 좋은 것보다는 나쁜 걸 먼저 떠올리게 되는 게 당연한 일입니다.

예를 들어, 아이가 학교에서 집에 돌아왔을 때, "오늘 친구들이랑 재미있게 놀았어!"보다는 "오늘 수업 시간에 친구가 지우개를 안 빌려줬어."라고 말하는 걸 들어보셨죠? 이는 감사보다 불만을 먼저 찾게 되는 뇌의 작동 방식상 어쩌면 당연한 일입니다. 그렇기에 감사야말로 고도의 인지훈련 중 하나인 것이죠. 위험이나 부정적인 것을 먼저 감지하는 뇌 속에서, 좋았고 감사했던 일을 애써 찾아야 하니까요.

(진실)
감사하는 능력은 학습으로 키워진다!

감사는 저절로 생기는 감정이 아닌 하나의 기술입니다. 꾸준한 연습과 반복을 통해 키워지는 인지적 습관이기 때문이죠. '우리 아이가 어떻게 자라면 좋을까?'라는 질문에 많은 분들이 "감사할 줄 아는 아이"라고 대답합니다. 감사를 배운 아이는 단순히 예의 바른 아이가 되는 것을 넘어, 자신의 삶을 바꿀 무기를 얻게 됩니다. 감사는 삶을 바라보는 시각을 변화시키고, 어떤 상황도 이겨낼 수 있는 강한 힘을 주지요. 감사를 배운 아이는 어떻게 성장할까요?

▶ 감사를 배우게 된다면

1. 생각을 유연하게 전환해요.

감사를 배우면 아이는 자연스럽게 좋은 면을 찾는 습관을 갖게 됩니다. 가족끼리 산책하러 가던 중 뛰어가던 하윤이가 아스팔트 바닥에 넘어져 무릎이 크게 다쳤던 일이 있었습니다. 아이는 당연히 목놓아 울었죠. 근처 편의점에 들러 서둘러 응급처치를 했지만 아이가 쉬이 진정하지 못했습니다. 그걸 지켜보던 하준이가 이런 말을 하더군요. "하윤아. 이건 오히려 행운일 수 있어! 엄마 아빠가 옆에 있어서 바로 치료할 수 있었잖아!" 그러자 하윤이가 금세 마음을 진정했습니다. 자칫 운이 나쁘다고 생각할 수 있는 상황 속에서 좋은 면을 발견하니, 생각의 전환이 일어난 거죠. "생각보다 나쁜 일이 아니구나." 이렇게요.

2. 어려운 상황에서도 다시 시작할 힘을 얻어요.

감사를 배우면 힘든 상황에서도 무조건 불평하는 것이 아니라, 그 안에서 배울 점을 찾는 능력이 길러집니다. 예를 들어 시험에서 원하는 점수를 받지 못해도 "나는 정말 못해."라고 좌절하기보다 "그래도 지난번보다 나아졌어. 실수한 만큼 알게 된 점이 있어. 다음 기회가 있어 다행이다!"라고 스스로를 다독이며 성장할 수 있지요. 앞으로 맞이할 수많은 실패 앞에서 다시 일어날 힘을 얻게 되는 겁니다.

3. 타인과의 관계가 부드러워져요.

감사를 배우고 표현할 줄 아는 아이는 자연스럽게 주변 사람들과의 관계도 좋아집니다. 부모의 도움과 친구의 배려 등을 당연하게 여기지 않고, "고맙습니다." "고마워."라고 표현할 용기를 가질 수 있기 때문이지요. 좋은 사람 곁에 좋은 사람이 머물기 마련입니다. 감사를 표현하는 아이 주변엔 자연스레 좋은 사람들이 머무는 걸 자주 관찰할 수 있습니다.

그렇다면 감사를 배우지 못한 아이는 어떻게 될까요? 부족한 것에 집중하면서 불만이 많아질 가능성이 크겠죠? 행동이 반복되면 습관으로 굳어집니다. 그러다 보면 이런 태도가 자리 잡지요.

▶ 감사를 배우지 못한다면

1. 쉽게 불만을 느낍니다.

감사를 배우지 않은 아이는 좋은 일에 금세 무뎌지고, 아쉬운 점에 더 집중하곤 합니다. 예를 들어 새로운 장난감을 받아도 처음에는 좋아하지만 금세 "이거 말고 다른 거 갖고 싶어."라고 불만을 표합니다. 항상 더 많은 것을 원하고, 지금 가진 것에 만족하지 못하는 태도가 형성될 수 있습니다.

2. 좌절을 더 자주 경험합니다.

힘든 일이 생겼을 때, 감사를 배운 아이는 그 상황에서도 배울 점이나 좋은 점을 찾을 줄 압니다. 반면 감사하는 법을 배우지 못한 아이는 작은 실수나 실패에도 쉽게 좌절하고, 부정적인 감정에 빠질 가능성이 큽니다. 문제 앞에서 스스로 해결책을 찾기보다는 타인이나 상황 탓으로 돌릴 가능성이 높지요. "나는 안 돼." "이건 너무 불공평해."라는 생각에 머무는 것이죠. 같은 상황에서도 부정적인 면을 인식하기 쉽기에, 좌절을 더 자주 경험하게 됩니다.

3. 타인과의 관계에서 서운함을 더 많이 느낍니다.

아이는 주변 사람들의 도움이나 배려를 당연하게 여기고, 고마움을 표현하지 않을 확률이 높습니다. 그러다 보면 친구 관계에서도 "내가 더 많이 줬는데." "나는 해줬는데, 왜 나한테는 안 해줘?"와 같은 생각을 하며 서운함을 쉽게 느낄 수 있습니다. 가족과의 관계에서도 "엄마나 아빠가 해주는 게 당연하지."라고 여기며 감사를 표현하지 않게 될 수도 있습니다.

이처럼 감사하는 능력은 단순한 감정이 아니라 삶을 살아가는 방식과 연결됩니다. "감사를 연습하면 뇌도 바뀐다."라는 말이 있습니다. 실제로 신경과학 연구에 따르면, 감사를 꾸준히 연습하면 뇌의 신경망이 변화하면서 긍정적인 사고방식이 강화된다고 합니다. 감사를 표현하는 습관이 자리 잡으면, 뇌는 긍정적인 것에 주목하고 감사할 대상을 찾아내려고 합니다. 그렇다면 감사하는 태도는 어떻게 기를 수 있을까요? 단순히 "감사해야 해."라고 가르치는 게 아니라 감사를 연습할 환경을 만들어주는 것이 중요합니다.

 **삶의 강력한 무기가 될
하루 10분 감사 장착법**

10분 감사 장착법은 아이가 어릴 때부터 사용할 수 있는 간단한 방법입니다. 준비물은 '식탁' 하나뿐이거든요. 감사 일기를 쓰는 것도 좋은 방법이지만, 저는 말로 먼저 표현하는 연습이 선행되어야 한다고 생각합니다. 감사 일기는 생각보다 지속하기 어려워서 실패하는 경우가 많거든요. 그 이유는 두 가지입니다. 첫째, 쓸 말이 떠오르지 않아서 시간이 오래 걸린다. 둘째, 감사보다는 쓰기 능력에 초점이 맞춰진다. 아이가 감사 일기를 쓰는 모습을 보면, 연필 쥐는 법부터 글씨체와 맞춤법까지 눈에 들어옵니다. 마음은 그러고 싶지 않은데, 당장 눈에 보이니 '고쳐야 할 것' 같은 마음에 아이를 지적하게 되지요. 아이는 감사할 일을 떠올리는 것도 쉽지 않은데, 엄마에게 지적까지 받으니 쓰기가 더 싫어집니다. 그러다 보면 자연스레 감사를 생각하는 시간이 '참아야 하는 시간'으로 변질될 수 있습니다. 감사가 아이에게 과제가 되어선 안 됩니다. 저는 '10분 가족 감사 말하기' 시간을 강력히 추천합니다. 방법과 시작이 간단해서 부담이 없기 때문이죠. 제가 3년째 사용하고 있는 규칙 3단계를 말씀드릴게요.

▶ 규칙 1단계: 오늘의 행복 통장에 어떤 걸 저금했어?

감사는 추상적인 말입니다. 감사가 어떤 것인지 아이들이 직관적으로 느낄 수 있어야, 감사를 구체적으로 떠올릴 수 있어요. 그래서 저는 아이들에게 '행복 통장'이라는 말을 씁니다. "오늘 하루 행복 통장에 어떤 걸 저금했어? 통장에 많이 저금할수록 꺼내 쓸 행복도 많아져!"라는 말로 아이들과 저녁 식사 시간을 시작합니다. 이때 중요한 건, 아이들만 말하는 것이 아니라 엄마 아빠도 함께 참여해야 한다는 겁니다. 감사 말하기를 처음 시작할 때 아이들이 감사한 일을 찾기 어려워할 수 있습니다. 그럴 때 "날씨가 좋은 것, 저녁 식사가 맛있는 것, 우리 가족이 오늘 하루도 무사한 것" 등 사소한 일들도 행복 통장에 저금하는 일이 될 수 있다는 걸 알려주세요. 아이들과 감사한 일을 말하다 보면, 신기하게 아이의 생활이 눈에 보입니다. "오늘 뭐 했어? 누구와 놀았어?" 굳이 묻지 않아도, 감사하는 아이의 말에 모두 포함되어 있거든요. 아이 역시 엄마 아빠의 감사한 말을 듣는 걸 생각보다 신기해하고 좋아합니다. 직장에서 힘들었지만 맛있는 커피를 마셨다거나, 해결하기 어려운 일이 있었지만 너희가 있어서 힘이 난다거나 하는 말들을 통해 아이들이 부모를 한 뼘 더 이해할 수 있거든요. 아이들에게 사랑을 전하기도 좋고요.

▶ 규칙 2단계: 행복 통장을 꽉 채우는 방법

감사의 말을 할 때, 가족 모두가 꼭 지켜야 하는 규칙이 있습니다. 바로 말하는 사람을 경청하는 일입니다. 다른 사람의 말을 듣다 갑자기 본인도 미처 하지 못한 말이 생각나서 "아까 말 못했어!"라며 말 중간에 끼어들 수 있지요. 이때 말하고 있는 사람이 본인의 이야기가 끝났다고 말하기 전까지는 참고 기다려야 합니다. 감사를 말하는 것도 중요하지만, 타인의 말을 끝까지 들어주는 것도 중요한 가치거든요. 경청이야말로 하루의 행복 통장을 제대로 채우는 일이라는 걸 매일 연습하는 겁니다. 아이들이 처음 감사의 말을 할 때는 짧게 끝나곤 했지만 연습이 길어질수록, 감사한 것들을 더 많이 찾아내게 되었습니다. 감사의 말이 끝난 뒤엔, 가족 모두가 박수를 쳐줍니다. 감사한 일을 찾는 게 쉬운 일이 아니라는 걸 인정하고 존중하는 박수이지요.

▶ 규칙 3단계: 가족 감사 명언 정하기

가족끼리 감사의 말을 전하다 보면, 꼭 기억하고 싶은 명언이 나오는 경우가 있습니다. 저는 일주일에 한 번 가족 감사 명언을 정해서 거실 칠판에 적어두었어요. 어느 날, 저녁 식사를 하면서 제가 아이들에게 도전하고 싶은 일이 어렵다는 걸 털어놓았는데요. 하윤이가 "엄마, 어려운 일도 쉽게 생각하면 쉬워져!"라고 말해주더라고요. 그 말이 제게 참 큰 힘이 되었습니다. 이 말은 거실 칠판에 2주 넘게 적힌 감사 명언이 되었습니다. 아이들의 말을 그저 흘려보내는 게 아니라, 이렇게 공개적인 장소에 적어두는 것도 좋은 방법입니다. 자신의 말이 가족 모두에게 기억되고, 그만한 가치가 있다는 걸 아이들이 직접 확인할 수 있거든요.

감사는 한순간에 키워지는 태도가 아니기에, 꾸준한 연습이 필요합니다. 꾸준히 하려면 쉽게 시작하는 게 최고지요. 감사 말하기로 시작해서, 온 가족 감사 일기로 나아가보면 어떨까요? 가족의 역사가 기록된 귀한 보물이 될 거예요. 가족의 분위기가 달라지는 것도 분명 느껴질 겁니다.

2. 미안하다는 말을 못 하는 아이

> 오해

아이가 스스로 미안하다고 말할 때까지 기다려야 한다?

"사과를 강요하면 오히려 거부감이 생길까 봐 걱정돼요."

"아이가 스스로 미안하다고 느껴야 진짜 사과 아닌가요?"

대부분 미안한 감정은 아이 스스로 느껴야만 진짜 의미가 있다고 생각합니다. 억지로 하는 사과는 시늉일 뿐이라고요. 그런데 미안한 감정을 스스로 느끼는 건 생각보다 어렵습니다. 상대의 감정을 이해하는 것뿐만 아니라, 나의 행동이 상대에게 어떤 영향을 미쳤는지 자신을 돌아볼 수 있어야 하기 때문이지요.

감사와 마찬가지로, 미안한 마음도 저절로 자라나는 감정이 아닙니다. 사과하는 법 역시 노력으로 습득해야 하는 기술에 가깝습니다. 아이가 스스로 사과하도록 마냥 기다린다면, 사과해야 하는 타이밍에 제대로 사과하는 법을 배우지 못하고 지나가게 될 확률이 높아집니다.

아이가 고학년이 될수록 자아가 강해지기에 자신의 잘못을 인정하기가 더 어려워집니다. 어릴 때 사과하는 법을 배우지 못한 아이는 자신의 실수를 인정하는 걸 유독 힘들어하며, 친구나 교사에게 잘못을 지적받을 때도 변명하거나 회피하려 합니다. 갈등이 생겼을 때도 상대를 탓하며 상황을 무마하려 하지요. 화해는 서로의 잘못을 인정해야 가능한 일인데, 자신의 잘못을 끝까지 받아들이지 않아 사소한 갈등조차 해결하지 못합니다. 그렇기에 사과는 초등 시기에 다양한 상황을 통해 반드시 연습해야 하는 사회적 기술 중 하나입니다. 미안하다고 말하는 건 용기가 필요한 일이지요. 아이들은 사과하는 일을 왜 유독 어려워할까요?

진실

사과를 연습하면 자기이해기술이 높아진다

사과하는 방법을 연습하면 자기이해기술 또한 높아집니다. 자기이해기술이 높아지면 자기주도성이 높아질 수밖에 없지요. 자신의 감정을 살피고, 해야 할 일들을 스스로 판단할 수 있으니까요. 아이들이 사과를 어려워하는 두 가지 이유를 '자기이해능력'과 관련하여 살펴보겠습니다.

"잘못을 인정하면, 내가 나쁜 사람이 될 것 같아요."

아이들은 본인의 잘못을 인정하면 교사나 부모에게 혼날 것 같아 불안해합니다. 사과를 단순히 '내가 잘못한 점을 인정하는 것'이라고 생각하기 때문에, 상대방에게 미안하다고 말하는 것이 자신을 부정하는 것처럼 느껴지지요. "사과하면 내가 나쁜 사람이 되는 거 아니야?"라고 생각하는 아이들에게, 사과는 나의 잘못을 인정하는 것을 넘어, 상대방과의 관계를 회복하는 일임을 꼭 알려주어야 합니다. "이건 네 잘못이야. 이건 내가 잘못했어."라는 말로 잘잘못을 나누는 것만이 사과가 아닙니다. 아이가 잘못을 인정하기 어려워한다면, 잘못에 초점을 맞추기보다 사과를 통해 우리가 배워야 하는 '가치'에 초점을 맞춰주세요.

"일부러 그런 게 아닌데 왜 사과해야 하는지 모르겠어요."

아이들은 자신이 일부러 한 행동이 아닐 경우에 특히 사과하기를 어려워 합니다. 예를 들어, 공놀이를 하다가 실수로 친구를 맞췄을 때, 아이는 "나는 너를 맞추려던 게 아니야!"라고 변명하지요. 심지어 "너 왜 거기 있었어!"라고 되묻습니다. 이때 교사나 부모가 아이의 잘못을 지적하면, 아이는 본인의 의도에만 집중하곤 합니다. "일부러 맞춘 게 아닌데요? 실수였어요." 잘못을 인정하기 어려워하지요. 왜 그럴까요? 본인의 행동이 타인에게 미치는 영향을 돌아보지 못했기 때문입니다. 내 행동이 미치는 영향을 아이가 돌아볼 수 있도록 도와주서야 합니다. 아이의 선한 의도는 충분히 인정하고 도닥여주지만, 실수로 한 행동이라도 누군가 상처받거나 다쳤다면 사과해야 한다는 것을 명확히 알려주어야 합니다.

사과는 단순히 "미안해."라고 말하는 것이 다가 아닙니다. 사과를 한 그루의 나무로 빗대어보자면, "미안해."라는 말로만 사과를 표현하는 건 나무의 표면만 보는 격입니다. 튼튼한 나무가 되기 위해선 뿌리가 견고해야 하지요. 나의 감정을 살피고, 나의 행동을 돌아보고, 상대의 감정까지 공감해야 건강한 뿌리를 만들 수 있습니다. 건강한 뿌리로 다져나갈 수 있는 사과의 기술은 뭘까요?

관계를 회복하는 사과의 기술

건강한 뿌리를 만든다는 건 나를 더 잘 들여다본다는 말입니다. 나를 이해하며 상대에게 사과를 전하는 세 가지 사과 방법을 소개해드립니다.

1. "미안하다고 말해" 대신 "어떻게 말하면 좋을까?"

아이가 잘못했을 때 "친구에게 사과해!" "미안하다고 말하자." "동생한테 사과해야지!"라고 다그치는 경우가 많습니다. 사과해야 하는 상황을 부모가 판단하고, 아이에게 해야 할 말을 정해준 것이죠. 이럴 때 바로 '말로만 사과'하는 일이 벌어집니다. 질문 하나만 바꿔주셔도 아이가 스스로 생각할 기회를 얻을 수 있습니다. 아이가 사과해야 하는 타이밍을 알려주는 건 좋습니다. 아이가 언제 사과해야 할지 모를 수 있기 때문이죠. 다만 이때, "어떻게 말하면 좋을까?"라고 질문해주세요. 아이는 지금 사과가 필요한 상황임을 인지하고, 어떤 식으로 상대방에게 말하면 좋을지 스스로 생각할 수 있습니다. 이 과정을 통해 아이는 사과를 단순한 의무가 아니라, 상대방의 감정을 생각해보는 과정으로 인식할 수 있습니다.

2. 부모가 사과하는 모습으로, 사과의 인식을 바꾸기

아이는 부모의 모습을 통해 가장 많은 걸 배웁니다. 사과를 어려워하는 건 비단 아이뿐만이 아닙니다. 어른인 우리도 사과가 생각보다 쉽지 않아요. 잘못을 인정하는 게 여간 민망한 일이 아니기 때문이지요. 심지어 내 아이에게 잘못을 인정하고 사과하면 부모로서의 권위가 떨어지는 것 같아 걱정도 됩니다. 하지만 부모가 잘못을 인정하고 사과하는 모습이 가장 확실한 교육이 됩니다.

저도 아이에게 종종 사과를 건넵니다. 아이가 학교에서 만든 작품을 제게 자랑하고 있었는데, 그때 마침 휴대폰 알람이 울려 제 시선이 휴대폰으로 향하고 말았죠. 아이가 "엄마! 내 이야기 듣고 있는 거 맞아?"라고 했을 때, 저는 중요한 연락이 왔다는 변명을 먼저 하기보다 "하준아, 미안해. 엄마가 중요한 연락이 온 것 같아서 잠시 휴대폰을 봤어. 하준이 이야기를 안 듣고 싶었던 게 아니야. 이야기 마치고 다시 확인할게."라고 말했습니다. 사과에는 상대의 감정을 존중하는 마음이 담겨 있습니다. 부모가 아이에게 잘못한 일이 있었을 때, 바로 인정하고 사과한다면 아이는 '나는 존중받고 있구나.'라고 생각하게 됩니다. 사과가 나를 부정하는 일이 아니라, 상대를 존중하는 표현일 수도 있다고 알려주는 것이죠. 부모가 용기 내어 사과하는 모습을 통해, 사과의 인식을 바꿔주세요.

3. 사과할 때 알아야 하는 세 가지 공식

아이도 상대방의 감정을 살펴서 사과의 말을 건네고 싶지만, "미안해." 말고는 생각나는 말이 없을지도 모릅니다. 말에도 연습이 필요하기 때문이지요. 아이가 사과하고 싶을 때, 아래 공식을 활용해 미안한 마음이 제대로 전달될 수 있도록 도와주세요.

단계	사과의 공식	이렇게 말해주세요
1단계	내가 무엇을 잘못했는지 말하기 (행동 인정)	"내가 네 장난감을 망가뜨려서 미안해."
2단계	상대방 감정 공감하기 (감정 공감)	"그래서 많이 속상했을 것 같아."
3단계	앞으로 어떻게 할지 약속하기 (다짐)	"앞으로는 꼭 조심할게."

1단계에서는 나의 행동 중 어떤 점이 잘못되었는지 솔직하게 전하고, 2단계에서는 나의 행동으로 인한 상대방의 감정을 공감해줍니다. 3단계에서는 앞으로 어떻게 할지 약속합니다. 가정에서 많이 연습해주세요. 가족 누구든 사과해야 하는 일이 생겼을 때 이 방법을 쓰는 겁니다. 처음부터 잘하기는 힘들겠지요. 그렇기에 세상에 가정만 한 든든한 울타리가 없는 겁니다. 집에서만큼 아이를 기다려주고, 따뜻한 시선으로 바라볼 수 없을 테니까요. 사과하는 방법을 연습한 아이와 연습하지 않은 아이는 울타리 밖에서 정말 큰 차이가 납니다.

3. 친구 물건 함부로 다루는 아이

오해
자기 것만 소중히 하는 건 아이의 본능적인 특성이다?

자기 물건은 소중하게 여기면서 친구의 물건을 함부로 다루는 아이들이 생각보다 많습니다. 교실에서도 자주 찾아볼 수 있는 광경이지요. 자신의 축구공은 애지중지 다루는 아이가 친구의 축구공은 개의치 않고 뻥 찬다거나, 친구에게 캐릭터 연필을 빌려 심이 닳도록 쓰고도 미안함 없이 돌려주는 경우도 있습니다. 그런데 막상 자신의 물건이 함부로 다뤄지는 건 경계하지요.

"선생님, ○○가 제 연필을 부러뜨렸어요!"

"선생님, ○○가 제 지우개를 잃어버렸어요!"

친구의 물건을 빌리고 소중히 다루지 않았음에도 크게 미안해하지 않는 아이들도 있습니다. '어차피 내 물건은 아니니까' '다시 사주면 되지 않을까?'라고 생각하기도 하지요. 이건 자연스러운 현상이긴 합니다. 유아 및 초등 저학년 시기의 아이들은 소유 개념이 발달하는 과정에 있거든요. 피아제의 인지발달이론에서 살펴보면, 전조작기(만2세~만7세)의 아이들은 자기중심적 사고가 특히 발달했습니다. 자기중심적 사고란 내가 세상을 보고 느끼는 방식으로 타인도 세상을 본다고 생각하는 걸 뜻합니다. 즉, 타인의 관점을 이해하는 능력이 부족한 것이지요. 부모는 성장하면서 아이가 자연히 나아질 거라 기대하게 됩니다. 지금은 발달 과정에 있으니, 당연히 보일 수 있는 모습이라고 생각하면서 말이죠. 하지만 학년이 올라가도 여전히 자기 물건만 소중히 여기는 아이들이 많아지고 있습니다. 자기중심성은 자라난다고 저절로 좋아지는 게 아니라, 적절한 연습이 필요한 영역이라는 뜻입니다.

> 진실

타인의 물건을 소중히 여기는 태도는 '사회적 센스'와 연결된다!

대학교 시절, 친구가 중요한 면접이 있다고 제 블라우스를 빌려 간 적이 있습니다. 블라우스는 제가 빌려주었을 때보다 훨씬 깨끗한 상태로 돌아왔습니다. 마치 새 옷을 선물 받은 기분이었지요. 세탁소에서 다림질까지 마치고 비닐에 쌓여서 곱게 돌아온 블라우스를 보며 느꼈던 감정이 지금도 또렷이 기억납니다. '이 친구에게 빌려주길 정말 잘했다! 어떻게 이런 생각을 했지? 나도 다른 친구 옷을 빌리면 꼭 이렇게 해줘야지.' 친구가 얼마나 사려 깊은 성격인지도 그때 비로소 알게 되었죠. 우리는 보통 이런 행동을 '센스 있다'고 표현합니다.

아이가 어렸을 땐 사회적 센스를 크게 기대하지 않습니다. 아직 발달하는 단계라고 이해하기 때문이죠. 그런데 성인이 되는 순간부터 사람들은 사회적 센스를 기대합니다. 센스가 있으면 사람들에게 호감을 얻고, 원하는 일도 수월하게 풀리는 걸 목격하죠. "센스는 돈 주고도 살 수 없다"는 말을 들어보셨지요. 정말 그렇습니다. 아무리 센스를 키우고 싶어도, 마음처럼 쉽지 않습니다. 해본 적이 없거든요. 연습하지 않은 걸 잘할 수는 없을 테니까요. 그렇기에 아이가 어렸을 때부터 다른 사람의 물건을 소중히 여기는 방법을 연습해야 합니다. 그런데 아이들은 타인의 물건을 내 물건처럼 소중히 여긴다는 개념을 이해하기 어려워합니다.

"내가 원하면 친구도 원하겠지." "내가 괜찮으면 친구도 괜찮을 거야."라는 생각은 초등 아이들에게 자주 보이는 모습입니다. 피아제의 이론에 따라 자기중심성에서 아직 벗어나지 못했기 때문이죠. 자기중심성이 낮다는 건, 타인의 관점에서 생각할 수 있는 능력인 '조망 능력'이 부족하다고도 말할 수 있지요. 아이에게 생일날 받은 보물 1호인 인형이 있다고 가정해봅시다. 친구의 인형도 내 인형처럼 친구에게 보물 1호일 수 있다는 생각은, 타인의 관점에서 생각하는 조망 능력이 있어야만 가능합니다. 그렇게 생각할 수 있어야 친구의 인형을 소중히 여길 수 있지요. 그런데 피아제 역시 자기중심성은 구체적 조작기 (만7세~만11세)가 된다고 해서 저절로 나아지는 능력이 아니라고 말했습니다. 그렇다면 조망 능력은 어떤 방법으로 키울 수 있을까요?

공감력이 곧 아이의 센스력!
아이의 센스력을 키우는 방법

친구에게 연필을 빌린 후 연필깎이에 한 번 깎아서 새 연필처럼 돌려주는 아이가 있습니다. 빌려준 친구의 기분이 무척 좋겠지요. 친구의 다정함을 알게 되는 계기가 되어, 더 좋은 친구 관계로 발전할 수도 있습니다. 이처럼 다른 사람의 물건을 소중하게 여기는 행동은 "너를 그만큼 존중해."라는 표현입니다. 가정에서 어떻게 연습하면 좋을까요?

1. 가족의 물건을 소중히 여기는 경험 쌓기

가정은 아이가 세상을 연습하는 곳입니다. 특히 형제자매가 있는 아이들의 경우 연습 상대가 있으니 더없이 좋습니다. 가족일수록 서로의 물건을 함부로 다루는 경향이 많지요. 형제자매가 있는 아이들이 이런 문제로 자주 싸우기도 하고요. 가정에서부터 서로의 물건을 소중하게 여기는 경험을 쌓아나가야 합니다. 이를 위해서는 원칙이 필요합니다. 가족에게 빌린 물건은 깨끗이 정리해서 돌려줘야 한다는 가족 규칙을 정하는 겁니다.

아이들이 서로 장난감을 가지고 놀다 보면, 내 것보다 남의 것이 더 재미있어 보이곤 하죠. 장난감을 빌려 놀고 난 뒤 다시 돌려줄 때는 처음 상태로 돌려줘야 한다고 반드시 알려주세요. 빌린 연필을 깎아서 돌려주는 것처럼요. 변신 로봇을 가지고 놀았다면, 놀던 상태 그대로 돌려주는 게 아니라 처음 빌렸던 상태로 정리하여 돌려주는 겁니다. 만약 무언가를 묻혔다면 흐르는 물에 세척해서 돌려주고요. 아이들은 가족 물건에 대한 소유권 개념이 유독 약합니다. '네 것도 내 것, 내 것도 내 것'이라고 생각하기 쉽지요. 가장 가까이 있는 사람을 공감하는 게 더 어렵습니다. 그렇기에 가정 내에서 연습이 잘 되었다면, 밖에서는 적용이 한층 쉬워집니다.

2. 공감 능력을 키우는 질문하기

"친구의 물건을 소중히 해야 해."

"동생 물건을 함부로 생각하면 안 되지!"

이런 말은 공허한 메아리가 될 확률이 높습니다. 아이에게 그냥 하는 것과 왜 해야 하는지를 아는 건 큰 차이가 있습니다. 아이들을 지켜보면 배려하고 싶지 않은 게 아니라, 배려해야 하는 상황인지를 모르기 때문에 놓치는 경우가 많거든요. 만약 친구의 연필을 심이 닳도록 쓰고 나서 친구에게 돌려주면, 받은 친구는 불만이 생기죠. 교사에게 불편함을 표현할 때면 저는 상대방의 입장도 한 번 생각해볼 수 있는 질문을 합니다. 그 아이도 몰랐다는 마음을 가정해서요.

"친구가 무언가를 빌려줬다는 건 너를 생각하는 마음이 있어서야. 아마 지윤이도 친구에게 무언가를 빌려줄 땐 그렇겠지?"

"지윤이가 마음을 써서 연필을 빌려줬는데, 아끼는 연필이 닳아서 왔다면 어떨 것 같아?"

"내가 친구를 생각하는 만큼, 친구가 나를 생각하지 않은 것 같다는 마음이 들 것 같지?"

"내 마음을 표현하는 방법은 어떤 게 있을까?"

아이는 '아! 연필을 깎아서 돌려주는 게 친구에게 고마움을 표현하는 방식일 수 있겠다.'라는 걸 알게 됩니다. 교실에서도, 가정에서도 이런 질문은 언제든 쓸 수 있습니다. 상황을 이해하고, 마음을 들여다볼 수 있도록 질문하면 아이들은 해야 하는 이유를 스스로 찾아냅니다.

남의 것이 나의 것만큼 소중할 수 있다는 걸 모를 수 있습니다. 성인이 되어서도 모르는 경우가 종종 있지요. 타인의 마음을 조망하는 능력은, 결국 나의 마음을 조망하는 능력과 닿아 있습니다. 아이들이 자기 자신을 위해서라도 어릴 때부터 공감력과 조망력의 중요성을 인식하고 배려와 센스를 연습해야 합니다.

4. 공감력이 부족한 아이

> 오해

우리 아이는 T 성향이 강해서 그렇다?

"우리 아들은 완전 T야."

"어제 새로 산 옷 예쁜지 물어봤더니 핑크색이 엄마한테 안 어울린다고 하더라."

"왜 이렇게 공감을 못해주나 몰라."

이런 대화가 요즘 심심찮게 들립니다. MBTI가 어른의 영역을 넘어 아이에게까지도 넘어왔지요. 보통 F 성향이라고 하면 공감을 잘하는 아이, T 성향이라고 하면 공감보단 사실을 말하는 아이라고 생각하곤 합니다. 공감을 잘하는 유형, 공감을 못하는 유형이라며 하나의 성향처럼 아이를 판단하고 이해하려 하지요. 어른들끼리도 종종 이런 말을 주고받습니다. "쟤는 T라서 공감 못하는 거야." 그리고 공감을 유독 못하는 사람에겐 농담처럼 이런 말을 건네기도 합니다. "너 T야?"

MBTI가 사람을 더 깊게 이해하고 받아들이기 위한 하나의 척도로서 널리 알려진 것은 좋은 일이지만, 맹신이 지나칠 때는 누군가를 더 알아보기도 전에 단정지어버리는 근거가 되기도 합니다. 어떤 성향이 강하다는 이유로 면죄부를 주기도 하고요.

공감은 아이의 생활에서 시도 때도 없이 불쑥불쑥 나타나는 방문객입니다. 친구가 다쳤을 때, 친구가 속상한 마음을 털어놓았을 때, 친구가 아플 때, 선생님 말씀을 들을 때 등 공감이 필요한 순간이 참 많지요. 친구가 다치거나 속상한 마음을 애써 말해도 제대로 공감하는 법을 모르면, 어느 순간 아이는 친구들 사이에 속하지 못하게 되기도 합니다. 즉 공감은 누군가와 관계를 맺기 위해 꼭 필요한 감정입니다. 또한 관계를 더욱 끈끈하게 만들어주는 접착제 역할을 하기도 하죠. 그렇기에 단순히 우리 아이가 T성향이라서 공감을 잘 못한다고 치부하기엔, 아이가 굴려야 할 관계의 바퀴가 매번 진흙 속에 빠져 나아가지 못하는 격이 될 수 있습니다. 공감은 아이 발달 과정의 일부로서 후천적으로 꼭 키워줘야 하는 능력입니다. 미국의 심리학자 마틴 호프만 역시 공감은 선천적으로 타고나는 것이 아니라 단계적으로 발달하는 능력이라고 말했습니다. 인지적, 정서적, 사회적 요인이 복합적으로 작용하여 형성되는 과정이며, 특히 6세 이후부터는 공감을 감정적 반응이 아닌, 인지적 사고와 결합해서 가르쳐야 한다고 말했습니다.

> 진실

공감은 상상력과 연관이 깊다

"직접 겪는 일만이 경험의 전부는 아닙니다." 몇 년 전, 오은 시인은 한 강연에서 책을 통해 배우는 간접 경험의 중요성에 대해 말했습니다. 그 간접 경험은 곧 '상상력'으로 이어진다고 강조했지요. 책을 통해 주인공의 서사에 공감하기도 하고, '나라면 어땠을까?' 상상할 수 있습니다. 이것은 마틴 호프만이 "공감은 감정적 반응이 아닌 인지적 사고와 결합해야 한다."라고 말한 것과 연결됩니다.

공감(共感)의 사전적 의미는 '남의 감정, 의견, 주장 따위에 대하여 자기도 그렇다고 느낌. 또는 그렇게 느끼는 기분'을 말합니다. 상대가 처한 상황과 감정이 당연히 나와 같을 순 없습니다. 아이들은 종종 공감을 '동의'로 오해합니다. 친구가 속상한 이유가 와닿지 않아서, 내가 보기엔 아파 보이지 않아서, 나라면 화나지 않을 것 같아서 등의 이유로 친구에게 공감하지 못하지요. 그런데 공감은 상대방의 입장에 동의하는 게 아니라, 느끼는 겁니다. "속상할 수도 있겠구나. 아플 수도 있겠구나. 화날 수도 있겠구나."라는 감정을 느끼고 이해하는 것이 바로 공감의 포인트입니다.

내가 겪어보지 않은 일을 어떻게 공감할 수 있을까요? 이때 바로 상상력이 필요합니다. 상상력을 통해 우리는 직접 경험하지 않은 상황에서 타인의 입장을 이해하고 감정을 짐작할 수 있지요. 상상력이 공감에 중요한 요소가 된다는 건 국내외 여러 연구에서도 입증되었습니다. 미국의 심리학자 마크 데이비스는 대인관계 반응척도라는 검사 도구에서, 공감 능력을 평가하기 위해 '상상하기'라는 하위 요소를 넣었습니다. 이는 문학, 영화, 연극 등의 가상 상황 속 인물들의 감정과 행동을 상상하며 그들의 경험에 몰입하는 능력을 측정하는 것인데요. 상상력은 타인의 감정을 이해하고 공감하는 데 핵심적인 역할을 한다는 주장을 뒷받침하지요. 상상력이 풍부할수록 자신과 다른 사람의 입장을 더 쉽게 받아들이고, 그 사람의 입장이 되어 고민할 수 있게 도와줍니다.

많은 분들이 아이의 공감력을 어떻게 키워야 할지 고민이 많습니다. 집에서 이것저것 시도해봤지만 어렵다고요. 그럴 때 상상력에 대한 조언을 해드리면 깜짝 놀라시곤 합니다. 공감력이 상상력과 연관되어 있을지 몰랐다고요. 간단하지만 공감 능력을 배로 높여주는 상상력 키우는 방법이 있습니다.

우리 아이 공감 능력이 배가되는 상상력 발달법

공감은 타인의 입장에서 생각하는 인지적 과정입니다. 그런데 타인의 마음은 눈에 보이지 않지요. 상대의 마음이 어떨지 머리로 그려보고 느껴보는 과정이 필수인데요. 평상시에 '상상할 기회'를 많이 주는 것이 큰 도움이 됩니다. 요즘 아이들은 상상할 시간이 생각보다 적습니다. 빠르게 과제를 완수해야 하고, 주어진 스케줄에 맞춰서 움직여야 하니까요. 무언가를 골똘히 생각해보거나, 떠올릴 수 있는 시간이 적습니다. 아이들의 공감력이 서서히 낮아지는 것도 이런 이유 때문이 아닐까 싶습니다. 상상할 기회는 어떻게 생길까요? 생각보다 어렵지 않습니다.

1. 문학 작품 함께 읽기

문학 작품은 공감 능력을 길러주는 인간이 만들어낸 가장 강력한 도구 중 하나입니다. 배경 상식, 비문학 등과 관련된 책은 신경 써서 읽어주시는데 생각보다 문학 작품은 소홀히 하는 경우가 많습니다. 평상시 소설을 많이 읽은 친구가 공감력이 높다는 연구 결과도 있을 정도입니다. 소설 같은 문학 작품 안에는 다양한 배경과 성격을 가진 등장인물이 나옵니다. 등장인물이 하는 행동에는 모두 이유가 있지요. 일상생활에서 말하지 못할 법한 마음속 감정이 모두 글로 적혀 있습니다. 소설만큼 사람의 다양한 생각을 간접적으로 이해할 수 있는 강력한 매체가 없습니다. 한 달에 두 권 정도 어린이 소설을 함께 읽는 시간을 꼭 가져보세요.

2. 상상력을 키우는 질문을 던져주기

평상시 책을 읽을 때 등장인물의 시선에서 생각할 수 있는 질문을 던져주세요. 이야기 속 등장인물의 행동이 모두 이해되지는 않거든요. 어떤 인물은 진취적이고, 어떤 인물은 끝까지 소극적이기도 합니다. 꼭 주인공이 아니더라도 글 속에 등장하는 인물 중 한 명을 선택해도 좋습니다. 예를 들어 《흥부전》에서 '흥부 아내'의 처지가 되어 생각해보는 것이죠.

"흥부 아내는 흥부가 놀부에게 뺨을 맞고 왔을 때 어떤 기분이었을까?"

"내가 흥부 아내였다면, 어떻게 행동했을까?"

"흥부 아내가 흥부에게 진짜 바랐던 건 뭘까?"

이런 식으로 이야기 속의 다양한 인물들에 집중하고, 각자의 처지를 이해하고 상상해볼 수 있는 질문을 던져주세요.

5. 무례한 말을 툭툭 내뱉는 아이

(오해)

나이를 먹으면 아이가 스스로 알아서 다양성을 이해한다?

"엄마, 저 사람은 왜 저래?"

"엄마! 왜 민준이네 엄마는 베트남 사람이야?"

길거리에서 휠체어를 탄 사람을 보거나, 장애가 있는 어린이나 어른을 만나게 되는 경우가 있습니다. 아이는 궁금한 마음에 "저 사람은 왜 저런 거야?"라고 묻습니다. 아주 난감하죠. 특히 아는 사람일 경우엔 더 곤란합니다. 친구의 엄마가 다른 나라에서 온 사람이거나, 피부와 눈동자 색깔이 다르지만 한국말로 소통하는 친구에 대해 질문할 때가 있거든요. 부모 세대는 다양성 교육을 어릴 때부터 자주 접하지 못했습니다. 그래서 아이들의 이런 질문이 당황스러울 뿐입니다. '이걸 어떻게 이야기해야 할까?' 고민하다 마땅한 대답을 찾지 못해서 별다른 설명

없이 말끝을 얼버무리거나, "그냥 원래 그런 거야. 뭘 그런 걸 물어?"라고 답하거나 나중에 크면 자연스럽게 배울 것으로 여기기도 하지요. 하지만 아이들은 생후 6개월부터 사람들의 차이를 인식하고, 3~5세부터 자신과 다른 사람에 대한 고정관념을 형성하기 시작합니다.

최근 국내 다문화 학생 수와 특수교육대상자 학생 수가 지속적으로 증가하고 있습니다. 교육부와 한국교육개발원이 발표한 '2024년 교육기본통계'에 따르면, 2024년 4월 기준 다문화 학생 수는 전년도 대비 1만 2,636명 증가하여 역대 최고치를 기록했고, 2014년에 비해 특수교육대상학생수가 35.2%가 증가했습니다. 이러한 증가 추세는 전체 학생 수가 감소하는 상황과 극명하게 대비됩니다. 앞으로 아이들이 생활 속에서 다양한 특성과 배경을 가진 친구를 만날 확률이 더욱 높아지겠지요. 그래서인지 요즘 학교에서는 다양성을 존중하는 교육을 매우 중요하게 여깁니다. 2022 개정교육과정에도 '포용성과 창의성 함양' 역량이 강조되고 있지요. 또한 전 세계적으로도 다양성과 포용을 강조하는 흐름이 강해지고 있고요. 다양성을 교육의 패러다임 안에 넣는 이유는, 아이들이 자라면서 저절로 받아들이는 가치가 아니기 때문입니다.

다양성에 대한 이해가 높을수록, 아이의 세상이 넓어진다

작은 편견이 쌓여 굳어진 것을 고정관념이라 부릅니다. 흔히 우리는 고정관념이 강하면 타인에게 좋지 않다고 생각합니다. 고지식한 사람 옆에 있으면 답답하다거나 남녀의 성역할에 대한 인식이 강한 사람 때문에 마음이 힘들다고 말하기도 합니다. 그 말도 일부는 맞습니다만, 저는 고정관념이 강할수록 가장 힘든 사람은 본인이라고 생각합니다. 고정관념이 강하다는 건, 생각을 쉽게 꺾을 수 없다는 뜻이기도 합니다. 삶은 다양한 문제를 품고 있지요. 살아가며 매번 타인과 생각이 충돌하고, 누군가의 생각을 부정해야만 문제를 해결할 수 있다면 스트레스가 얼마나 클까요? 그렇기에 다양성 교육은 아이의 세상을 넓혀주는 하나의 통로입니다. 특정한 관점을 고집하는 게 아니라, 세상을 더 넓게 바라보는 힘을 키우는 과정이지요. 다양한 인종, 성별, 문화, 장애 등에 대한 이해를 바탕으로 아이들은 더 열린 사고를 할 수 있습니다.

어릴 때부터 다양성을 존중하는 환경에서 자란 아이는, 다름을 이상하게 생각하지 않고 자연스럽게 받아들입니다. 초등학교 같은 반 안에도 다양한 친구들이 있지요. 다른 나라에서 온 친구, 장애가 있는 친구, 유달리 글씨를 느리게 쓰는 친구 등 나와 다른 친구가 많습니다. 사람은 누구나 다른 면모를 가지고 있지만, 그중에서도 조금 특별한 특성을 가진 친구들도 있습니다. 다양성을 존중한다는 건, 아이가 서

있는 세상이라는 원의 크기를 점점 넓혀나가는 것과 같습니다. 좁은 원 안에 서 있을 때는 들어올 수 있는 친구가 한정되어 있지요. 그 친구가 아니면 같이 놀 수 없을 것 같다는 생각이 들기도 하고요. 그런데 원의 크기가 점점 커질수록 더 많은 친구를 포용할 힘이 생깁니다. "이런 친구도 있구나. 이런 사람도 있구나. 친구의 특성 중 하나구나."라고 받아들일 수 있게 되지요. 원을 넓혀가는 건 다른 사람을 이해하는 동시에 나 자신도 존중하는 하나의 방식입니다.

우리의 일상에 녹아 있는 다양성을 찾는 방법

다양함은 우리 일상 곳곳에 녹아 있지만, 막상 눈을 크게 뜨고 찾아보지 않으면 생각보다 접하기 어려운 주제입니다. 그렇기에 다양함을 접하고 생각하는 기회를 자주 가져야 합니다.

1. 다양성을 이야기하는 책과 미디어 접하기

"저 사람은 왜 휠체어를 타?" "저 사람은 피부색이 왜 달라?" "저 사람은 왜 보청기를 끼고 있어?" 같은 질문에 대한 대답은 책 속에서 찾는 게 가장 빠릅니다. 내가 미처 보지 못했던 이야기가 등장하기 때문이죠. 다양성은 생각보다 단순한 개념입니다. '세상엔 나와 다른 사람이 많고, 그럴 수 있다'는 사실을 받아들이는 일이거든요. 나와 다르다는 건 어떤 걸까요? 이것에 대한 궁금증과 공감이 다양성의 핵심입니다. 나와 연관이 없다고 생각하면, 이해하기 어렵습니다. 그런데 한 명 한 명의 이야기를 알면 모르는 사람이더라도 친밀한 느낌이 듭니다. 미디어와 책을 사용해보세요. 영국의 방송사 BBC의 유명한 어린이 TV쇼 〈트럼블과 친구들(Mr. trumble and friends)〉을 아시나요? 트럼블 선생님은 말로 설명하는 것과 동시에 수화를 하며 극을 이끌어나갑니다. 어릴 때부터 〈트럼블과 친구들〉을 보고 자란 영국 사람들은, 수화를 사용하는 사람이 많다는 사실을 자연스럽게 알게 됩니다.

2. 편견을 말랑하게 만드는 대화 나누기

"남자는 여자보다 힘이 세. 여자는 축구를 못해!"
"발레를 배우는 건 남자답지 못한 거야."

이런 말도 일종의 편견입니다. 그런데 초등 아이 중에서 이렇게 말하는 남자 친구와 여자 친구가 꽤 많습니다. 이맘때 아이들이 흔히 갖는 생각이라고 치부해서는 안 됩니다. 편견은 생각보다 힘이 셉니다. 그런데 부모조차 "그렇게 말하면 안 돼!" 대신 어떻게 대화를 이어 나갈지 어려워합니다. 단단한 편견을 어떻게 말랑하게 만들 수 있을까요?

"힘이 세다는 건 어떤 의미야? 힘은 꼭 무거운 걸 드는 것만이 힘일까?"

"여자는 축구를 못한다고 생각한 이유는 뭐야? 축구를 잘하기 위해선 뭐가 더 중요해?"

"남자답다는 건 뭘까? 멋진 남자는 어떤 사람일까?"

아이가 가진 생각을 부정하기보다는 생각을 넓혀주는 질문을 통해, 아이가 더 커다란 원 위에 서 있을 수 있도록 도와주세요.

3. 다양한 환경에 아이를 데려가기

가보지 못한 곳은 상상할 수 없고, 만나보지 못한 사람은 이해하기 어렵습니다. 이런 이유로 아이들은 평상시에 가보지 않은 낯선 장소를 접할 필요가 있습니다. 박물관, 미술관, 영화관도 좋지만 때로는 다문화 축제, 장애인 문화예술 행사, 지역 사회복지기관 방문, 독거노인 연탄 나누기 행사 등에 참여해보는 겁니다. 세상은 넓고 다양한 사람이 함께 공존하고 있다는 걸 알 수 있는 좋은 계기가 됩니다. 저는 아이들과 매달 기부 행사에 참여하고 있습니다. 요즘은 기부할 수 있는 플랫폼도 다양하게 활성화되어 있지요. 기부를 통해서도 아이들은 더 넓은 세상을 파악할 수 있습니다. 보지 못해서 알지 못했던 세상이 있다는 걸 깨닫게 되거든요. 기부는 한겨울에도 패딩이 없는 아이, 뜨거운 물을 쓰지 못하는 아이, 부모가 없는 아이, 난민 등 풍족함에 가려진 세상에도 다양함이 숨겨져 있다는 걸 알게 해줍니다.

◆ 아이의 상상력, 창의력, 공감력을 키워주는 질문 30

1. 각 나라의 언어는 왜 다를까?
2. 공부를 잘한다는 건 어떤 뜻일까?
3. 실패하는 게 왜 꼭 나쁜 일만은 아닐까?
4. 오늘 하루 어른이 될 수 있다면, 가장 먼저 하고 싶은 일은 뭐야?
5. 만약 오늘 하루 동안 말을 할 수 없다면, 내 마음을 어떻게 전할 수 있을까?
6. 시간을 되돌릴 수 있다면, 어느 순간으로 돌아가고 싶어?
7. 착하다는 말은 항상 좋은 말일까?
8. 좋은 거짓말인지 아닌지는 누가 판단할 수 있을까?
9. 모든 사람이 똑같이 생겼다면, 우리는 서로를 어떻게 구분할까?
10. 내가 만약 엄마나 아빠가 된다면, 아이와 꼭 해보고 싶은 일은 뭐야?
11. 나에게 행복을 주는 사람은 어떤 사람이야?
12. 나는 다른 사람에게 어떻게 행복을 줄 수 있을까?
13. 무엇이든 만들 수 있는 마법의 지팡이가 있다면, 어떤 걸 만들고 싶어?
14. 사람의 마음을 모두 들여다볼 수 있다면 정말 좋기만 할까?
15. 죽지 않고 영원히 살 수 있다면, 행복할까?
16. 노래를 부르거나 춤을 출 수 없다면, 기쁨을 어떻게 표현할까?
17. 세상에서 절대 사라지지 않는 게 있다면 어떤 걸까?
18. 다른 사람 눈치를 보지 않는 게 당당하다는 뜻일까?
19. 사람마다 직업이 다른 이유는 뭘까?
20. 다른 사람의 말을 잘 듣지 않는 사람도 말을 잘하는 사람일 수 있을까?
21. 새로운 직업을 하나 만든다면, 어떤 일을 하는 직업이면 좋을까?
22. 세상 사람들이 모두 같은 언어를 쓴다면, 어떤 일이 생길까?
23. 웃으면 왜 행복한 마음이 드는 걸까?
24. 힘이 세다는 건 어떤 뜻일까? 무거운 걸 드는 게 힘이 센 걸까?
25. 편견이 위험한 이유는 뭘까?
26. 나와 생각이 같은 친구가 많은 게 좋을까, 생각이 다른 친구가 많은 게 좋을까?
27. 친구와 싸우는 건 꼭 나쁜 일일까?
28. 내가 어떤 사람인지 고민하는 건 왜 중요할까?
29. 멋진 어른은 어떤 사람이라고 생각해?
30. 나보다 한 살 어린 동생에게 멋진 어린이가 되는 법을 말해준다면, 어떤 말을 해주고 싶어?

6. 엄마가 나서서 친구 만들어줘야 하는 아이

> 오해

적극적인 부모가 아이에게 도움이 된다?

많은 부모가 아이의 친구 관계를 고민합니다. 아이가 자라나는 데 또래 관계는 필수적이고, 예민한 문제이기 때문이지요. 적극적인 엄마를 둔 아이가 유독 또래 관계가 좋아 보이기도 합니다. 2학년 아이를 키우는 현서 엄마의 사례를 살펴봅시다.

"와, 쟤는 어떻게 저렇게 친구가 많지?"

주변을 둘러보면 유독 친구가 많아 보이는 아이가 있죠. 그리고 그 아이의 뒤에는 동네 마당발 같은 엄마가 있습니다. 지나가는 사람마다 인사하고, 서로의 근황을 스스럼없이 주고받지요. 어울리는 엄마가 많지 않고, 직장과 집 사이를 오고 가는 것만으로도 바쁜 현서 엄마는 괜히 주눅이 듭니다. 매번 엄마 손만 잡고 다니는 아이를 보자니 안쓰럽기도 하고요. 그러던 어느 날, 아이가 친해지고 싶은 친구가 있다고 합니다. 현서 엄마의 마음은 다급해집니다. 그 아이의 엄마 번호를 알아서 약속을 얼른 잡고 싶은 마음이 굴뚝같지요. 그간 아이의 친구 관계에 신경 쓰지 못했던 시간을 만회하기 위해서라도, 적극적으로 나서야겠다는 생각이 듭니다. 엄마 번호를 수소문해서 겨우겨우 알아낸 날, 용기 내어 집에 초대하는 문자를 보냅니다. 소식을 들은 아이가 기뻐하는 모습을 보니, 오랜만에 엄마 노릇을 제대로 한 것 같아 기분이 좋습니다.

직장에서 일찍 돌아와 아이들이 좋아하는 음식도 마련하고, 친구 엄마와 티타임을 할 간식도 준비해둡니다. 그런데 막상 놀러 온 친구와 현서가 재밌게 놀지 않습니다. 같이 노는 시간보다 따로 노는 시간이 많고, 서로 놀이에 대한 의견이 맞지 않아 자주 다투는 모습을 봤죠. 엄마는 아이에게 놀러 온 친구한테 장난감을 양보하라고 말하며 상황을 마무리하려 했습니다. 처음 본 친구와 엄마에게 좋은 인상을 주고 싶어서 내내 전전긍긍했죠. 아이들을 살피고 아이 친구의 엄마와 대화하느라 바빴습니다. 다음에 만날 약속을 정하고 친구를 보낸 후, 현서 엄마는 온몸에 힘이 쭉 빠졌습니다. 현서가 즐거웠으면 모두 괜찮다고 생각했는데, 이제 현서는 그 친구와 놀고 싶지 않다고 합니다. 말을 손바닥 뒤집듯 바꾸는 현서에게 화가 납니다. 오늘을 위해 현서 엄마가 감수하고 준비한 것이 많았기 때문이겠죠. '친구 엄마와 약속을 또 잡았는데, 그건 어쩌지?' 복잡한 마음이 듭니다.

이런 상황이 과연 현서 엄마에게만 일어날까요? 아이의 친구 고민 중 가장 많은 사례가 아닐까 싶습니다. 적극적인 부모가 아이의 친구 관계에 도움이 된다고 생각하는 분들이 많지만, 엄마의 적극성과 아이의 친구 관계는 생각보다 큰 상관관계가 없습니다. 관계란 서로의 마음을 주고받는 일이고, 그건 아이가 몸소 경험하며 찾아가는 일이거든요.

> 진실

친해질 아이는 다 친해지기 마련이다

아이의 친구 관계는 시시각각으로 변하는 물과 비슷합니다. 어떤 날은 얼음처럼 서로 꼭 붙어 있다가도, 열이 조금만 가해지면 금세 물로 녹아버리죠. 그러다 수증기처럼 관계가 옅어지기도 하고요. 그런데 어느 날 다시 돌아보면 또 얼음처럼 꼭 붙어 있기도 합니다. 이런 관계가 한 명의 친구와만 이뤄질까요? 그렇지 않습니다. 아이들은 다양한 친구들과 얼음, 물, 수증기가 되며 돌아다닙니다. 나에게 꼭 맞는 친구가 있는 학년도 있지만, 어떤 때는 단짝 친구 없이도 두루두루 관계를 지내며 한 해를 보내기도 합니다.

많은 부모가 아이의 친구 관계를 걱정합니다. 2학년 때 친하게 지냈던 친구와 3학년 때도 같은 반이 되었으면 좋겠죠. 그런데 신기하게도, 3학년 때 같은 반이 되었다고 해서 그 친구와 여전히 잘 놀지는 미지수입니다. 아이를 둘러싼 상황이 변하기 때문입니다. 새롭게 친해지고 싶은 친구가 있을 수도 있고, 좋았던 친구 관계도 사소한 일로 잠시 멀어질 수도 있습니다.

부모가 굳이 개입하지 않더라도 아이는 자신과 비슷한 성향이나 관심사를 가진 친구를 스스로 찾아갑니다. 오히려 부모가 친구 관계를 조정하려고 할 때 아이는 스트레스를 느끼고, 특정 관계에 집착하려는 경향을 보인다는 연구 결과도 있습니다. 아이의 친구 관계가 어려운 이유는, 내 아이도 자라고 있고 아이의 친구도 함께 자라고 있기 때문입니다. 세모 모양이었던 아이가 어느 날 동그라미 모양으로 변하기도 하고, 동그라미였다가 네모가 되기도 합니다. 세모 모양으로 우리 아이와 꼭 맞았던 친구가 어느 날 동그라미가 되어 아이와 마찰이 생기기도 하지요. 이처럼 아이의 모습은 고정되어 있지 않고, 자라나면서 다양한 모양으로 변합니다. 어떤 친구와 있을 때 편한지, 어떤 친구와 놀 때 재밌는지를 다양한 경험을 통해 스스로 정답을 찾아가지요.

제 아이를 보고, 또 학교에서 다양한 친구들을 만나보니 한 가지 문장이 떠오르더라고요. '결국 친해질 아이는 다 친해진다.' 부모가 적극적으로 노력한다고 수증기 같은 아이의 친구 관계가 얼음이 되는 건 아닙니다. 그렇다면 마냥 손 놓고, 아이가 친한 친구를 찾을 때까지 기다리는 게 맞는지 고민되시죠? 부모는 아이의 친구 관계에서 등대만 되어도 충분합니다.

부모의 역할은 방향을 비춰주는 등대, 등대 대화법 세 가지

등대는 망망대해의 바다에서 집으로 돌아올 방향으로 빛을 비춰줍니다. 아이의 친구 관계도 망망대해와 같습니다. 아이가 기관을 다니기 시작하면서부터 교우 관계가 시작되지요. 5살 때부터 고등학교만 생각해도 수없이 많은 친구를 만날 겁니다. 때로는 아이를 위해 부모가 소매를 걷어붙이고 나서야 하나? 싶은 순간도 있겠지만, 무언가를 크게 바꾸기는 어렵습니다. 오히려 아이가 스스로 불편함을 경험하며 좋은 관계가 무엇인지 찾아가리라 믿어야 할 때가 많겠지요. 아이도 자라날수록 친구 관계에 대한 고민이 많을 겁니다. 저는 이때마다 부모의 역할은 아이가 집으로 잘 돌아올 수 있도록, 빛을 비춰주는 일이라 생각합니다. 우리는 어떤 등대가 되면 좋을까요?

1. 좋은 친구는 사람마다 다를 수 있다

둘러보면 같은 사람은 한 명도 없지요. 사람이 이렇게 제각기 다른 이유는, 각자 본인에게 맞는 사람이 모두 다르기 때문이라는 생각도 듭니다. 간혹 아이들은 좋은 친구의 기준을 '나쁘다' '착하다'처럼 단편적으로 나누기도 합니다. 그럴 때는 아이에게 사람마다 좋은 친구에 대한 느낌이 다를 수 있다는 사실을 알려주세요. 다른 친구에게 좋은 친구가 나에게도 꼭 좋은 친구는 아닐 수 있다는 것도요. 장난이 심한 아이라도 의외로 우리 아이와는 잘 맞을 수도 있는 겁니다. 좋은 친구는 사람마다 다를 수 있지만, 함께 있을 때 마음이 편하고 나를 존중해 주는 친구여야 한다는 명확한 기준만 알려주시면 됩니다.

2. 억지로 노력해야 하는 관계는 좋은 관계가 아니다

아이가 유난히 노력해야 하는 관계가 있습니다. 친구의 기분을 수시로 살펴야 해서 계속 눈치보게 되는 관계요. 그럴 때면 내가 혹시 친구를 기분 나쁘게 한 건 아닌지 마음을 졸이게 됩니다. 친구가 좋아하는 방식에 맞춰서 행동해야 할 때가 많다면, 좋은 친구 관계가 아니라는 걸 꼭 알려주셔야 합니다. 학교에서도 친해지고 싶은 친구에게 과도하게 맞춰주는 아이들이 종종 있습니다. 내 마음이 상하면서까지 지켜야 하는 관계는 좋은 관계가 아니라는 사실을 알려주세요. 좋은 친구 관계를 위해 노력해야 하지만, 내 마음을 거스르면서까지 하는 노력은 괜찮지 않습니다. 생각보다 이 기준을 잘 모르는 아이가 많습니다.

3. 친구와 항상 사이가 좋을 순 없다

좋은 친구와는 항상 사이가 좋을까요? 좋은 친구란 싸우지 않는 사이가 아니라, 갈등을 잘 풀어나갈 수 있는 관계입니다. 갈등을 무조건 나쁘다고 생각해서 "싸우지 말고 사이좋게 지내야 한다."라고 말하는 분들도 많습니다. 갈등이나 다툼은 친구 사이에서 필연적으로 일어납니다. 아무 갈등 없이 지내는 게 오히려 문제일 수 있습니다. 아이가 자신의 주장을 하지 못한다는 뜻일 수도 있으니까요. 때로는 갈등을 통해 서로의 마음을 알아갈 수 있고, '아, 이렇게 하면 친구가 불편하구나.' '나는 이런 말을 들으면 기분이 나쁘구나.' 깨닫게 되지요. 갈등은 친구와 나를 깊이 있게 만나는 기회가 될 수 있습니다. 친구와 다퉈서 아이가 속상해한다면 "싸우면 안 되지." 대신 "어떻게 풀어가면 좋을까?"라고 물어보세요. 아이가 부모에게 친구 관계를 상담하는 횟수가 늘어날 겁니다.

7. 불공평하다는 말을 달고 사는 아이

(오해)
아이가 불공평하다고 느낄 때마다 기준을 바꿔야 한다?

"엄마, 어제는 하윤이가 먼저 했잖아! 왜 내가 기다려?"

"어제는 파란색 그릇 오빠가 먼저 썼잖아. 오늘은 내가 할 거야! 그래야 공평하지!"

이런 질문을 받으면 엄마는 무척 난감합니다. 아이들의 기억이 서로 다를 경우엔 더욱 곤란해집니다. 두 명 모두 어제는 서로가 먼저 했고, 오늘은 내가 할 차례라고 말하니까요. 아이들은 부모에게 '공정한 심판자' 역할을 기대합니다. 하지만 부모가 어떤 심판을 내리든 누군가에겐 불공평한 판결을 한 사람이 되기 일쑤입니다.

"오빠니까 오늘은 동생한테 양보하자."

"동생이니까 오늘 하루는 네가 양보하자."

이런 말은 아이들에게 와닿지 않습니다. 누군가의 지위를 이용해서 공정함을 나누는 건, 부여된 역할을 그저 받아들이라는 뜻과 같거든요. 오히려 불공평하다는 마음만 쌓이게 되지요. 부모는 아이들의 마음을 모두 헤아려야 한다는 생각에, 이미 정한 기준을 쉽게 조정하곤 합니다. 아래 사례를 통해 더 자세히 설명드릴게요.

사례 1. 한 주마다 우선권을 변경하기로 기준을 정한 상황

"엄마, 일주일은 너무 길어. 3일로 바꾸자." 먼저 하고 싶다고 싸우는 아이들에게 한 주씩 우선권을 주는 규칙을 정했습니다. 동생에게 우선권이 있는 주였는데, 형은 기다리기 힘듭니다. 일주일은 너무 기니까, 3일로 바꾸자고 말하죠. 부모는 아이가 안타까워, 일주일로 정했던 기준을 3일로 바꿉니다. 그랬더니 동생이 반발하지요. 두 아이의 말이 모두 맞는 것 같아 엄마는 혼란스럽습니다.

사례 2. 간식을 저녁 8시 20분까지만 먹기로 기준을 정한 상황

"엄마, 진우는 간식을 10개 먹었는데 나는 아직 5개밖에 못 먹었어. 이건 불공평해. 나도 똑같이 5개를 더 먹어야지." 간식을 똑같은 양으로 먹지 못해서 불공평하다는 아이가 안쓰럽기도 하고 공감도 됩니다. 오늘만 시간을 10분 더 늘려주기도 합니다. 그러자 내일은 다른 아이가 시간을 늘려달라고 주장합니다. 원래 정했던 시간의 기준이 점차 흐려집니다.

이런 일은 가정에서만 일어나는 게 아닙니다. 학교에서도 마찬가지지요. 발표를 다른 친구보다 적게 하거나, 자리 뽑기에서 매번 원하는 짝을 만나지 못해 불공평하다고 느끼는 아이가 많습니다. 이처럼 불공평함에는 필연적으로 불편함이 따라옵니다. 부모는 아이가 느끼는 불편한 감정을 최대한 빠르게 해결해주려 하지요. 그런데 불편함을 없애고자 할수록, 기준이 흔들리는 일이 발생합니다. 아이에게 매번 공평한 기준이 존재할까요?

> 진실

불편하더라도 공정함에는 일관된 기준이 필요하다

불공평이라는 단어의 뜻을 살펴보면, 한쪽으로 치우쳐 고르지 못하다는 의미입니다. 우리 역시 일상생활에서 다양한 불공평을 느낍니다. 아이 역시 마찬가지지요. 오빠라는 이유로 엄마의 관심을 조금 덜 받게 되거나, 동생이라는 이유로 먼저가 아닌 나중으로 밀리기도 합니다. 가정에서뿐만 아니라 아이가 속한 작은 사회인 학교에서도 불공정함은 빈번합니다. 모둠 수업에서 유독 내 역할이 많은 것 같고, 똑같이 떠들었는데 나만 지적을 받은 것 같은 때가 있지요. 불공정함이 불편함으로 느껴질수록, 아이들에게 필요한 건 일관된 기준입니다. 명확한 기준을 정하는 게 오히려 좋지 않은 것처럼 느껴질 수 있습니다. 누군가가 불공평하다고 느낀다면 기준을 수정해야 한다고 생각할 수도 있지요. 하지만 아이들은 일관성 있는 환경에서 안정감을 느낀다는 연구 결과가 있습니다. 오히려 기준이 여러 번 바뀔 때, 아이들은 공공의 기준보다 본인에게 유리한 기준을 적용하려는 모습을 보입니다. 위의 사례를 다시 적용해보겠습니다.

사례 1. 한 주마다 우선권을 바꾸기로 했지만, 기간이 길어서 불공평해.

"일주일이 너무 길다고 느껴질 수 있어. 먼저 하고 싶은 마음이 드는데, 매번 동생에게 양보하려고 하니 힘들지? 그런데 일주일은 우리가 같이 정한 기준이야." "바꿔 생각해보면, 동생도 똑같이 일주일 동안 불편함을 참은 거야. 네가 불편하다고 해서 기준을 바꿀 순 없어. 이번 주를 즐겁게 보낼 방법을 한번 찾아볼까?"

사례 2. 간식을 8시 20분까지 먹기로 했지만, 동생보다 적게 먹어서 불공평해.

"8시 20분까지 간식 시간을 정한 이유는 너의 건강을 위해서야. 잠들기 전까지 간식을 먹으면 건강이 나빠질 수 있거든." "동생보다 간식을 적게 먹어서 엄마도 안타깝지만, 간식 시간은 건강을 위해 정한 기준이니 어쩔 수 없어. 내일은 조금 일찍 준비해볼까?"

아이는 그때그때 기준을 변경하여 불편한 자신의 감정이 바로 해소되는 것보다, 오히려 불편하더라도 일관된 기준을 제시하는 환경에서 더 안정감을 느낍니다. 전자의 경우엔 불편함이 생길 때마다 해결해야 하는 감정으로 처리하지만, 후자에서는 불편해도 참을 수 있는 일관된 기준이 생깁니다. 불편한 감정도 여러 번 연습할수록 면역이 생기는 것이죠.

 솔루션 **불편한 감정도 흔쾌히 연습할 수 있는 세 가지 원칙**

일관된 기준을 정하는 게 어려운 분들께 존 롤스의 《정의론》에 나오는 말을 전하고 싶습니다. "정의는 모두에게 동일할 수 없지만, 공정함은 추구할 수 있다." 완전한 평등은 불가능하지만, 공정성을 향해 나아갈 수 있다는 말입니다. 아이들이 언제나 똑같이 가질 수 있는 건, 가정과 학교 나아가 사회에서도 불가능합니다. 그렇기에 가정에서부터 완전한 평등은 아니더라도, 공정성을 가질 수 있는 일관된 기준을 경험하는 게 중요하지요. 이는 그저 규칙에 순응하는 것과는 거리가 있습니다. 불편한 감정을 조절할 일관된 기준을 정하기 위해선, 세 가지 법칙을 기억해주세요.

1. 아이와 협의하여 기준을 정한다

가정 내에서 아이와 함께 정해야 하는 기준이라면 당연히 아이와 협의하는 게 우선입니다. 특히 기준을 지키는 주체가 아이라면요. 형제자매끼리 서로 먼저 하겠다고 자주 싸우지요. 부모는 언제나 정의의 심판자가 될 수 없습니다. 저는 집에서 아이들의 이름을 넣은 'day'

를 만들었습니다. 각자의 day는 하루씩 번갈아가며 하준이의 날, 하윤이의 날로 정했습니다. 각자의 day에는 먼저 하고 싶은 기준이 본인이 되는 날입니다. 그릇을 먼저 고르거나, 식탁에서 앉을 자리를 고르거나, 책을 먼저 고르는 등 아이들이 먼저 하겠다고 자주 싸우는 영역의 판단자가 되어주는 역할을 하지요. 명확한 기준이 생기니, 부모가 구태여 정의의 심판자가 될 필요가 없어졌습니다. 아이들이 서로 먼저 하겠다고 싸우면, "오늘 누구 day야?"라고 물어보면 정리가 됩니다. 그런데 이런 day를 정하기 전, 아이들과 가족회의에서 충분한 협의를 거쳤습니다. 아이들이 day를 정하는 원칙에 동의했고, 꼭 먼저 하고 싶을 땐 상대에게 의견을 묻기로 기준을 정했고요.

2. 아이와 협의 없이 정할 수 있는 기준도 있다

가정과 학교의 규칙을 매번 아이와 협의해서 정할 수 있을까요? 아이가 주체가 되지만 어른이 명확한 기준을 정해주어야 할 때가 있습니다. 바로 아이의 '안전·건강'과 관련된 주제일 때죠. 저희 집에서는 간식 시간을 저녁 8시 20분까지로 정했습니다. 아이가 보통 10시쯤 잠이 들기 때문에, 아이의 건강과 숙면을 위하여 잠들기 1시간 40분 전에는 간식을 먹지 않는 것으로 한 것이죠. 서울대학교 국민건강지식센터의 연구에 따르면 과도한 당 섭취가 수면의 질을 저하시킨다고 합니다. 이런 연구 결과 말고도, 우리는 잠들기 직전까지 아이가 단 음식을 먹는 게 건강에 여러모로 좋지 않다는 걸 알고 있지요. 이 기준은 아이의 건강과 직결된 문제이기에, 아이들과 협의 없이 정했습니다. "언제까지 간식을 먹을까?"라고 물으면 아이들은 최대한 늦은 시간을 말할 확률이 높기 때문이죠. '안전·건강'과 관련된 것들은 조율이 필요한 부분이 아닙니다. 명확하게 기준을 정하고, 아이들이 본인의 건강을 스스로 인지하고 챙길 수 있을 때까지 연습해야 하는 부분이죠.

3. 기준을 수정할 땐 동의가 필요하다

아이와 협의를 통해 정해야 하는 기준과 협의 없이 정할 수 있는 기준이 있음을 말씀드렸습니다. 그런데 기준에 수정이 필요한 순간이 옵니다. 우리 사회는 과반수의 법칙을 따르지요. 기준이 정해져 있어도 대부분의 사람이 불편하다고 생각하면, 법이 개정되기도 합니다. 이처럼 규칙을 지키는 가족들이 수정이 필요하다는 동의를 한다면, 협의를 통해 다시 기준을 정하면 됩니다.

제 경우를 예로 들어보겠습니다. 아이들이 어느 순간 본인들의 날을 정해서 돌아가며 먼저 하는 게 불편하다고 말했습니다. 상황에 따라 달라질 수도 있는데, 자신의 day인 사람이 먼저 하는 게 불공평하다고 하더군요. 두 아이 모두 동의하여 한동안 'ㅇㅇday'를 없앴습니다. 일주일이 채 지나지 않아 다시 싸움이 잦아졌습니다. 싸움의 이유는 "어제는 네가 먼저 했잖아!"였죠. 기준이 명확하지 않음이 오히려 더 불편하다는 걸 느낀 아이들이 먼저 'ㅇㅇday'를 부활해야겠다고 말했습니다. 이처럼 기준의 수정은 아이들의 동의가 있다면 언제든 이뤄질 수 있습니다. 그런데 협의 없이 정한 기준은 어떻게 수정해야 할지 고민일 수 있지요. 아이의 발달 상황에 맞춰 변하면 됩니다. 초등학교 때 적용한 기준을, 중고등학생이 되어서도 똑같이 적용할 순 없습니다.

명확한 기준 속에서 공정함이 무엇인지 차근히 배워간 아이들은, 그저 자신의 감정이 불편하다는 이유로 불공정을 외치진 않습니다. 불공평한 이유가 무엇인지 근본적인 원인을 찾아보려고 하지요. 이런 연습은 가정에서부터 선행되어야 합니다. 아이가 불편한 감정에 매몰되어 불공평을 외치지 않도록, 오히려 불편한 감정을 조절하고 더 나은 방향을 생각할 수 있는 아이가 될 수 있도록 도와주세요.

8. 학교에서 얌전하고 집에서 폭발하는 아이

(오해)

유독 내 앞에서만 폭발하는 아이, 내가 만만한가?

분명 학교에서는 잘한다는데, 집에만 오면 사소한 일에도 화를 내고 예민한 아이를 보며 부모는 혼란스럽습니다. 실제로 이런 상담을 해 오는 분들이 많습니다.

"아이가 학교에서는 잘한다고 하는데, 집에만 오면 왜 이렇게 화를 내죠? 어떻게 반응해야 할지 어려워요."

학교에서는 충분히 잘하고 있는 아이가 집에서는 유독 작은 일에도 화를 낸다면, 부모는 이런 생각을 하기 쉽습니다. '아이가 내 앞에서 이러는 건 혹시 나를 무시하는 건가? 내가 부모로서 권위가 없나?' 학교생활은 잘하고 있다는 사실에 만족하고 아이의 감정을 받아주어야 하는지, 아이의 행동을 따끔하게 혼내야 하는지 혼란스럽습니다.

교사에게 가정에서의 행동을 말해주면, "○○가 그런다고요? 학교에서는 전혀 그런 행동을 보이지 않아요." 하고 되려 깜짝 놀라기도 합니다. 이때 어떤 부모는 "학교에서는 잘하는데, 집에 와서 왜 그러니?"라며 아이를 더 강하게 훈육합니다. 심지어 "선생님도 네가 집에서 이러는 거 아셔? 나중에 상담 때 말씀드려야겠다."라고 은근한 으름장을 놓기도 하지요. 그러나 이러한 반응은 아이가 자신의 감정을 건강하게 표현할 기회를 뺏고, 집에서도 감정을 참고 억눌러야 한다는 인식을 심어줄 수 있습니다. 그 결과 아이는 감정을 표현할 곳을 잃어버리게 되고요.

에너지 총량의 법칙을 들어보셨나요? 한 사람이 가진 에너지는 한정적인데, 유독 외부에서 모든 에너지를 쓰는 사람이 있습니다. 우리가 하루에 쓸 수 있는 에너지를 100이라고 가정해봅시다. 학교에서 수업 시간에 집중하고, 친구와 완만한 관계를 맺고, 교사의 말을 놓치지 않고 지키는 것은 당연히 에너지가 드는 일입니다. 외부에서 에너지를 90%나 쓰고 왔다면, 내부에서 쓸 에너지는 10%밖에 남지 않은 셈입니다. 몸의 에너지는 마음의 에너지와 같아서 몸이 피로할수록 마음의 여유도 점점 좁아지지요. 외부에서 에너지를 많이 쓰고 온 아이는, 똑같은 상황을 조금 더 예민하게 받아들일 수 있어요. 중요한 건 외부와 내부의 에너지를 잘 조절하는 방법을 깨치는 겁니다. 아이가 부모를 만만하게 생각하거나 무시하기 때문이 아닙니다. 아이의 감정 폭발 뒤에는 '조절'이라는 키워드가 숨어 있어요. 그렇다면 다른 곳이 아닌 집에서 유독 폭발하는 이유는 무엇일까요?

> 진실

아이는 가장 안전한 곳에서 감정을 표현한다

아이가 유독 부모 앞에서 감정을 폭발시키는 이유는 뭘까요? 예민함을 누르고 누르다 참지 못하고 자신의 가장 뾰족한 부분을 드러내는 이유가 있을까요? 원인을 모르면 아이의 뾰족함에 우리의 살갗이 찔리고 피가 납니다. 그러다 "너는 왜 나만 이렇게 찌르니?"라고 되려 소리칠 수도 있지요. 근본적인 원인은 딱 하나입니다. 아이에게 부모는 '가장 신뢰하는 대상'이기 때문이지요. 애착이론의 창시자인 존 볼비에 따르면, 아이들은 자신이 안전하다고 느끼는 사람 앞에서만 진짜 감정을 드러낸다고 합니다. 이 개념은 안전기지이론(Secure Base Theory)이라고도 하는데요. 아이가 부모에게 정서적으로 의존할 수 있다고 믿을 때 감정을 더 자유롭게 표현한다는 이론입니다. 연구에 따르면 안정 애착을 형성한 아이일수록 부모 앞에서 더 강한 감정 반응을 보인다고 해요. 즉, 가장 신뢰하는 사람인 부모가 자신의 감정을 받아줄 것이라는 확신이 있기에 부모 앞에서 더 쉽게 짜증내고, 울고, 속상함을 표현하는 것이죠. 이는 아이가 부모를 만만하게 보는 게 아니라, 오히려 가장 믿고 신뢰한다는 하나의 증거가 됩니다. 하루 동안 감정의 수레 안에 차곡차곡 쌓아온 것들이, 부모라는 이름의 돌멩이에 걸려 와르르 쏟아지는 것이죠.

또 아이의 감정이 폭발하는 이유는 감정조절 능력과도 연관되어 있습니다. 미국의 저명한 심리학자인 로이 바우마이스터의 자아고갈

론으로 이해할 수 있지요. 위에서 말씀드린 에너지 총량 법칙과 비슷한 이론입니다. 심리적 자원은 한정되어 있으며, 일정량을 사용하면 고갈된다는 원리인데요. 쉽게 말해 감정을 조절하는 능력도 마치 휴대폰 배터리처럼 한정된 에너지를 가지고 있어서, 계속 사용하면 방전된다는 뜻입니다. 우리도 직장에서 주어진 일을 해내고, 사람 관계 속에서 이리저리 헤매다, 막히는 퇴근길에서 눈을 비비며 집에 오면 가족들을 다정하게 대할 에너지가 남아 있지 않지요. 그럼에도 우리는 정신을 가다듬고 힘을 내보기도 합니다. 하지만 아이들은 감정을 조절하는 전두엽이 완전히 발달되지 않았기에 감정조절 능력이 성인보다 훨씬 미숙합니다. 감정을 조절하는 데 성인보다 더 많은 에너지를 소모하기에, 더 빨리 방전됩니다. 가장 안전하다고 느끼는 부모 앞에서 감정을 조절하기보다 오히려 터트리는 경우도 많고요. 그런데 대부분의 아이들은 본인의 에너지가 방전되었다는 사실을 깨닫지 못합니다. 아이도 '내가 왜 이러지? 왜 이렇게 짜증나지?' 의아할 수 있어요. 부모라는 가장 안전한 장소, 본인 감정에 대한 인식 및 조절이 부족하기에 이런 현상이 나타난다는 것을 이해해주세요.

 ## 아이의 감정조절을 돕는 세 가지 방법

부모는 아이에게 가장 안전한 장소이자 버팀목입니다. 하지만 그렇다고 아이가 부모에게 매번 화를 내는 걸 받아줄 수는 없지요. 가장 좋은

방법은 아이의 마음을 이해하되, 아이가 자신의 감정을 제대로 바라보고 조절할 수 있도록 도와주는 겁니다.

1. 아이의 배터리를 충전할 시간을 주세요

'그릿(Grit)'이라는 용어의 창시로 유명한 미국의 심리학자 앤절라 더크워스는 자기조절 능력이 발달하지 않은 아이들은 피곤할수록 더 감정적이라는 연구를 발표했습니다. 성인도 몸이 피곤하면 짜증이 더 쉽게 나지요. 학교와 학원에서 돌아온 아이가 유독 화를 낼 때가 있을 겁니다. "오늘 뭐 했어? 숙제 했어? 할 일 끝냈어?" 같은 부모의 질문을 받을 때, 평상시보다 과한 짜증을 내지요. 이는 배터리 충전 시간이 필요하다는 신호로 볼 수 있습니다. 이럴 때 아이를 붙잡고 대화를 시도하거나 혼내기보다는 잠시 충전할 시간을 주는 것이 좋습니다. 잠시 한 발자국 물러나 이렇게 말하는 거죠.

"오늘 하루 많이 애썼구나. 피곤하겠다. 좋아하는 간식 준비해줄까?"

"방에서 잠시 쉬다 다시 이야기할까?"

혹은 아이가 좋아하는 활동을 할 수 있도록 유도해주셔도 좋습니다. 아이도 한 템포 쉬어가며, 본인의 감정이 무엇인지 돌아볼 수 있도록 해주세요. 감정이 격앙된 상태에서는 보고 싶어도 차마 보지 못하는 것들이 있기 마련입니다.

2. 자신의 감정에 이름을 붙일 수 있게 해주세요

감정이 무서운 이유는 딱 하나입니다. 어떤 감정인지도 제대로 모르면서 그 감정에 휩쓸려 다닌다는 점이지요. 실체가 없는 감정이 실체를 가지는 방법은, 감정에 이름을 붙이는 겁니다. 화가 난다는 감정 안에는 셀 수 없이 다양한 감정이 복합적으로 숨어 있습니다. 감정에 이름을 붙이고 나면, 감정을 마주 볼 용기가 생기지요. 그리고 감정을 해소할 힘 또한 생깁니다. 처음부터 감정에 이름을 붙이기는 어려울 수 있습니다. 그럴 땐 숫자로 표현하는 것도 방법이에요.

"지금 어느 정도로 화가 났어? 1부터 10중에서 골라볼래?"

"지금 5 정도구나. 엄마랑 더 대화할까? 만약 7 이상이면 잠깐 산책하고 오자."

자신의 감정을 숫자를 통해 바라보면서, 스스로 감정 상태를 인지하려 노력할 수 있어요. 그리고 나서 감정에 이름을 붙인다면 조금 더 수월합니다. '답답해, 서운해, 실망했어, 속상해, 억울해' 등 화가 난다는 감정 안에는 다양한 감정 키워드가 섞여 있어요. 이 중에서 어떤 감정에 가까운지 알게 되는 것만으로도, 감정이 조금씩 해소되는 걸 느낄 수 있습니다. 단순히 화가 나고 짜증이 난다는 표현 대신, "엄마, 답답해요. 서운해요. 속상했어요." 등의 단어로 표현할 수 있도록 격려해주세요.

3. 부모도 감정을 조절하는 모습을 보여주세요

현대 교육심리학의 권위자 앨버트 반두라는 사회학습이론을 통해

"사람들은 직접 경험하지 않아도, 다른 사람을 관찰하면서 배울 수 있다"는 모델링 효과를 설명했습니다. 이는 평상시 부모가 감정을 조절하는 모습을 보여주는 것만으로도, 아이에게 감정조절 방식을 알려줄 수 있다는 말이지요. 그런데 부모도 매사 감정을 조절하며 살 수는 없습니다. 부모이긴 하지만, 여전히 한 명의 미성숙한 사람일 뿐이고 배우는 중이니까요. 그러니 너무 거창하게 생각하지 않아도 좋습니다. 여기서 말하는 '감정조절'은, 아이와의 대치 상태에서 조절하는 모습을 보이는 것만으로도 충분하거든요. 아이가 유독 짜증이나 화를 내는 날이 있죠. 그때 부모도 마침 에너지 배터리가 고갈된 상태라면 똑같이 화가 치밀 수 있습니다. 이때, 아이가 나를 보고 있다는 사실을 인지하면 됩니다.

'아. 이럴 때일수록 아이가 나를 보고 배우겠구나. 마침 감정을 조절하는 방식을 보여줄 좋은 상황이다.' 이렇게 생각하는 것만으로도, 우리는 아이의 화를 다르게 대처할 수 있습니다.

"엄마도 지금 기분이 좋지 않아서 바로 대답하기가 어려워. 잠깐만 기다려줄래?"

"엄마도 화가 나지만, 하준이가 소중한 만큼 상처 주고 싶지 않아. 그건 엄마 진심이 아니거든. 엄마도 차분히 이야기하려고 노력해볼게."

어려워도 이렇게 말하는 연습을 반복하다 보면 정말로 감정이 조절되는 게 느껴지실 거예요. 아이도 마찬가지일 겁니다.

9. 끈기 없는 아이

오해

**"나는 더 이상은 못해."
끈기는 타고나는 성향이다?**

"우리 아이는 끈기가 없어요."

수학 문제를 풀다가 모르는 문제를 만나면 연필을 내려놓고, 피아노 연습을 하다가 조금만 어려워져도 못하겠다는 아이를 보면 한숨이 나옵니다. 우리 아이가 유독 끈기가 없는 건 아닌지 걱정이 됩니다. 반면 다른 아이는 어려운 수학 문제도 포기하지 않고 척척 풀어내고, 피아노도 거뜬히 해내는 것 같죠. 똑같은 문제를 다르게 받아들이는 아이들을 볼 때면, 끈기는 타고나는 게 아닌가 싶습니다. 끈기는 정말 타고나는 성향일까요?

많은 사람이 끈기를 '기질'이라 생각합니다. "우리 아이는 어릴 때부터 집중력이 없었어요. 한 가지를 오래 못해서 고민이에요. 산만한 성격이 문제인 것 같아요." 실제로 이런 고민을 가진 분들도 많지요. 그 바탕에는 '기질 결정론'이 은근히 깔려 있습니다. 아이의 성격과 태도는 기질로 결정이 되고, 후천적으로 바뀌기 어렵다는 믿음이지요. 그러나 수많은 심리학 연구가 이 믿음이 잘못되었음을 보여줍니다. 끈기는 성격의 영역이 아닌 능력의 영역이라는 결과들이지요. 끈기는 연습을 통해 충분히 얻을 수 있습니다.

미국의 심리학자 앤절라 더크워스는 끈기를 '그릿'이라는 개념으로 정의했습니다. 웨스트포인트 사관학교 생도들, 내셔널 스펠링비 대회 참가자들, 실리콘밸리 기업가들을 대상으로 연구한 결과, 끈기는 IQ나 재능보다 성공을 더 잘 예측하는 요소라는 사실을 발견했지요. 개인의 타고난 역량보다, 어려움을 만나도 포기하지 않는 역량을 가진 사람이 큰 성취를 이룬다는 것이었습니다. 그런데 한 가지 의문이 생깁니다. 도대체 어떻게 해야 포기하지 않고 노력할 수 있을까요? 이거야말로 타고나는 것일까요?

스탠퍼드대학교의 심리학자 캐럴 드웩 교수는 실패를 극복하는 태도에 따라 아이의 성장 가능성이 달라진다고 말했습니다. 인간의 지능과 능력은 타고나는 게 아니라, 노력과 경험을 통해 변화할 수 있다는 것이죠. 이를 성장 마인드셋(Growth mindset)이라 부릅니다. "나는 못해."가 아니라, "연습하면 나아질 수 있어."라고 믿는 아이가 끈기를 기른다는 뜻입니다. 즉 꾸준히 노력하고자 하는 마음인 끈기는 '실패를 어떻게 받아들이는가'와 밀접하게 연관되어 있습니다. 그렇기에 끈기는 가정 내 연습을 통해 얼마든지 기를 수 있는 영역입니다. 아이들은 집에서부터 수많은 실패를 경험하니까요.

> 진실

끈기는 연습으로 길러질 수 있는 역량이다

끈기는 성격이 아닌 환경과 경험을 통해 만들어지는 태도입니다. 하버드대학교의 교육학자 폴 터프는 저서 《아이는 어떻게 성공하는가》에서 끈기를 '도전과 실패를 경험하면서 점진적으로 형성되는 특성'이라고 설명했습니다. 좌절 없는 환경이 아니라, 적절한 난이도의 도전과 실패를 경험하며 자라야 끈기가 길러진다는 것이죠. 저는 이 문장에서 힌트를 발견했습니다. 많은 사람들이 어려운 역경을 견뎌야 끈기가 생긴다고 오해하곤 합니다. 마치 커다란 고통을 인내하고 김연아 선수처럼 노력하는 것만이, 끈기와 인내라고 생각하는 것처럼 말이죠. 하지만 끈기는 점진적으로 형성되는 특성이 있습니다. 그렇기에 아이가 일상생활에서 겪는 작고 소소한 어려움을 대하는 태도에서부터 자라날 수 있습니다.

어려운 문제를 처음부터 끈기를 가지고 대하기란 어렵습니다. 그렇기를 기대한다면 아이가 선천적으로 끈기 있게 타고났다고 믿는 셈입니다. 어려운 문제를 포기하지 않고 끈기 있게 풀기 위해선, 일상에서 만난 작은 어려움을 해결해본 경험들이 쌓여야 합니다. 예를 들면 아이가 좋아하는 관심사를 통해 끈기를 경험하고 기를 수 있지요. 학교에 입학하면 종이접기, 줄넘기, 공기놀이 등을 자주 접합니다. 처음부터 곧잘 하는 친구들도 있지만, 줄 한 번 넘기 어려운 친구도 많습니다. 종이접기도 마찬가지죠. 어려운 걸 척척 접어내면 친구들이 주변에 모여 본인도 접어달라고 하거나 방법을 배우고 싶어서 인기도 좋습니다. 제 아이도 줄넘기나 종이접기를 처음부터 전혀 잘하지 못해서, 잘하고 싶은 마음에 비가 오나 눈이 오나 열심히 연습했습니다. 그때 제가 해줬던 말은 딱 하나였어요.

"처음부터 잘할 순 없어. 그런데 매일 연습하면 분명히 실력이 조금씩 늘 거야. 그건 확실해."

그렇게 1년을 꾸준히 연습했더니, 지금은 반에서 줄넘기와 종이접기를 가장 잘하는 아이가 됐습니다. 아이가 열심히 하면 잘할 수 있게 된다는 걸 몸소 체험한 덕분에 다른 어려운 일을 할 때도 시도해보려는 태도가 생겼습니다. 풀기 싫은 수학 문제를 만났을 때, 축구 실력이 늘지 않아서 속상할 때 이런 경험들은 좋은 이정표가 되어줍니다.

이처럼 아이가 일상에서 사소한 어려움들을 맞닥뜨리고 직접 해결한 경험들이 쌓여 단단한 끈기가 됩니다. 우리가 도와줄 수 있는 건, 아이가 작은 성공 경험들을 쌓도록 이끌어주는 겁니다.

끈기가 갖고 싶은 아이를 위한
끈기 트레이닝

무언가를 시도하다 포기하는 건 썩 좋은 기분이 아닙니다. 아이도 마찬가지죠. 수학 문제를 풀다가, 피아노를 치다가, 공부하다가 "나는 못해." 하며 손을 놓아버리는 건 자신에게도 상처가 되는 일입니다. 잘하고 싶은 마음은 분명히 있는데, 어떻게 해내야 할지 몰라 포기해버리니 스스로를 자꾸 작아지게 만들지요. 아이 스스로 '나는 끝까지 한번 해볼 거야.'라고 처음부터 생각하긴 정말 어렵습니다. 끈기는 태어날 때부터 가지고 있는 능력이 아니니까요. 일상에서 작게나마 본인이 무언가를 끈기 있게 해낸 경험이 반드시 필요합니다. 뻥튀기 기계를 본 적 있으신가요? 뜨거운 기계에 쌀을 넣고 손잡이를 계속 돌리다 보면, 어느 순간 뻥튀기가 뻥 하고 튀어나오지요. 끈기도 비슷합니다. 우리가 손잡이를 잡고 아이의 마음을 반복해서 도와주다 보면, 어느 순간 아이가 만든 끈기가 뻥 하고 터져나옵니다.

1. 성공할 수 있는 작은 보조 바퀴 달아주기

처음부터 어려운 과제를 주면 실패 확률이 높아집니다. 그러면 빠른 포기로 이어질 수 있지요. 자전거를 처음 탈 때를 생각해보세요. 처음부터 잘 탈 수 없다는 걸 알기에 보조 바퀴를 달아주지요. 보조 바퀴를 달고 자전거에 익숙해진 후에야 두발자전거로 넘어갈 준비를 하고요. 그런데 보조 바퀴를 떼는 시점은 아이마다 다릅니다. 아이가 만나는 어려운 문제도 마찬가지입니다. 아이가 수학 문제 푸는 것을 어려워한다면 양을 줄여주거나 수학 교구를 활용하는 것으로 보조 바퀴를 달아줄 수 있습니다. 아이마다, 문제마다 필요한 보조 바퀴는 다를 수 있어요. 아이가 금세 포기하고 싶어 하고, 어려워하는 신호를 보이면 그때 '아, 보조 바퀴가 필요하단 뜻이구나.'라고 생각하시면 됩니다.

2. 오직 부모만이 할 수 있는 응원, "너는 할 수 있어"

어떤 일을 포기하지 않고 꾸준히 해내기 위해선 스스로를 믿는 마음인 자존감이 꼭 필요합니다. 끈기란 '나는 꾸준히 해낼 수 있다'는 믿음이기 때문이지요. 그리고 이런 마음은 부모의 격려로 꽃피울 수 있습니다.

"처음부터 쉽지 않을 수 있어. 처음부터 잘하는 건 어려운 일이야."

"지금은 어렵지만 연습하면 조금씩 달라질 거야. 한 달 뒤의 내 모습을 상상해볼까? 오늘의 나에게 고마울 거야."

"우리 하준이는 할 수 있다고 엄마는 믿어. 하준이가 노력하는 모습을 엄마는 무조건 알아. 그것만으로도 넘치게 멋지고 대단해."

아이가 자라는 과정에서 스스로를 믿기 위해 필요한 말들이 있습니다. 이런 말들은 오직 부모밖에 하지 못합니다. 세상의 어느 어른도 아이에게 매일 이렇게 말해줄 순 없으니까요. 그러니 아끼지 말고 표현해주세요. 작은 칭찬이 쌓여 끈기를 만드는 데 필요한 재료인 자존감이 될 테니까요.

3. 실패했을 때가 오히려 기회다

아이가 시도하는 것마다 성공할 수 있을까요? 그건 동화 속에서나 만날 수 있는 이야기이죠. 세상은 아이에게 낯설고 처음 해보는 것들로 가득합니다. 매 학년 새롭게 배워야 하는 교과목도 마찬가지죠. 그렇기에 실패는 어쩌면 당연한 겁니다. 아이가 실패를 실패로만 여기지 않기 위해서, 실패했을 때야말로 끈기를 기르는 좋은 기회라는 것을 알려주세요. 하준이가 9살 때 방과후교실에서 있었던 일입니다. 줄넘기에도 급수제가 있어서, 7급 줄넘기에 도전할 때였습니다. 연습을 많이 해서 갔는데도 여러 번 실수해서 이번에 급수를 따지 못했다며, 실망이 컸는지 줄넘기를 안 하고 싶다고 하더군요. 그때 저는 "실패가 오히려 기회야! 어떤 부분이 하준이한테 어려운지 알 수 있게 됐잖아. 그것만 더 연습하면 되겠다."라고 말해주었습니다.

아이에게는 본인이 충분히 연습했다고 생각해도 실패하는 순간이 옵니다. 어떤 부분이 부족했는지 살펴보고 보완하면 된다는 인식은, 실패를 실패로만 보지 않고 하나의 성장 기회로 삼을 수 있음을 알려주는 일입니다.

10. 제대로 된 칭찬이 필요한 아이

> 오해

칭찬은 아이의 행동을 긍정적으로 변화시킨다?

부모가 아이를 칭찬하는 경우는 보통 두 가지입니다. 아이의 행동이 정말 기특하고 대견하거나, 아이의 행동을 긍정적으로 변화시키기 위해서죠. 그런데 아이에게 매일 긍정의 말을 건네며 칭찬해도, 아이가 도통 행동의 변화를 보이지 않을 때가 있습니다. 칭찬의 사전적 의미는 '좋은 점이나 착하고 훌륭한 일을 높이 평가하거나 또는 그런 말'입니다. 칭찬 자체는 긍정적이고 좋은 것이죠. 다만, 모든 칭찬이 아이의 행동을 긍정적으로 변화시키진 않습니다. 아이의 행동을 변화시키는 칭찬을 하려면 '자존감'과 '자존심'을 구별해야 하기 때문입니다.

흔히 자존감과 자존심을 혼동합니다. 자존감과 자존심은 때론 비슷한 의미로 사용되기도 하지만, 단어의 뜻을 자세히 살펴보면 전혀 다른 말입니다. 자존감은 '나를 존중하는 마음'입니다. 타인이 나를 인정해주지 않아도, 나의 가치를 스스로 인정하는 마음이지요. 반면에 자존심은 '나를 세우는 마음'입니다. 이는 스스로 세운 신념이나 기준을 지키고자 하는 힘이자, 자신의 가치를 높이 평가받고 싶어 하는 마음입니다. 그래서 타인의 인정이 중요한 요소로 작용합니다. 자존감이 키워진 아이는 실패나 거절에도 쉽게 무너지지 않는 회복탄력성을 가지고 있지만, 자존심이 강한 아이는 잘한다고 생각한 일에 실패했을 경우 크게 위축되곤 합니다. 자존감이 낮으면 자존심을 과하게 세워 마음의 균형이 무너지지만, 자존감이 튼튼하면 자존심이 상할 상황에서도 마음이 크게 흔들리지 않습니다.

자존감이 높은 아이	자존심이 높은 아이
"난 내가 한 노력을 알아!" "이번엔 못했지만 괜찮아. 다시 해볼 수 있어." "친구가 잘하니까 멋지다. 나도 배우고 싶어." "나는 충분히 가치 있는 사람이야."	"나는 우리 반에서 수학을 제일 잘해." "선생님은 왜 자꾸 친구만 칭찬하지? 나도 잘했는데." "내가 먼저 맞혀야 했는데, 속상해." "내가 틀린 건 말하지 마. 날 무시하는 것 같아."

자존감과 자존심 모두 아이에게 참 중요한 요소입니다. 두 요소 모두 조화롭게 자리 잡아야 하지요. 그런데 종종 아이에게 건네는 칭찬이, 자존심을 키워주는 데에만 초점이 맞춰진 경우가 많습니다.

[진실]
자존심만 키워주는 칭찬은 행동을 변화시키지 못한다

"엄마, 나한테 왜 잘했다고 말 안 해?"

강연장이나 학부모 상담 시간에 만난 부모님들과 대화하다 보면 이런 질문을 꽤 많이 받습니다. 아이에게 잘한다는 칭찬을 자주 해주었더니, 아이가 매번 잘했는지 확인받으려고 한다고요. 이럴 때면 아이가 칭찬만 바라고 특정 행동을 하는 것 같아 혼란스럽지요. 아이가 당연히 해야 하는 일에 대해서도 칭찬을 바랄 땐 고민이 커집니다. 학교에서도 마찬가지죠. 아이들은 교사의 칭찬에 힘을 크게 얻습니다. 칭찬받기 위해서 행동하는 경우가 많습니다.

제가 학교에서 '또래 도우미' 프로젝트를 시행한 적이 있습니다. 또래 도우미란, 친구의 도우미가 되어서 어려워하는 활동을 도와주거나, 해낼 수 있도록 힌트를 주는 역할을 하는 친구를 말합니다. 학교에서 다양한 또래 도우미 친구를 지원받아 프로젝트를 운영했을 때, 유독 제 칭찬을 기다리는 아이들이 보였습니다. 이 친구들은 제가 "수고했어. 멋지다."와 같은 표현을 하지 않으면, 또래 도우미가 해야 하는 역할을 서서히 내려놓거나 와야 하는 시간에 오지 않곤 했지요. 반면 칭찬 여부와 상관없이 친구를 돕는 활동 자체에 의미를 두는 아이들은 활동 지속성이 높았습니다.

자존심 중심의 칭찬은 아이가 해낸 결과에 초점을 맞추는 경우가 많습니다. 아이의 특정 결과에 대한 칭찬이지요. 이는 아이에게 성취감을 줄 수는 있지만, 상황이 달라지거나 해낼 수 있다고 생각한 일을 실패하게 되면 쉽게 위축됩니다. 아이가 매번 성공만 할 수는 없지요. 분명 못하게 되는 순간이 훨씬 더 많을 겁니다. 잘할 거라 굳게 믿었던 일도 잘 안될 수 있고, 평상시 나보다 못했던 친구가 실력을 키워 더 높은 점수를 받게 될 수도 있습니다. 이때마다 아이의 자존심이 낮아지고 위축된다면 큰일이겠지요.

자존감은 아이가 어디서 떨어지든 폭신하게 받쳐줄 쿠션, 자존심은 아이가 한 단계 올라갈 수 있는 계단입니다. 그렇기에 아이의 행동이 긍정적으로 변하기 위해선 '자존감이 기반된 자존심'을 키워줘야 합니다. 아이에게 자존감 쿠션을 높여줄 칭찬은 무엇일까요?

◆ 솔루션 ◆ 아이의 자존감 쿠션을 높여주는 칭찬 방법

부모는 아이가 어느 곳에서 넘어지든 쿵 떨어지지 않고 다시 일어날 힘을 가지길 원합니다. 저는 이를 자존감 쿠션이라 부릅니다. 자존감 쿠션은 어떤 칭찬의 말로 만들어질까요?

1. 아이도 확실하게 수긍할 '과정 중심의 칭찬'

과정 중심의 칭찬을 하라는 말을 참 많이도 듣습니다. 그런데 과정 중심의 칭찬이 과연 뭘까요? 이게 정말 아이에게 효과가 있을까요? 과정 중심의 칭찬에서 놓치지 말아야 할 점은, 아이도 본인이 해온 과정을 돌아보며 성장하고 있음을 스스로 수긍할 수 있어야 한다는 겁니다. 아이 스스로 예전의 나와 지금의 나를 비교하며 칭찬하기란 참 어렵습니다. "예전보다 훨씬 늘었다!"라는 엄마의 말이 뜬구름같이 들릴 수 있지요. 아이도 시간이 지나면서 실력이 쌓이고 있다는 걸 믿게 만들기 위해서는, 아이 기록을 어느 정도 모아두어야 합니다. 저는 아이별로 1년 포트폴리오 파일을 만들었습니다. 포트폴리오라고 해서 거창한 게 아닙니다. 아이가 풀었던 학습지, 시험 결과, 작품 등을 펀칭을 뚫어 보관해두는 것이죠. "지난번보다 글씨를 바르게 썼네!" "예전에는 어려워했던 문제를, 오늘은 쉽게 푸네! 실력이 많이 늘었다." 이런 말을 할 때, 아이가 예전에 푼 활동지를 꺼내어 직접 보여주세요. 아이도 본인의 실력이 정말 나아지고 있다는 걸 눈으로 확인할 수 있습니다. "아! 노력하면 조금씩 나아지는구나. 모든 활동엔 의미가 있구나."라고 스스로 느끼며, 말랑한 자존감 쿠션을 가질 수 있습니다.

2. 부모의 실패를 과감하게 드러내기

아이가 매번 성공할 수는 없습니다. 모든 시도의 과정에서 실패가 존재하기 마련인데요. 아이가 스스로의 실패를 받아들이게 되는 가장 강력한 방법 중 하나는 부모의 실패 경험을 듣는 겁니다. 아이에게 부모는 커다란 산 같은 존재입니다. 나를 책임지는 사람이기 때문이지요. 그런 엄마 아빠도 나처럼 실수하고 실패도 한다는 사실은 실패에 대한 두려움을 낮춰줍니다. "아, 실패해도 괜찮구나."라고 생각하게 되지요.

저희 집에서는 하준이가 유독 그림 그리기를 어려워했습니다. 가족 그림 그리기 숙제를 도와주려고 제가 스케치북 옆에 사람 그림 하나를 그렸던 저녁이었습니다. 아이가 제 그림을 보자마자 "뭐야! 엄마는 잘 그리잖아!"라며 짜증을 팍 내더군요. 제 실패 경험을 말해줘야 할 때구나 싶었습니다. "엄마도 어렸을 때 가족 그림 그리기 숙제가 있었어. 근데 그림을 너무 못 그려서 친구들 앞에서 발표하려다 눈물이 난 거야. 결국 발표도 못 했어." 이렇게 말을 해주었어요. 아이의 귀가 솔깃 열리더군요. "사람 그리는 일이 쉽지 않지. 그래도 해보면 경험과 추억으로 남아. 어려우면 엄마가 도와줄게!" 부모의 솔직한 실패담이 아이에게 생각보다 큰 위로가 됩니다.

3. 아이 존재 가치에 대해 이야기하기

하루는 친정 엄마가 집에 와계셨던 날이었습니다. 당시 6살이던 하윤이가 저를 "가은아!"라고 부르는 친정 엄마의 모습을 보고 의아한 표정을 지으며 물었습니다.

"할머니, 왜 엄마한테 가은이라고 불러요?"
"네 엄마 이름이 가은이니까 가은이라고 부르지!"
"이상하다. 우리 엄마는 나를 다르게 불러주는데!"
"뭐라고 부르는데?"
"우리 엄마는 나를 보물이라고 불러요. 할머니도 엄마를 보물이라고 불러주세요!"

그 이후 저희 엄마도 저를 보물이라고 불러주시곤 하는데요. 저는 등교 전 아이들에게 매일 이런 대화를 나누었습니다. "하준이와 하윤이는 엄마 아빠의 뭐지?"라고 물으면, 아이들이 직접 "보물이야!"라고 대답했지요. 저녁 시간에는 "하준이와 하윤이가 엄마 아빠의 아이라서 정말 감사하고, 행복해. 하준이 하윤이가 있어서 엄마 아빠의 세상은 훨씬 밝아졌어."라는 말을 자주 해줍니다. 아이의 존재 자체에 대한 고마움을 이야기하는 것이죠. 아이가 스스로 "나는 가치 있는 사람이야."라고 생각하기까진 시간이 걸립니다. 가장 가까이에 있는 믿을 만한 사람, 부모의 말을 통해 아이들은 자신이 가치 있는 사람임을 내재화하기 시작합니다.

4. 칭찬할 땐 아이의 눈을 바라보기

칭찬에도 기술이 있다고 생각하니, 복잡한 생각이 드실 겁니다. 칭찬하기 전에 "이건 과정 중심의 칭찬인가? 이건 자존심을 높여주는 칭찬인가? 이건 자존심만 부추기는 칭찬 아닌가?" 헷갈리실 수도 있지요. 생각보다 칭찬을 구분하는 게 쉽지 않습니다. '이것도 저것도 복잡하다'라는 마음이 들 땐, 딱 한 가지만 기억해주세요. 바로, 아이의 눈을 바라보면서 칭찬의 말을 해주시는 겁니다. 아무리 좋은 칭찬의 말이라도, 아이를 제대로 바라보지 않고 하는 말은 아이의 마음에 닿지 못합니다. 칭찬하고자 하셨을 땐, 하던 일을 잠시 멈추고 아이의 눈을 다정히 바라보며 말씀해주세요. 부모의 눈동자 안에 아이를 가득 담는 겁니다. 그 순간, 아이는 자신의 존재 가치를 여실히 느낍니다. '아, 나는 충분히 귀한 사람이구나.' 하고요.

11. 친한 엄마의 아이 때문에 괴로워하는 아이

오해

**친한 엄마와 내가 불편해지면
내 아이의 친구 관계가 더 어려워질 것이다?**

이번에는 생각보다 많은 분들이 고민하는 문제 하나를 소개합니다.
 "엄마, 병욱이가 나를 자꾸 놀리고 괴롭혀." 그 말을 듣자마자 머리가 지끈지끈합니다. 병욱이는 요즘 동네에서 가장 친하게 지내는 친한 언니의 아들입니다. 맛집도 함께 다니고, 카페에 앉아 몇 시간이고 함께 대화를 나누는 마음이 잘 통하는 언니죠. 심지어 언니는 동네에 친한 사람도 많아서 좋은 인연을 소개해주기도 했고요. 아이 학원부터, 문제집, 교육까지 다양한 정보를 알려주어 큰 도움을 받고 있습니다.
 그런데 병욱이가 유독 제 아이를 괴롭히는 게 보입니다. 대수롭지 않게 넘어가려고 해도, 함께 노는 것을 지켜보면 아이 등을 퍽퍽 때린다든지 장난이라고 보기엔 과한 점이 보여요. 놀이에서 묘하게 소외시키는 것도 느껴집니다. 몇 날 며칠을 고민하다 언니에게 이야기를 꺼냈습니다. 우리 아이를 자꾸 때리는 게 눈에 보인다고 했더니, 언니의 표정이 한순간 굳어졌습니다. 기분 나쁜 내색을 숨기지 않아 더 이상 말을 이어갈 순 없었어요. 제 아이도 잘못한 점이 분명히 있을 테니 저도 아이를 잘 지켜보고 이야기를 나누겠다는 말로 마무리를 지었죠.

그 일이 있고 얼마 되지 않아, 아이가 또 병욱이 이야기를 꺼냅니다. 아이가 자주 이야기하는 데에는 이유가 있을 거라는 걸 알지만, 솔직히 아이 친구 관계에 개입하기 껄끄러운 지점이 있습니다. 동네에 아는 사람도 많은 언니인데 사이가 틀어졌다가 괜히 아이 친구 관계에 더 악영향을 끼치는 건 아닌지 걱정이고요. 저 또한 마찬가지입니다. 같이 맛집이나 카페를 다니며 제 생활의 대부분 시간을 함께하고 있어서 쉽사리 포기할 수도 없습니다. 동네 엄마 무리에서 소외될까 두렵기도 하고요. 아이에게 "네가 참아. 불편하면 이야기해. 선생님께 말해봐."라고 대답해주고 있기는 하지만, 이게 맞는 방법인지는 모르겠어요. 아이에게 부족한 엄마가 된 것 같아서 괴로워요.

(진실)
아이 문제를 내가 모두 해결할 순 없지만, 참지 않아야 할 문제도 분명히 존재한다!

아이를 키우다 보면 누구나 한 번쯤은 만나게 되는 고민이지요. 아이가 자라면서 자연스레 아이와 관련된 관계도 생기게 됩니다. 조리원에서 만난 엄마, 어린이집에서 만난 엄마, 유치원에서 만난 엄마, 학교에서 만난 엄마 등 아이의 성장에 따라 새로운 관계가 생겨납니다. 그런데 이런 관계들은 '시절인연'이 될 확률이 높습니다. 시절인연이란, 한 시절에 만나 가까이 지내다 더 이상 연락하지 않게 된 인연을 뜻합니다. 사는 곳이 달라지고, 공통 관심사가 달라지면 서서히 멀어지게 되는 관계이지요. 이런 관계의 특징은 '정보'를 중요시한다는 점입니다. 어떤 학원에 다니면 좋을지, 어떤 문제집을 풀면 좋은지, 어느 학교에 가면 좋을지 등과 같은 정보를 나누기 위해 만나는 경우가 많습니다. 물론 육아의 어려운 점을 서로 나누며 위안을 얻고, 힘을 받기도 합니다. 더러 조리원 동기로 만나 아이들이 고등학생이 되어서도 만남이 유지되는 경우가 있지요. 물론, 아이들은 만나지 않고요. 이렇게 유지되는 관계는 어떤 차이점이 있을까요?

관계를 유지하고 이어가기 위해, 나에게 가장 먼저 해야 할 질문이 있습니다. 이 관계는 무엇을 위함일까요? 친목, 정보, 육아 이야기 등 다양한 목적이 있을 수 있습니다. 사람 간의 관계는 마치 식물을 키우는 일과 같아서, 정성껏 돌보고 관심을 쏟을수록 더 잘 자라나지요. 그러나 마음을 다한다고 해도 다른 변수로 인해 식물이 늘 꽃을 피울 수 없는 것처럼, 관계 또한 최선을 다한다고 해도 내가 원하는 방식으로 흘러가지 않을 수 있습니다. 그때 내가 무엇을 위해 관계 맺고 있는지를 명확히 해야 합니다. 관계의 파도에 휩쓸리지 않고, 두 발을 꼿꼿이 딛고 서있을 수 있는 방법이죠. 정보를 얻기 위한 모임이라면 정보를 서로 주고받으면 됩니다. 친목을 위한 모임이라면 친목을 나누며 만족감을 얻으면 됩니다. 내가 모임을 어떻게 정의하느냐에 따라 나만의 만족감을 가질 수 있습니다. 그리고 그거면 충분합니다.

위의 이야기처럼 아이와의 만남이 주가 되어 이루어진 관계가 있습니다. 이 관계가 없으면 아이의 친구 관계도 확장될 수 없을 것 같고, 엄마 또한 모임에서 소외될 것 같아 두렵습니다. 그럴 땐 내가 이 모임을 어떻게 정의하고 있는지가 중요합니다. 아이 때문에 이루어진 관계라는 사실에서 이미 정답이 있지요. 내 아이를 위해서 만난 모임이라면, 우선순위는 내 아이가 되어야 합니다. 이 말이 아이의 모든 일을 부모가 나서서 해결해야 한다는 뜻은 결코 아닙니다. 아이를 위해 해야 할 말이 있다면 때론 전하는 것을 두려워하지 않아야 한다는 말입니다. 보통 다른 사람의 아이에 대한 부정적인 말을 전할 때면, 대부분 듣기 싫은 반응을 보입니다. 하지만 자신의 아이를 객관적으로 바라보고, 꼭 들어야 하는 내용을 수용하는 부모도 분명히 있습니다. 그게 바로 건강한 부모의 모습이지요. 아이 싸움이 어른 싸움 된다는 이야기를 많이 들어보셨지요. 그것은 아이의 감정을 어른이 모두 떠안아서 생기는 문제입니다. 건강한 어른, 건강한 부모는 갈등 상황을 전해 들었을 때 함께 해결책을 찾습니다. 꼭 해야 할 말을 전했을 때, 어떻게 상황을 받아들일지는 상대의 선택입니다. 상대의 선택까지 나의 몫으로 껴안지 마세요. 이런 일을 겪으며 나와 마음이 맞는 사람을 만날 수도 있습니다.

나에게 맞는 인연을 만나는 날을 현명하게 기다리는 방법 세 가지

많은 부모가 아이와 잘 맞는 친구를 언제 만날 수 있을지 늘 걱정합니다. 저는 이런 고민을 들을 때면 "1학년부터 6학년까지 언젠가는 내 아이에게 맞는 친구가 분명히 나타난다"고 말씀드립니다. 아이가 매해 다양한 친구들을 겪기 때문입니다. 말이 많은 친구, 잘 들어주는 친구, 말을 재밌게 하는 친구 등 다양한 성격의 친구들을 겪으면서 아이도 내 마음에 맞는 친구가 어떤 친구인지 서서히 알아가게 됩니다. 사람은 타인과 함께 있을 때 나타나는 자신의 모습 속에서 정체성을 만들어갑니다. 이처럼 많은 관계를 직간접적으로 보고 느끼며, 아이는 자신의 마음이 편안할 수 있는 친구를 찾는 것이죠. 그렇기에 아이와 꼭 맞는 친구는 언젠간 반드시 생깁니다. 그런데 이게 아이에게만 해당하는 말일까요? 부모에게도 마찬가지입니다. 결혼을 하기 전에 만난 인연과 결혼을 한 후의 인연, 심지어 아이를 낳은 후의 인연은 각양각색으로 달라집니다. 부모도 다양한 관계를 경험하며, 나의 상황과 결에 맞는 인연을 만나게 됩니다. 나에게 맞는 인연을 만나는 날을 현명하게 기다리는 방법 세 가지를 안내하고자 합니다.

1. 혼자 있는 시간을 두려워하지 않는다

모임에서 제외되는 게 왜 두려울까요? 혼자 있는 시간을 견딜 수 없기 때문입니다. 《혼자 있는 시간의 힘》의 저자 사이토 다카시는 "뭔가를 배우거나 공부할 때는 먼저 홀로서기를 해야 한다. 머리의 좋고 나쁨이나, 독서의 양보다는 단독자의 자질이 필요하다."라고 말했는데요. 단독자의 자질은 비단 배움과 공부에만 적용되는 것이 아닙니다. 혼자 맛집 가기, 혼자 카페 가기, 홀로 산책하기 등 혼자 있는 시간을 즐기는 사람이 단독자의 자질을 갖춘 것이죠. 사람에겐 누구나 고독할 시간이 필요합니다. 그 시간을 통해 나를 들여다볼 수 있거든요. 관계와 정보의 파도에 휩쓸리지 않기 위해서는 나와 만나는 시간을 가져야 합니다. 저 역시 특정 요일을 정해 홀로 맛집 탐방을 하곤 하는데요. 혼자 가니 대상과 시간의 제약을 받지 않습니다. 혼자 있는 시간을 즐겨보세요.

2. 좋아하는 일을 찾는다

좋아하는 일이 뭔지 모르겠다면, 소소한 즐거움 리스트를 작성해보세요. "카페 가기, 음악 듣기, 책 읽기, 청소하기 등" 사소하지만 나에게 명확한 즐거움을 주는 게 있을 겁니다. 내가 좋아하는 일이 무엇인지 알면, 좋은 인연을 만날 확률이 높아집니다. 좋아하는 것을 찾다 보면, 좋아하는 것을 할 수 있는 공간으로 가게 되고, 그러다 보면 내가 좋아하는 걸 하는 사람을 만날 확률이 높아지거든요. 나와 결이 맞는 사람을 찾는다는 건, 바로 이런 겁니다. 아이 이외의 공통 관심사가 있는 사람을 알게 되는 것이죠.

아주 보통의 행복을 보장하는 소소한 즐거움 리스트

* 주의: 거창하면 안 됩니다. 쉽게 해낼 수 있는 소소함을 보장해야 합니다.
* 아무리 사소한 일이라도, 하고 나서 나에게 즐거운 일이면 됩니다.
* 떠오르는 소소한 즐거움 10가지를 적어보세요.

1. 하늘 잠시 바라보기
2. 주말에 먹고 싶은 음식 메뉴 고민하기
3. 햇빛 쬐며 10분 걷기
4. 좋아하는 음악 들으며 일하기
5. 시원한 얼음이 가득 들어간 아메리카노 마시기
6. 혼자 맛집 찾아가기
7. 필기감이 좋은 펜으로 다이어리 작성하기
8. 아침에 일어나서 이부자리 깨끗하게 정리하기
9. 아이의 눈을 바라보며 '하늘만큼 땅만큼 사랑해'라고 말하기
10. 내일 입을 옷 단정하게 다려놓기

3. 좋은 사람에게 먼저 다가가는 용기를 가진다

엘리베이터에서, 아이 학교 앞에서, 아이 유치원을 등원하며 스쳐 지나가는 인연 중 나의 시선을 끄는 이가 있을 겁니다. 그런 사람에게 먼저 용기 내어 다가가보세요. 내 시선을 끌었다면 분명 이유가 있을 테니까요. 내가 쌓아온 나의 역사에서 직감은 무시할 수 없는 영역이 거든요. 좋은 인연을 기다리고만 있지 말고, 좋은 인연이 될 사람에게 먼저 다가가보시길 바랍니다. 어떤 인연으로 발전할지는 겪어보지 않으면 모르는 일이니까요.

12. 질투하는 아이

(오해)
질투는 나쁘니까 다른 친구와 비교하지 말라고 한다?

요즘은 나와 누군가를 비교하기가 그 어느 때보다 쉬운 환경입니다. 특히 아이들도 개인 휴대폰을 갖게 되며 SNS를 일찍부터 접하지요. 교실 안에서는 나보다 잘하는 친구를 수시로 보게 되고, 교실 밖 세상에서는 나보다 대단해 보이는 아이들을 휴대폰 속에서 쉴 틈 없이 마주합니다. 이처럼 비교는 아이의 일상이 되어갑니다. 부모도 아이도 자연스럽게 비교의 굴레에 놓이게 되고, 그 안에서 질투라는 감정을 경험하게 되지요.

보통 이럴 때 "비교하지 말라"는 주변의 조언을 많이 듣습니다. 부모 역시 아이에게 "비교하지 마. 비교하면 그때부터 네가 더 힘들어져."라는 말로 아이를 다독입니다. 그런데 비교는 하고 싶지 않다고 멈출 수 있는 감정이 아닙니다. 사람의 본능적인 감정 중 하나이기 때문입니다.

나보다 공부를 잘하는 아이, 나보다 줄넘기를 잘하는 아이, 나보다 축구를 잘하는 아이, 나보다 글씨를 잘 쓰는 아이 등 아이들은 나보다 잘하는 아이를 자주 만나게 됩니다. 자연스레 질투라는 감정이 싹트지요. '나는 석민이를 싫어하는 게 아닌데, 왜 석민이가 잘하면 마음이 안 좋지?' '나는 주애랑 잘 지내고 싶은데, 주애가 그림을 잘 그리는 게 왜 밉지?' 아이의 머릿속엔 좋아하는 마음과 불편한 감정이 동시에 존재하게 됩니다.

아직 감정을 분리해서 인식하는 능력이 부족한 아이들은 이 모순적인 마음으로 인해 더욱 혼란스럽습니다. 그래서 어떤 아이는 잘하는 친구를 괜스레 놀리거나, "내가 더 잘하거든!" 하고 외치며 자신의 우위를 강조하기도 합니다. 아이의 속이 좁아서가 아닙니다. 질투라는 감정을 어떻게 해결해야 할지 몰라서 내뱉는 방어적 표현입니다. 질투는 나쁜 감정이라는 말을 은연중에 들어왔던 영향도 크고요. 질투라는 감정으로 인해 혼란스러운 아이에게, 어떤 말을 전하면 좋을까요?

> 진실

질투를 긍정적으로 풀 방법이 따로 있다

기형도 시인은 〈질투는 나의 힘〉이라는 시를 썼습니다. 이 제목 그대로 질투는 무언가를 시작할 큰 동기가 될 수 있습니다. 누군가를 질투한다는 아이의 말을 자세히 들여다볼까요? 질투가 난다는 것은 "나도 잘하고 싶다."라는 말로도 해석됩니다. 잘하고 싶다는 마음이 든다는 것은, "관심이 있다."라는 말로도 바꿀 수 있습니다. 즉, 아이는 자신이 관심 있는 걸 잘하는 아이에게 질투의 감정을 느끼죠. 축구에 관심이 없는데, 축구를 잘하는 친구가 질투 날 리가 없죠. 이처럼 질투라는 감정을 통해 내가 좋아하고 관심 있는 것, 잘하고 싶은 것을 찾아낼 힌트를 얻을 수 있습니다. 질투라는 감정이 부정적이기만 한 게 아니라, 내가 좋아하는 것과 잘하고 싶은 것을 찾아내는 '감정의 마중물'이 될 수 있다는 뜻이죠.

   질투하는 아이를 나무라기보다 왜 질투가 나는지 물어봐주세요. 그리고 질투가 나는 건 아주 당연한 일이라는 걸 알려주세요. 그런 마음이 들었다는 건, 잘하고 싶은 마음이 내 안에 숨겨져 있다는 뜻임을 가르쳐주세요. 잘하고 싶은 마음이 커지다 보면, 잘하는 사람을 볼 때 질투를 느낄 수 있다는 것을요. 질투라는 감정에 초점을 맞추기보다, 질투라는 감정이 '왜' 생겼는지에 시선을 맞추는 겁니다. 감정은 나의 것이고, 내가 느끼는 감정은 잘못되지 않았다는 것을 아이는 배워야 합니다. 감정의 주인이 나라는 것을 알아야 아이도 감정을 어떻게 다뤄야 할지 배울 수 있거든요. 질투를 아이의 편으로 만드는 방법 세 가지를 알아볼까요?

질투의 힘을 내 편으로 만드는 방법

질투는 긍정적으로 활용하면 강력한 무기가 될 수 있는 감정입니다. '나도 잘하고 싶다'는 마음이 하나로 점철된 감정이기 때문이지요. 다만, 잘하고 싶다에서만 머물면 곤란합니다. 부럽다는 감정이 마음에 쌓이고 해소되지 않으면, 부정적인 감정으로 머물 확률이 높아지기 때문이죠. 이런 감정은 아이를 움직이는 동기가 아니라, 오히려 아이의 무력감만 키울 수 있습니다. 그렇기에 질투가 아이의 편이 될 수 있는 세 가지 방법을 안내합니다.

1. "왜" 질투가 날까?

질투 나는 감정에 집중하는 것이 아니라, 질투가 나는 이유에 집중하는 방법입니다. 모든 감정에는 이유가 존재하는데, 우리는 종종 감정의 이유보다는 감정의 표현에 집중하곤 합니다. "너보다 내가 더 잘하거든?" "생각보다 못 그렸는데?" "네가 한 거 완전 별로다."라는 식의 말을 친구에게 건네는 아이들이 있습니다. 질투가 나는 것이죠. 이때 부모나 어른들은 보통 아이가 뱉은 표현에 집중합니다. "친구한테 그렇게 말하면 못써!" "왜 그렇게 못되게 말하니?"처럼요. 아이가 말하는 방식도 물론 고쳐야 합니다. 그런데 감정의 이유를 알지 못하면, 아이는 같은 실수를 반복하게 됩니다. 부모도 마찬가지죠.

아이가 위와 같은 말들을 했다면, "왜" 그런 말을 했는지 이유를 알아야 합니다. 그리고 아이가 무엇을 잘하고 싶은지 대화를 나눠봐야 합니다. 아이들은 생각보다 솔직합니다. "나도 체스를 잘 두고 싶은데 잘 안돼." "그림 그리기가 너무 어려워." 같은 말을 스스럼없이 합니다. '왜 그런 말을 했는지' 이유를 궁금해하는 것만으로도, 아이들은 부모에게 받아들여진다고 느낄 수 있습니다.

2. "무엇을" 하면 좋을까?

'왜' 질투가 나는지 아이에게 짧은 대답이라도 들었다면, '무엇을' 할지 함께 정해봅니다. 질투를 감정의 웅덩이 안에 가두는 게 아니라, 행동으로 옮길 동력으로 삼는 일이지요. 누군가가 부럽다면, 보이지 않는 연습의 시간이 있었다는 걸 알게 하는 겁니다. 나 또한 그런 시간을 쌓아야 한다는 사실도 인지하고요. 관련 학원을 알아보거나 연관된 활동을 집에서 함께 연습하는 것도 방법입니다. 그림 그리기가 어렵다는 아이에게는 집 근처 학원을 함께 상담하고 체험하며, 아이가 다니고 싶은 곳을 직접 선택하게 합니다. 만약 종이접기를 잘하고 싶다면 부모와 함께 유튜브를 보며 종이접기를 함께해도 좋습니다. 아이가 품은 감정은 모두 귀합니다. 어떤 식으로 발현되고, 어디까지 나아갈 수 있을지 모르니까요.

3. "지지하는 말"의 필요성

미술 학원을 같이 알아보고, 종이접기를 함께하며 아이는 자신이 무엇을 좋아하고 잘할 수 있는지 조금씩 알게 됩니다. 자신의 감정이 존중받는 경험과 무언가를 시도해도 괜찮다는 안전한 분위기 속에서 부모와의 신뢰도 함께 쌓여갑니다.

"누군가를 질투하는 게 나쁜 게 아니야. 그건 네가 그만큼 잘하고 싶다는 마음이기도 하거든."

"네가 느끼는 감정은 잘못된 게 아니야. 오히려 네가 더 행복해지기 위해 꼭 필요한 거야. 우리 같이, 더 행복해지는 방법을 찾아보자."

질투의 감정을 제대로 바라보고, 긍정적으로 풀어내는 연습을 해본 아이는 더 이상 그 감정을 공격적인 방식으로 표현하지 않습니다. 질투는 누군가를 미워하는 감정이 아니라, 스스로 더 잘해보고 싶은 마음에서 비롯된 감정이라는 사실을 아이 편에서 알려주세요. 아이는 자신의 감정과 싸우는 대신, 함께 살아가는 법을 배우게 됩니다.

13. 지는 걸 참지 못하는 아이

> 오해
>
> **승패에 민감한 아이, 오히려 좋은 거 아닌가?**

아이가 지고 이기는 것에 유독 집착하거나 1등에 강한 욕심을 보일 때, 부모는 내심 반가운 마음이 듭니다. "승패에 민감하면 오히려 좋지! 이왕 하는 거 1등까지 하면 좋지!" 이렇게 아이의 승패에 대한 민감성을 긍정적인 신호로 받아들이곤 하죠. 실제로 경쟁이 만연한 우리 사회에서 승패에 대한 욕구는 종종 칭찬거리로 여겨집니다. 승패에 대한 욕구가 잘 받아들여지는 영역은 어디일까요? 흔히 스포츠 경기를 떠올립니다. 국가대표 선수가 어떤 상황에서도 굴하지 않고 끝까지 기지를 발휘하여 금메달을 따는 모습에 우리는 환호합니다. 하지만 스포츠에서 1등만큼 중요한 게 있지요. 바로 스포츠맨십(sportsmanship)입니다. 스포츠맨십이란 단순히 경기 규칙을 지키는 걸 넘어, 정직하고 공정한 태도로 경쟁하는 걸 말합니다. 이겼을 때도 상대 선수의 노력을 인정해주고, 졌을 때도 본인의 실력을 인정하고 상대 선수의 승리를 예의를 다해 축하해주는 것이죠.

스포츠에서 스포츠맨십이 중요한 이유는 '이기지 못하면 의미가 없다'는 생각을 넘어 '과정 속에서 배운 것, 상대와의 교류, 팀워크의 가치'가 훨씬 오래 남는다는 걸 알려주기 때문입니다. 이는 아이가 지더라도 과정의 가치가 있다는 걸 알고, 다시 노력할 동력이 되지요. 그렇기에 유독 지는 걸 참지 못하는 아이의 모습을 긍정적인 신호로만 받아들이는 건 위험합니다. 보드게임에서 졌을 때, 축구 시합에서 졌을 때, 모둠 프로젝트에서 좋은 점수를 받지 못했을 때 예민하게 반응하는 아이들이 있습니다. 보드게임을 다신 하지 않을 거라고 말하거나, 부모에게 불같이 화를 내거나, 울음을 멈추지 못하거나, 급기야 상대방을 비난하기도 하지요. 만약 이런 상황을 '승패에 대한 욕구'로만 받아들이고 계신다면, 건강한 경쟁심과 승패 집착을 혼동하고 계신 겁니다.

(진실)
아이가 승패에 집착하는 이유는, 잘하고 싶어서가 아니다

경쟁심은 남과 겨루어 이기거나 앞서려는 마음입니다. 자기 발전을 추구하게 만드는 건전한 에너지 중 하나이지요. 그런데 승패 집착은 이와 조금 다릅니다. 앞서고 싶은 마음을 넘어서, 결과에만 과도하게 의존하는 상태를 말합니다. 단순히 경쟁을 좋아하는 수준을 넘어서 꼭 이겨야만 하고, 지면 큰 불안이나 좌절을 느끼는 상태죠. 아이가 반복적으로 '몇 등 했는지, 다른 친구보다 잘했는지, 자기가 제일 잘한 게 맞는지' 등을 묻는다면 승패 집착이 강하다고 볼 수 있습니다. 승패 집착이 위험한 이유가 무엇일까요? 심리학자 캐럴 드웩은 저서 《마인드셋》을 통해, 아이가 '나는 똑똑한 아이라서 항상 잘해야 해'라고 믿는 고정 마인드셋을 가질 경우, 본인이 해결하지 못할 것 같은 문제는 바로 포기하거나 회피하는 경향이 크다고 이야기합니다. 항상 잘해야만 사랑받을 수 있다고 믿는 아이는 성과를 통해서만 자신을 인정하게 됩니다. 다시 말해, 꼭 이겨야 한다는 마음은 정서 불안의 신호일 수 있습니다.

자존감 연구의 대표 학자인 모리스 로젠버그는 '조건적 자존감'이라는 용어를 썼습니다. 어떤 상황에서도 나는 소중한 존재라는 믿음인 '내재적 자존감'과 반대되는 용어인데요. 조건적 자존감은 승패나 평가에 따라 자존감이 올라가고 내려가는 걸 뜻합니다. 승패에 과하게 집착하는 아이들은 조건적 자존감을 가지고 있을 가능성이 높지요. 건강한 경쟁심이 아닌, 승패가 본인의 가치와 연결되는 것이죠. "이겨야만 칭찬받는다. 1등 해야 엄마가 좋아한다. 이기면 나는 멋진 사람이다." 같은 믿음이 자리 잡고 있는 겁니다. 그래서 이긴 날엔 자존감이 올라가지만, 진 날엔 유독 풀이 죽어 있고, 질 것 같으면 아예 시작조차 하지 않으려는 경향도 보입니다.

우리 아이가 승패 집착이 있다는 신호는 '감정, 태도, 타인에 대한 평가' 세 가지로 확인할 수 있습니다. 보드게임이나 축구 시합과 같은 놀이에서 패배했을 때 심한 짜증, 물건 던지기, 게임 포기처럼 과도한 감정 반응을 보이고요. 어려운 문제를 마주했을 때 "난 원래 못해. 이번엔 그냥 안 할래."처럼 도전을 피하려는 태도를 보이기도 합니다. 또는 이긴 친구를 마냥 축하해주지 못하고 "걔는 운이 좋았어. 나도 진짜 제대로 하면 이길 수 있지."처럼 타인을 깎아내리는 말도 서슴지 않습니다. 이는 승패라는 이름을 썼지만, 모두 아이가 본인을 바라보는 '자아인식'과 관련이 깊습니다. 잘하고 싶은 마음만으로 승패에 집착하는 게 아니라는 뜻이죠.

승패 집착을 건강한 경쟁심으로 전환시키는 방법

승패에 집착하다 보면 가장 괴로운 건 아이 자신입니다. 아이가 이기고 지는 것을 넘어 스스로 성장의 기쁨을 찾아가길 바라는 건 부모의 공통된 마음일 겁니다. 그렇다면 아이가 스포츠맨십처럼 건강한 경쟁심을 가지고, 잘하고 싶은 마음을 다스릴 수 있도록 도와주는 방법은 무엇일까요?

1. 부모의 반응이 성과 중심이 되어서는 안 됩니다

부모는 아이를 자신의 전부로 여기지만, 아이에게 부모는 자신의 우주입니다. 부모가 건네는 말 한마디가 아이에게 무거운 메시지로 남지요. 그래서 아이는 부모가 어떤 반응을 보이느냐에 따라, 자신의 가치를 판단하기도 합니다. 아이에게 '성과가 곧 사랑받는 조건'이라는 메시지를 은연중에 심어주는 말들을 조심해야 합니다.

"몇 등 했어?"
"이번에 너보다 더 잘한 애 없어?"
"받아쓰기 100점 맞으면 좋아하는 거 사줄게!"
"이번 시합에서 이기면 갖고 싶은 거 사줄게!"

이런 말을 들으면 성과가 사랑의 조건이라고 오해할 수 있지요.

"이번엔 뭐가 제일 즐거웠어?"
"지난번보다 어떤 점이 나아진 것 같아?"
"열심히 참여한 걸 보니 너무 자랑스럽다!"

이렇게 결과보다 과정에 집중한 말, 조건을 건 보상보다 아이의 경험을 인정하는 말을 전해주세요.

2. 지거나 틀렸을 때 감정을 표현하도록 도와주세요

아이가 졌거나 원하는 결과를 얻지 못했을 때, 감정을 어떻게 표현해야 할지 모르는 경우가 많습니다. 화를 내거나, 울거나, 아무 말 없이 참고 넘어가기도 하죠. 그런데 감정은 참는다고 사라지는 게 아닙니다. 과하게 표현되는 분노보다, 안으로 삭이는 감정이 더 위험할 수 있습니다. 그래서 아이가 속상해할 땐, "괜찮아. 지는 건 별일 아니야."라는 말로 넘기기보다 마음을 함께 느껴주는 말이 필요합니다.

"져서 속상하지? 당연히 속상할 수 있어."

"이 경험이 하나의 계단이 될 거야. 더 잘하기 위해서 한 계단, 한 계단 올라가는 중이라고 생각하자."

아이의 감정에 이름을 붙여주는 연습도 도움이 됩니다. 속상한 마음은 계단, 짜증 나는 마음은 화산, 울고 싶은 마음은 바다라고 말하는 것처럼 감정에 이름을 붙이는 것만으로도 아이는 해소할 힘을 가질 수 있습니다.

"이번에 져서 바다처럼 펑펑 울고 싶어."

"속상해서 마음이 화산처럼 폭발할 것 같았어."

이렇게 감정에 이름을 붙이는 순간, 아이는 그 감정을 마주 볼 수 있습니다. 실체가 있는 감정은, 자기 안에서 다룰 수 있는 감정으로 바뀝니다. 바다를 잠재우고 화산의 불꽃을 끄는 건 오직 본인만이 할 수 있는 일입니다. 그리고 이를 통해 자신의 감정 크기를 조절할 수 있는 자기주도력도 자라나게 되지요.

아이가 승패에 집착하는 마음은 단순한 경쟁심이 아닌, '사랑받고 싶은 마음, 인정받고 싶은 마음'의 또 다른 표현일 수 있습니다. 실패하면 부족한 사람일까 전전긍긍해 하는 아이에게 오늘 이렇게 말해주세요.

"네가 이기고 지더라도 변하지 않는 사실 한 가지가 있어. 엄마가 언제나 너를 믿고 사랑한다는 거야."

일관된 메시지를 반복해서 전할 때 아이는 비로소 도전하고, 배우고, 성취하는 기쁨을 아는 사람으로 성장하게 됩니다.

에필로그

아이는 누구나
자기주도력을 가지고 있다

"엄마! 나 먼저 내려가 있을게!"

　아이가 두발자전거를 처음 타던 날을 기억합니다. 두발자전거를 연습한 지 얼마 되지도 않았는데, 내리막길을 빠른 속도로 미끄러지듯 달려가는 아이를 바라보며 두 손이 땀으로 흥건해졌습니다. 아이가 넘어지지 않게 지켜주던 두 개의 보조 바퀴가 없으니 어찌나 불안하던지요. 보조 바퀴가 있을 적엔 빨리 달리고 싶어도 일정 속도 이상을 내지 못했었거든요. 바로 그 점이 아쉬워 신나게 달려보라고 보조 바퀴를 뗐음에도, 너무 일찍 보조 바퀴를 뗀 건 아닌지 파도처럼 후회가 밀려왔습니다. 제가 할 수 있는 일은, 먼저 내려가 있겠다며 바람처럼 내리막길을 내달리는 아이를 그저 뒤에서 초조하게 바라보는 일이었습니다. 내리막길이 끝나는 그 순간까지 온갖 감정이 몰려왔지요. 천천히 가라고 소리쳐 아이를 세우고 싶은 마음이 굴뚝같았습니다. 그 순간, 아이를 키운다는 건 이렇게 모순되는 마음과 끝없이 싸우는 것임을 깨달았습니다.

아이를 기다리는 일에는 용기가 필요합니다. 기다리는 일을 용기라 칭한 이유는, 기다리는 일만큼 힘든 게 없기 때문입니다. 아마도 저 역시 두발자전거란 물건만 바뀌고, 무언가를 처음 시도하는 아이의 모습을 앞으로 수없이 마주하겠지요. 그럴 때마다 '아직 보조 바퀴를 떼긴 일러. 너 혼자 하기엔 무리야. 이건 아직 엄마랑 같이 하자.' 이 말이 얼마나 하고 싶을까요. 자기주도력은 아이에게 모든 해답을 주는 게 아닌 아이가 자신의 답을 찾아가도록 빈틈을 내어줄 때 자라나지요. 문장으로 쓰여서 단순해 보이지만, 문장 안에 담긴 부모의 고민과 고통은 한 문장으로 축약되기엔 무리가 있을 겁니다. 양귀자의 《모순》 중 작가 노트에 나오는 한 구절입니다. "해석의 폭을 넓히기 위해서는 사전적 정의에 만족하지 말고 그 반대어도 함께 들여다볼 일이다." 저는 이 문장이 아이의 자기주도력에도 대입해볼 문장이라 생각합니다. 자기주도력이라는 긍정어를 해석하기 위해서는, 보이지 않는 부모의 기다림이 든든하게 뒷받침되어야 합니다.

아이에게 빈틈을 내어주는 일을 가능하게 하는 힘은 무엇일까요? "아이 안에는 이미 스스로 해낼 힘이 있다."라는 사실을 믿는 겁니다. 두발자전거를 타고 내리막길을 쏜살같이 내려가는 아이를 몇 번이나 붙잡아 세우고 싶었지만, 그럴 때마다 저에게 되뇌던 말입니다. '아이는 스스로 할 수 있다고 판단한 거야. 믿자.' 이렇게요. 모든 아이는 태어날 때부터 스스로 선택하고자 하는 마음과 해낼 힘을 가집니다. 갓난아기도 자신이 좋아하는 딸랑이에 손을 뻗지요. 이처럼 '선택'은 자신을 가장 자신답게 만드는 의지입니다. 다만 아이들이 자라나면서 선택의 기회를 수없이 뺏기지요. 일상의 가장 사소한 일에서부터요. '스스로 옷을 고르는 일, 등교 준비를 하는 일, 학원을 선택하는 일, 나아가 갈등을 해결하는 일, 감정을 조절하는 일'까지도요. 아이에게 빈틈을 내어주는 일은 부모에게 모순적인 감정을 불러일으킵니다. 스스로 하라고 기회를 준 것 같아도, 불안한 마음에 금세 빼앗아버리죠. 그렇기에 아이의 자기주도력이 제대로 자라나기 위해선, 부모에게도 모순된 마음을 극복할 용기가 필요한 셈입니다. 아마 쉽지는 않을 겁니다. 저 역시 여전히 어려울 테지요. 그럼에도 아이의 자기주도력이 보기 좋게 포장된 선물 꾸러미가 아니라, 두 손에 땀이 흥건히 맺히는 불안감을 이기고 나서야 키워질 수 있는 역량임을 알았다는 게 중요합니다. 그래야 언제든 모순된 감정에 대비할 수 있으니까요.

 이 사실 하나만 기억합시다. "내 아이는 이미 자기주도력을 가지고 있다."

 오늘도 허벅지를 찌르며 아이에게 빈틈을 선물해주실 모든 부모를 같은 마음으로 응원합니다.

당신과 여실히 같은 마음으로,

임가은 드림.

찾아보기

가족 문화
87, 100, 135

감사
87, 271~280

게임
19, 20, 48, 88, 95~111, 150, 157, 219, 231, 254, 255, 259, 355, 357

경쟁심
355~357, 359

경제 교육
49, 153, 155, 157

경제태도
153

계획표
91~96, 101~102, 116, 129, 151, 153

공감
16, 201, 202, 259, 283, 285, 289~296, 302, 304, 313

공정
312~314, 316, 319, 354

공부량
131, 132

괴롭힘
43, 167, 341

교육과정
20, 21, 225, 228~230, 233, 299

규칙
20~27, 52, 53, 87~89, 102, 108, 110, 111, 122, 151, 152, 201, 218, 220, 249, 276~278, 289, 313, 316, 317, 318, 354

그림책
137, 171, 174, 183~185

글쓰기
213~215

끈기
327~333

느린학습자(느린 아이)
62, 64, 65, 67

난로 독서법
178, 179, 181

다양성
298~302

도파민
98

독서
169, 171, 174, 178, 179, 181~187, 247, 346

등교
28~32, 113, 119, 122, 125, 340

또래효능감
22~24

띄어쓰기
217~221, 223, 224

말 습관
161

맞춤법
217~221, 223, 224, 276

묵독
187

문제집
53, 54, 58, 93, 96, 175, 223, 252, 341, 343

배경지식
188~191, 194, 195

불평
112, 273

사과
27, 73, 198, 200, 280~285

상담
18, 43, 44, 46~49, 66, 67, 69, 79, 132, 229, 267, 311, 320, 321, 336, 352

상상력
294~296, 304

생활 습관
34, 95

선행
132, 226, 227, 231, 263, 266, 276, 319

수학
47, 79, 142, 143, 189, 195, 226, 228~231, 249, 252, 259, 263, 327, 330~332, 335

숙제
125, 129, 182, 266, 324, 339

습관
25, 29, 30, 34, 35, 51, 54, 85, 90, 92, 93, 95, 113~116, 118~120, 123, 126, 151~155, 161, 171, 249~251, 254, 273~275

식단표
40~42, 145~147

식습관
39, 66

신문
189~195, 206

승패(승패집착)
354~357, 359

아침 식사
144~147

어린이 신문
189~195

어휘력
203~205, 210

엄마 모임
15

역사
189, 190, 195, 232~239

영어
79, 106, 206, 240~247, 252

예의
273, 355

옷차림
59, 60

용돈
149, 150, 152~158, 219

이불 개기
114~117

인성
33~36, 210

읽기
78, 79, 88, 169, 172, 174, 177, 182, 183, 185~187, 189, 190, 236, 249, 296, 346

자신감
16, 95, 114, 159~163, 214, 229, 243, 250, 253

자아
56, 147, 162, 281, 322

자아 인식
327

자존감
114, 332, 334, 335, 337, 338, 356

잔소리
25, 29, 50, 54, 91, 113, 125~129, 185, 251

잠자리 독서
182~187

저속 영어
243, 245~247

정리
24, 26, 27, 29, 34, 50~55, 76, 95, 102, 113~117, 125, 139~142, 289, 290

조망 능력
288, 289, 291

줄넘기
20, 23, 133~137, 330, 333, 349

질투
348~353

책상 정리
24, 26, 50~52, 54

친구(교우관계)
15~23, 47, 71, 72, 179, 275, 289, 305~311, 321, 341, 342, 344

포스트잇 편지
215, 216

필독서
167~169

학교 규칙
22

학부모 상담
69, 132, 336

학습 동기
98, 99

학습력
131, 132, 136

학습 습관
95, 249

학원
16, 20, 39, 59, 93, 94, 119, 125, 132, 134, 150, 212, 229, 240, 241, 250, 254, 261~267, 324, 352

학체력
131~134, 136

한글
76, 77, 218, 220, 224, 239, 244~246

한자
101, 132, 195, 205~210

행동 계약서
127, 129, 130

행동 유도
127~129

행복 통장
277, 278

화장실 예절
34~36

휴대폰(스마트폰)
76, 77, 83~90, 99, 112, 113, 284, 348

100원 달력
151, 152

3:7 법칙 계획표
94, 96, 116, 129, 151

스스로 해내는 아이의 비밀
초등 자기주도력

초판 1쇄 발행 2025년 11월 11일
초판 2쇄 발행 2025년 11월 14일

지은이 임가은

펴낸이 한나비
편　집 한나비
마케팅 신희용
펴낸곳 일레븐
출판등록 2024년 2월 1일 제2024-000020호
이메일 11@11books.kr

ISBN 979-11-993277-1-9 (13590)

- 이 책의 저작권법에 의해 보호를 받는 저작물이므로 책 내용의 전부 또는 일부를 재사용하려면 반드시 저작권자와 출판사 양측의 동의를 받아야 합니다.
- 잘못된 책은 구입하신 서점에서 교환해드립니다.